証券化と住宅金融
——イギリスの経験——

築田 優 著

時潮社

序　章

　現代資本主義における新たな信用形態としての対個人信用（リテール・バンキング）は、現代の金融において重要性が高い。また銀行業という観点からみても、それは重要な業務分野のひとつである。

　近代的信用機構において中心的な役割を果たしている商業銀行が初めて対個人信用に進出したのは1930年代で、それはアメリカにおいてであった。そして1950年代以降になると、アメリカ以外の主要先進諸国でも商業銀行は対個人信用に進出するようになり、その後の同市場は世界各国で急速な拡大をつづけた。その結果、現代の商業銀行において対個人信用業務から得られる収益は、収益全体からみても一定以上の割合を占めるようになった。現代でも商業銀行が金融市場の中心的存在である点と考え合わせると、このことは対個人信用市場が金融市場全体からみても重要度の高い分野であることを示している。それゆえ、現代の金融論研究において、対個人信用の研究は重要性が高い分野であるといえる。

　このような対個人信用は、企業等ではなく個人への信用貸付である。対個人信用を貸付規模により大別すると、「住宅金融（住宅信用）」と「消費者信用（住宅金融以外の個人への信用）」に分けられる。このうち住宅金融は、自動車ローンや教育ローンをはじめとする消費者信用と比べて一件当たりの貸付額が大きく、対個人信用残高の多くの部分を占める。それゆえ対個人信用の研究において、住宅金融に関する研究の重要性は特に高いといえる。

　さらに、現代の住宅金融では住宅ローン債権の証券化の進展が著しい。住宅ローン債権の証券化は1970年代にアメリカで始まったものだが、現在ではイギリスなどのヨーロッパ諸国や日本を含むアジアでも行われており、（2007年後半以降は別として）同市場の規模は世界的にみても急速に拡大している。それゆえ、住宅ローン担保証券（Mortgage Backed Securities：MBS）

市場が国際金融市場全体に与える影響力も急速に高まっている。このような点から、現代の住宅金融市場の研究は、住宅ローン債権の証券化の研究を含めて行うことが重要だと考えられる。

ところで、詳しくはのちに述べるが、個人への信用貸付である住宅金融にはさまざまな困難がともなう。例えば貸手には金利リスクや信用リスクがある。そのうちの一部は、金融機関の努力や工夫によってある程度解除することが可能であるが、しかしすべての困難をこれにより解除できるわけではない。そのため、世界各国では住宅金融市場への公的介入を行うことにより困難性の解除が図られている。しかし近年では、金融自由化の進展もあり多くの国で公的介入が制限される方向にある。ところが公的介入という点に関してイギリスでは、歴史的に住宅金融市場への公的介入は強くは行われてこなかった。それゆえ現代の各国住宅金融市場は、結果的にイギリスの住宅金融市場と似た構造へと変化しつつあると考えることもできる。したがって住宅金融市場の研究は、今後生じる各国同市場の変化を考察するうえでイギリスの分析を含めて行うことが有意義であるといえよう。

以上述べてきたような観点に基づき、本書ではイギリスを中心に住宅金融と住宅ローン債権の証券化について考察を行うものとする。

本書の構成

本書は二部構成、全6章で構成されている。第Ⅰ部の初めの章となる第1章では、まず現代資本主義における対個人信用や住宅金融、および住宅ローン債権の証券化に関する理論的な先行研究を検討する。その後は、検討内容を参考に、本書でイギリス住宅金融市場と住宅ローン債権の証券化を考察する際の基本視角を明確にする。

第2章では、イギリス住宅金融市場の歴史的な展開について考察する。具体的には、イギリスの住宅金融市場で中心的な役割を果たしてきた主体の変遷や、イギリス住宅金融市場を他国のそれと比較した場合の特殊性について考察する。

第Ⅱ部の初めの章となる第3章では、イギリスにおける住宅ローン担保証

券（MBS）市場の展開について考察する。具体的には、同市場がイギリスで1980年代後半に形成され、2007年夏以降のサブプライムローン問題の顕在化を受けて急速に縮小するまでの展開を明らかにし、またアメリカと比較しながらイギリスMBSやその市場の特殊性を考察する。

第4章では、イギリスにおけるカバードボンド（Covered Bond）市場の展開について考察する。具体的には、一部のヨーロッパ諸国では19世紀から発行が行われており、2000年前後からはヨーロッパ諸国を中心に多くの国々で発行額が急速に増加したカバードボンドが、2003年以降はイギリスでも少しずつ発行されるようになり、2008年以降は発行額が急速に増加している状況やその要因を考察する。

第5章では、世界金融危機下のイギリス住宅金融市場について考察する。具体的には、2007年夏のサブプライムローン問題の顕在化と2008年秋のリーマン・ショックを経て、世界の金融市場が世界金融危機と呼ばれる状況へと深刻化した時期におけるイギリス住宅金融市場やMBS市場およびカバードボンド市場について考察する。また、そのような状況下でイギリス政府やイングランド銀行（Bank of England：BOE）等の監督機関が行った対応についても考察する。

第6章では、イギリスにおける住宅金融市場への公的介入について考察する。具体的には、限定的な制度ではあるものの、住宅金融市場への公的介入の一形態である「住宅ローン利子所得補助制度（ISMI）」と、それを補完する民間保険である「住宅ローン返済保証保険（MPPI）」の概要と歴史的変遷、およびそれらが住宅金融市場で果たしている機能について考察する。

そして全6章にわたる考察が終わった後には、終章として、第1章から第6章までの考察により明らかになったことを整理し、特に重要と思われる点をあらためて指摘することで本書をまとめることとしたい。

目　次

序　章　3

第 I 部　住宅金融の諸問題と近年までの展開過程

第 1 章　先行研究の検討と基本視角 …………………………13

はじめに　13

第 1 節　現代資本主義における対個人信用の位置付け　14
　　1－1　川合説：現代資本主義と対個人信用・住宅金融　14
　　1－2　斉藤説：「与信可能な層」の大量出現　16

第 2 節　住宅金融と住宅ローン債権の証券化　22
　　2－1　斉藤説：住宅信用の特徴　22
　　2－2　片桐説：アメリカ住宅金融と信用制度　25
　　2－3　大庭説：金融資産の証券化と負債の証券化　27
　　2－4　村本説：住宅金融の特殊性　29

第 3 節　先行研究の整理と検討　31
　　3－1　対個人信用　31
　　3－2　住宅金融と住宅ローン債権の証券化　34

第 4 節　基本視角　37
　　4－1　住宅金融の現代資本主義における位置付けと成立条件　37
　　4－2　住宅金融の困難性とその解除機構　39
　　4－3　イギリス住宅金融市場の現代的変化　43

第 2 章　イギリス住宅金融市場の展開 …………………………59

はじめに　59

第 1 節　イギリス住宅金融市場の展開　59
　　1－1　1970年代までの住宅金融市場　59
　　1－2　1980年代以降の住宅金融市場の変化　64

第2節　イギリス住宅金融市場におけるアンバンドリング化
　　　　　の進展　68
　　　第3節　イギリス住宅金融市場の特殊性　72
　　　　3－1　変動金利住宅ローンとマイルズ・レポート　72
　　　　3－2　住宅市場・住宅金融市場への限定的な公的介入　75
　　　おわりに　78

第Ⅱ部　住宅ローン債権の証券化と世界金融危機

　第3章　イギリスにおける住宅ローン担保証券（MBS）市場
　　　　　の展開 …………………………………………………83
　　　はじめに　83
　　　第1節　イギリスMBS市場の展開　84
　　　　1－1　MBS市場の形成と第1次MBSブーム　84
　　　　1－2　第2次MBSブームと市場の急拡大　90
　　　第2節　イギリスMBS市場とMBSの特殊性　100
　　　　2－1　イギリスMBS市場の特殊性　101
　　　　2－2　イギリスMBSの特殊性　106
　　　おわりに　109

　第4章　イギリスにおけるカバードボンド市場の展開………115
　　　はじめに　115
　　　第1節　ヨーロッパのカバードボンド市場　116
　　　　1－1　カバードボンド市場の概要　116
　　　　1－2　カバードボンドの特徴　126
　　　第2節　イギリスのカバードボンド市場　130
　　　　2－1　カバードボンド市場の形成　130
　　　　2－2　2008年カバードボンド規制法の成立　136
　　　第3節　イギリスのカバードボンド市場の新展開　139
　　　おわりに　143

目 次

第 5 章　世界金融危機下のイギリス住宅金融市場 ……………147
　　はじめに　147
　　第 1 節　2000年以降のイギリス住宅金融市場　147
　　　　1 － 1　イギリス経済と金融市場の急速な拡大　147
　　　　1 － 2　イギリス住宅金融市場の急速な拡大　154
　　第 2 節　サブプライムローン問題の顕在化　158
　　　　2 － 1　サブプライムローン問題の顕在化と住宅金融市場　159
　　　　2 － 2　住宅市場と住宅金融市場への監督機関の対応　162
　　第 3 節　世界金融危機とイギリス住宅金融市場　165
　　　　3 － 1　リーマン・ショックとイギリス住宅金融市場　165
　　　　3 － 2　住宅市場と住宅金融市場への監督機関の対応　168
　　第 4 節　世界金融危機とイギリスのMBS市場・カバードボンド市場　171
　　　　4 － 1　危機が深刻であったMBS市場　171
　　　　4 － 2　ノーザンロック危機の発生　175
　　　　4 － 3　イギリスMBS市場への監督機関の対応　181
　　　　4 － 4　安定的であったカバードボンド市場　182
　　第 5 節　イギリス金融機関の変化　186
　　おわりに　189

第 6 章　イギリス住宅金融市場への公的信用補完制度 ………195
　　はじめに　195
　　第 1 節　イギリスにおける住宅ローン返済問題　195
　　　　1 － 1　1980年代から1990年代までの住宅ローン返済問題　195
　　　　1 － 2　2000年以降の住宅ローン返済問題　198
　　第 2 節　イギリスにおける住宅ローン借入者の保護の枠組み　199
　　　　2 － 1　住宅ローン利子所得補助制度（ISMI）　200
　　　　2 － 2　住宅ローン返済保証保険（MPPI）　204
　　おわりに　209

終　章 213
あとがき 219
参考文献 222
初出一覧 231
索　引 232

　　　　　　　　　　　　　　　　　　　装幀　比賀祐介

第Ⅰ部
住宅金融の諸問題と近年までの展開過程

第1章　先行研究の検討と基本視角

はじめに

　本書では、住宅金融と住宅ローン債権の証券化について考察する。考察の対象国はイギリスであるが、必要に応じてアメリカや他のヨーロッパ諸国とも比較しつつ考察を行う。本章ではその準備として、住宅金融を含む対個人信用を現代資本主義における信用形態としてどう位置付けるべきか（段階規定）について、先行研究の検討とともに考察する。

　ただし、対個人信用の段階規定に関する研究は、日本国内外を問わず現在までそれほど多くは行われていない。さらに住宅金融や住宅ローン債権の証券化の段階規定についてとなると、先行研究はより限定的となる。その理由には、対個人信用が現代資本主義において新たに登場した信用形態であるため、近代的信用機構の中心的存在である商業銀行により扱われ始めてからまだ多くの時間が経過しておらず、それゆえ段階規定の考察に必要な情報が十分に蓄積されていないことが挙げられる。また、住宅ローン債権の証券化も現代資本主義において新たに登場した金融形態であるため、対個人信用と同様に段階規定の考察に必要な情報が十分に蓄積されておらず、そのため住宅ローン債権の証券化の段階規定についても先行研究は多くは行われていない。しかし近年までに、対個人信用や住宅金融および住宅ローン債権の証券化は現実の金融市場や実体経済にたいする影響力を急速に高めてきた。それゆえこの分野の研究の意義は急速に高まっているということができる。

　本章では、まず第1節において、川合説（川合一郎・元大阪市立大学教授）と斉藤説（斉藤美彦・獨協大学教授）の検討をもとに、現代資本主義における対個人信用と住宅金融の位置付けについて考察する。つづく第2節では、住宅金融の成立条件や住宅ローン債権の証券化の現代資本主義における意義に

ついて、斉藤説、片桐説（片桐謙・和歌山大学教授）、大庭説（大庭清司・名城大学教授）、村本説（村本孜・成城大学教授）の検討をもとに考察する。そして第3節では、それまでの考察に基づき、本書の考察における基本視角を明確にする。

第1節　現代資本主義における対個人信用の位置付け

本節では、現代資本主義における対個人信用の位置付けについて、先行研究の検討をもとに考察する。

1－1　川合説：現代資本主義と対個人信用・住宅金融

川合[1978]は、限定的ではあるものの対個人信用の登場やその展開過程について言及している。そこでは住宅金融も対個人信用の一形態として議論していることから、本書の参考となる部分が多いと考えられる。

川合説は、現代資本主義において信用機構は大きく変化したと指摘し、その変化を推し進めた要因として次の5点を挙げている[1]。それは、(1)企業の自己金融の増大、(2)信用形態の展開と多様化、(3)信用の機関化、(4)金融資産累積、(5)公信用の増大による信用機構の変化の推進、インフレの進行、である。このうち(2)においては、対個人信用についても触れられている。(2)を原文どおり示すと以下のようになる。「(2)これ（筆者注・自己金融の増大）による資金の過剰・貸出の減少が、消費者信用[2]や公信用という利子うみ資本の新しい増殖地盤を開拓させ、信用形態の多様化をもたらした[3]」。このように川合説は、対個人信用は現代資本主義における信用機構の変化のなかで生じたものであり、また企業における自己金融の増大により生じた「利子うみ資本の新しい増殖地盤」としている。

川合説における消費者信用についてより詳しくみていくと、川合説は、対個人信用は「現代資本主義のもとで商業信用と資本信用の上部にうまれた新しい信用形態である[4]」としている。そもそも川合説によると、資本主義成立

第 1 章　先行研究の検討と基本視角

以前の信用とは、主に前期的金貸資本による地主（＝封建領主）および農民への貸付であった。そして貸し付けられた貨幣は、地主においては「奢侈品あるいは軍備等の不生産的用途」に使われ、また農民においては「凶作・天災時における租税の支払いのため」に使われていた。しかし初期的なものであれ資本主義社会が成立し、それにより「産業資本が成立して、互いに商業信用を与えあい、それが近代的信用制度を作り出すようになると、消費者信用はその埒外に残され、わずかに農村や都市の零細企業のなかに、庶民金融として細々と存続を許されていたに過ぎな」かった。しかし現代資本主義では資金が過剰となった。資金が過剰となると「銀行の貸出は再生産過程の上流から下流に下ってくる」こととなり、まずは産業資本家にたいする貸付が始まった。さらに産業資本の資金需要の伸びが鈍化し、また企業における自己金融の増大により産業資金融通が当該企業内で充足されるようになると、銀行は再生産の流れをさらに下って過剰な資金を生産者にではなく「たんなる消費者」に貸して利子を稼ごうとするようになった。川合説は、このような流れのなかで対個人信用が登場したとしている。

　しかし川合説は、この時点での対個人信用はまだ近代的信用制度の「埒外」であるとしている。その後になり対個人信用は「近代的信用制度すなわち銀行の内部にその位置を得る」ことができたとしているが、その理由は、対個人信用が「販路の開拓に悩む産業資本家にとって、最終製品の販路を開拓させる役割を果た」し、それにより「産業資本家は剰余価値実現の機会を開拓し、貨幣資本化は利子獲得の地盤を作り出す」ことができたからであるとしている。

　そして川合説は、対個人信用の展開は具体的には「1930年恐慌以後、最初は自動車産業、のちには住宅建設の場面において」特に展開したとしている。川合［1978］は地域を明記していないものの、これは前後の文脈や現実的な時期から考えてアメリカにおいてのことと考えられる。また自動車産業や住宅建設において対個人信用が展開した理由については、これら「耐久消費財は長く使用できるから分割払いの心理的抵抗が少なく、貸手にとっては担保としてとりやすい」こと、また「（筆者注・対個人信用は）所得水準がある程度

15

高くなってから利用されるので回収が比較的確実[15]」なことを挙げている。そして川合説は、住宅信用の展開は1930年恐慌以降としており、これも住宅信用を現代資本主義における新たな信用形態と位置付ける理由に含めている。

　川合説は、対個人信用についての議論をまた別の一面から考察して締め括っている。すなわち、対個人信用は「過剰な生産物に販路をつくりだし、過剰な資金に利殖機会を開拓させるだけでなく、個人小切手の普及と結びついて、月内に消費される賃金・俸給をも銀行組織の中にとりこみ、いわゆるキャッシュレス社会を作り出すことによって中央銀行にえていた現金節約益の一部をも銀行に得させることを可能にする[16]」ものである、と述べている。

　以上、対個人信用に関して川合説を検討してきた。川合説は、対個人信用はもともと近代的信用制度の埒外であったが、現代資本主義においては過剰資金が存在するようになり、それといわゆる産業資金仲介機会の停滞が結びついた結果として銀行が対個人信用に乗り出し、これにより貨幣資本家と産業資本家は利益獲得の新たな地盤を得た、としていた。そして、対個人信用は現代資本主義において登場した新たな信用形態である、ということであった。さらに住宅信用もこのような新たな信用形態として論じられていた。そして、対個人信用の登場の時期は1930年代以降であり、これはまずは自動車産業で、その後に住宅建設において展開したとしていた。

1－2　斉藤説：「与信可能な層」の大量出現

　斉藤[1994][17]は、住宅信用も含め対個人信用の現代資本主義における位置付けについて考察しており、さらにそのなかでは阿部説（阿部真也・福岡大学名誉教授）、深町説（深町郁彌・九州大学名誉教授）の批判的検討も行っている。また斉藤[2010a]、[2010b]は住宅信用についての具体的な考察も行っている。

　斉藤[1994]は、対個人信用が「資本」ではなく「個人」への貸出であることから「原理論的世界には登場しない信用形態であり、資本主義の歴史的運動の過程で生まれた新たな信用形態[18]」と位置付けている。そしてそのような対個人信用は、「消費者の将来所得を先取りすることにより現在の購買力を

創造するという機能を果たし、高価な耐久消費財購入に際して現実の貯蓄および所得による制約を解除する機構であるといってよく、消費の拡大を促進する要因となり、景気循環を加速化する役割を果たすといってよい[19]」とその重要性を指摘している。

また斉藤[2010a]は、対個人信用の一形態である住宅信用も同様に、「現代資本主義における新たな信用形態[20]」であると位置付けている。そしてこの場合の受信側は、斉藤[1994]での定義と同様に、企業ではなく社会に"マス"として存在する新中間層としてのホワイトカラー労働者（サラリーマン）または「庶民」としている[21]。このことから、斉藤説における住宅信用は、「住宅購入を希望する庶民の将来所得を先取りすることにより現在の住宅購入力を創造する機能を果たし、高価な住宅購入に際して現実の貯蓄および所得による制約を解除する機構」と言い換えることができる。さらに斉藤[2010a]は、住宅信用の需要は「自己資金だけで住宅を購入ないし建設することは通常は難しいことから発生する[22]」としており、この点も加えて斉藤説を整理するならばつぎのようになる。すなわち、「住宅信用とは自己資金だけでは困難な住宅の購入ないし建設を希望する庶民の将来所得を先取りすることにより現在の住宅購入の可能性を創造する機能を果たし、高価な住宅購入に際して現実の貯蓄および所得による制約を解除する機構である」。

そして斉藤説は、対個人信用の展開には「現代アメリカ型の大量生産・大量消費を基盤とする産業構造の確立が不可欠[23]」であり、これが達成された国々においてその後に対個人信用が展開したとしている。斉藤説における対個人信用の展開過程についてより具体的にみていくと、つぎのように要約することができる[24]。

個人への貸付は前期的な金貸資本によりかなり古くから行われており、いわゆる資本主義の重商主義段階、自由主義段階、古典的帝国主義段階でもそのようなことは存在していた。ただし、その時点での個人への貸付は国内経済や国際貿易に影響力を持つほどのものではなく、また近代的信用制度と関わるほどではなかった。しかしアメリカで、1910年代にフォードシステムに代表される自動車生産システムの「革命的変革」と、それによる自動車の低

価格化が起こると、これを受けて1920年代には自動車の大衆への普及が進んだ。その結果、大衆は郊外の一戸建て住宅での居住が可能となり、同時に住宅建設ブームも起きた。そしてそれにともない家電製品をはじめとする耐久消費財の購入需要も増加したが、しかし一般の大衆には耐久消費財を貯蓄や俸給の一部をもって購入することは困難であった。ここに、大衆による耐久消費財購入を可能にする信用、すなわち対個人信用への要請が生じることとなった[25]。この要請にたいし、当初は商業銀行ではなく耐久消費財メーカーや販売金融会社が少額ながら信用供与を行った。しかし1930年代になると、大恐慌やそれにともなう産業資金需要の減退もあり、それまでのメーカーや販売金融会社による個人への信用供与の成功をみた商業銀行が対個人信用にも直接乗り出した。これをきっかけに、まずアメリカで対個人信用は急展開し、さらに第二次世界大戦の中断をはさみ1950年代以降にはアメリカ以外の先進資本主義諸国、具体的には西ヨーロッパ諸国や日本においてもアメリカ型の耐久消費財の大量生産方式を軸とする生産様式[26]が確立すると、その後は対個人信用の本格的な展開が始まった。

　このように斉藤説では、対個人信用は耐久消費財産業の成立とともに展開し、1920年代にまずアメリカで、そして1950年代以降になり他の先進資本主義国でも展開したとしている。

　ただし斉藤[1994]は、対個人信用の展開条件としては、社会的な産業構造および与信側における与信動機の変化だけでは不十分であることも指摘している。具体的には、対個人信用の展開には前提として高度大衆消費社会の成立が要請され、それと同時に耐久消費財の購入側における所得水準の上昇も要請されることを指摘している[27]。これについて斉藤説は、社会の人口構成におけるホワイトカラー労働者の大量出現が特に重要としている。つまり、現代資本主義における企業規模の巨大化は、都市部に"マス"として新中間層たるホワイトカラー労働者を大量に出現（居住）させ、そしてそのホワイトカラー労働者を中心に大衆における所得水準の上昇および平準化が進むと、その結果、耐久消費財産業の重要性が社会的に増して対個人信用が展開する基礎が形成された、ということである。またこのホワイトカラー労働者は、

第1章　先行研究の検討と基本視角

「将来にたいする楽観的見通しを持ち、積極的な購買活動を行う層」[28]であるとしており、これも対個人信用への要請の高まりに大きく影響したとしている。このような過程で、ホワイトカラー労働者は与信側からみれば対個人信用の「メインターゲット」、または「与信可能な層」となったのであり、これこそが対個人信用の展開に重要だったと斉藤説は論じている。

また、ホワイトカラー労働者が"マス"として社会に登場し、また高度大衆消費社会が定着したあとの社会においては、「個人持家比率の上昇が一定程度普遍的傾向を持つ」点も指摘しており、この点を住宅信用の展開と関連付けて論じている[29]。

そして商業銀行が住宅信用を本業の一部として行うようになった背景には、斉藤[2010a]では、①持続的なインフレーションとこれにともなう名目所得の上昇、②不動産価格等の資産価格の持続的な上昇傾向（それによる担保価格上昇による信用リスク低下）、③就業・所得の安定性および持続的所得上昇への期待、の3点も挙げている[30]。

さらに斉藤[2010a]は、商業銀行による対個人信用業務への進出の要因には、「産業資金需要の強弱」、「監督当局による規制」、「政治・社会的圧力」も考慮に入れるべきであると指摘している。ただし一般的に対個人信用の拡大に不可欠の要素とされている「産業資金需要の停滞」は、絶対的な条件とはしていない。これについては後に詳しく述べるため、ここでは割愛する。

ところで、対個人信用は受信者の所得が返済の根拠の貸出である。それゆえ、例えば企業向け信用が産業資本による将来の利潤獲得を返済の根拠としていることとは異なり、対個人信用は根本的に不安定であり困難性が高い信用貸付である、というとらえ方が一般的である。しかしこれについて斉藤説は、現代資本主義における新中間層としてのホワイトカラー労働者は、重商主義段階や自由主義段階の労働者層はもとより、古典的帝国主義段階における国家機関の巨大化のもとで増加した公務員等よりも賃金が平均的に高く、また景気循環過程における吸収・反発の度合いも緩やかであるとしている。したがって現代資本主義における社会政策等の充実も考慮に入れるならば、ホワイトカラー労働者は返済還流の見通しがより確実な層（個人）である、

としている[31]。このことも、この時期の対個人信用の受信者は商業銀行にとってはリスクが高い借手というわけではなく、むしろ与信可能な層であるということの根拠に挙げている。そしてこれにより、対個人信用が必ずしも困難性の高い貸付とは言い切れない、としている。

また斉藤[1994]は、対個人信用に関する研究である阿部説・深町説の批判的な検討も行っている。それぞれについてみていくと、阿部[1978]は、対個人信用を「現代に固有の再生産構造のもとで展開されたあらたな信用形態の一つ」[32]と定義し、明確に現代資本主義における新たな信用形態と位置付けている。また、そのような対個人信用は「発展した独占資本主義経済の再生産過程の規制を受け、この段階において発生する過剰な商品と資金を活性化し、独占利潤の実現と増大を確保する新たな機構」[33]である、としている。そしてこのような対個人信用の分析には、つぎのふたつの異なる視点を総合した分析視角が必要であるとしている。それは、ひとつは商業論ないしマーケティング論的見地から、対個人信用を「流通機構のなかに組み込まれた、商品販売促進の技術、または、手段として」とらえる視角であり、もうひとつは主に金融論的見地から、対個人信用を「商業信用および銀行信用につづいて展開される信用形態の新たなる発展としてこれをとらえ、現代の変化した資金循環構造のなかでこれを位置付けようとするもの」ととらえる視角である[34]。

阿部説への斉藤[1994]における批判はつぎの2点に集約される。1点目は、斉藤説では、対個人信用の発生および展開には高度大衆消費社会の確立により信用の受信側にも変化が生じ、受信側が金融機関にとって与信可能な層となることが重要としているが、阿部説はこのような対個人信用の受信側についての検討を欠いている、という批判である[35]。また、価値増殖という返済還流の根拠を持たない消費者は、一般的には資本主義の信用関係においては排除されていたはずの受信者であり、そのような受信者が確立するにいたった原因の分析は対個人信用を論じる際には不可欠であるが、「この点についての分析が欠落している[36]」、とも批判している。

2点目は、阿部説はいわば「原理論と現状分析をつなぐ中間理論（段階論）」として述べられているが、そのなかでは「景気循環構造の変化の問題は、ま

第1章　先行研究の検討と基本視角

ったく触れられていない[37]」という批判である。さらに「景気循環の諸局面において消費者信用[38]がどのような動向を示し、どのような役割を果たすかについての考察も欠落している[39]」とも批判している。つまり、阿部説は現状分析にあたり原理論だけでなく中間理論（段階論）も分析ツールとしている以上、景気循環構造と対個人信用の関連性の分析は不可欠であるが、それが阿部説には欠けている、という批判である。

　つぎに深町説と、それにたいする斉藤[1994]における批判について検討する。深町[1976]は、対個人信用を各国資本主義が1930年代に「管理通貨制度に移行したのち、商業・流通の分野に展開した新しい諸現象のひとつ[40]」ととらえ、これを斉藤説および阿部説と同様に現代資本主義における新たな信用形態と位置付けている。また、対個人信用は一般的に、「独占資本による個別資本的な市場争奪・支配のためのマーケティングの手段として把握されていた[41]」とし、その展開を、資本主義の独占段階への移行過程における商業資本の排除および配給過程の成立としてとらえ、そのような対個人信用の「管理・支配の手段[42]」がマーケティングであったとしている。そして、その意味では対個人信用とは「社会に与えられた大きさの市場を各独占資本が争奪するもの[43]」であり、「割賦販売・消費者信用もたしかにこうしたマーケティングの新しい手段としてその位置付けにあることが可能であり必要である[44]」としている。さらに、対個人信用は「最終消費者の将来所得を先取りすることによって有効需要を増大させ、市場を創造・拡大するということ[45]」もあり、「国家による公信用に基づく財政スペンディングとともに『市場創造』のための現代資本主義における装置[46]」であるともしている。

　このような深町説にたいして、斉藤[1994]はさまざまな角度から批判を行っているが、ここでは以下の3点の批判に注目する。1点目は、深町説は「管理通貨制への移行後に本格化する金融機関の消費者信用への進出は、過剰資金の新たな運用分野であった」と指摘しているのにたいし、斉藤[1994]は「この指摘は普遍的傾向としてよいものかについては疑問が残る[47]」と述べている点である。斉藤[1994]は、「産業における資金需要の強弱は（筆者による中略）商業銀行の消費者信用業務への進出の絶対的な条件にはならない[48]」

と、これを明確に否定している。また「過剰資金」についても、内生的貨幣供給説に立脚しながら、これが先験的かつ長期的に存在することを否定している。

　2点目は、深町説は阿部説と同様に「現代資本主義において一般消費者が受信可能な存在として現れるということにたいしての分析が欠如している[49]」と批判をしている点である。これについて斉藤[1994]は、対個人信用の分析においては与信側の分析のみならず受信側の分析が重要であることを強調している。

　3点目は、これも阿部説への批判と同様に、深町説における「景気循環論の分析の欠如」を批判している点である。すなわち、景気循環の諸局面における対個人信用がどのような運動をするかについての分析が深町説でも欠如している、という批判である。

　以上が対個人信用に関する斉藤説と、それによる所説への批判的検討である。斉藤説は、対個人信用を現代資本主義において登場した新しい信用形態であると位置付け、その一形態である住宅信用も、同様に新たな信用形態と位置付けていた。この点は、阿部説や深町説などの先行研究と同様の認識であった。しかし斉藤説は、対個人信用の受信側に関しての分析から、受信側が与信側に「受信可能な層」と認識されることが対個人信用の展開に重要であったことを明らかにし、またこれを強調していた点が特徴的であった。

第2節　住宅金融と住宅ローン債権の証券化

　本節では、対個人信用と住宅金融の段階規定の検討から離れ、住宅金融および住宅ローン債権の証券化の理論的な先行研究についてサーベイする。

2-1　斉藤説：住宅信用の特徴

　斉藤[2010a]は住宅信用の特徴についてさまざまに述べている。そのひとつに、住宅信用は対個人信用と同様に、与信側からみれば「個人の消費支出

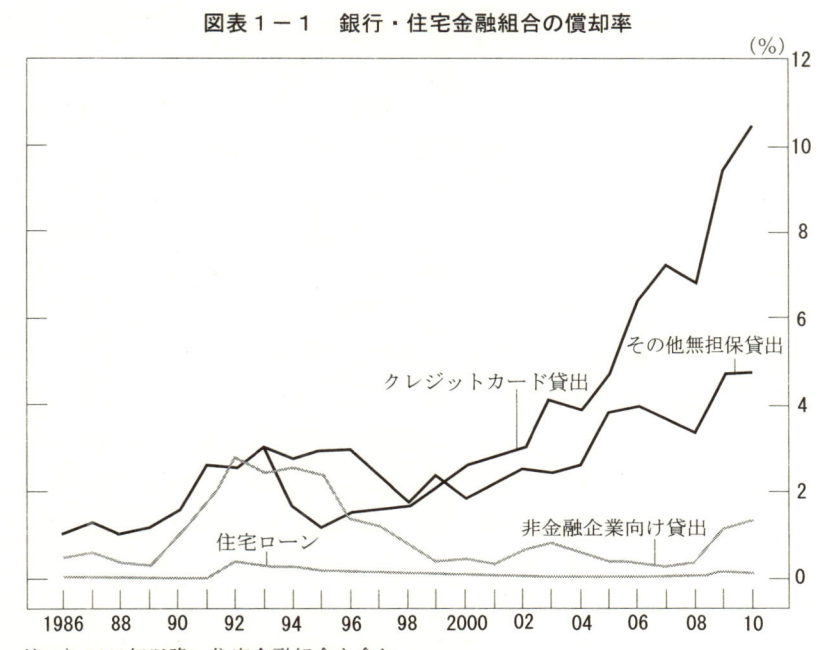

第1章 先行研究の検討と基本視角

図表1－1　銀行・住宅金融組合の償却率

(グラフ：その他無担保貸出、クレジットカード貸出、住宅ローン、非金融企業向け貸出、1986年～2010年)

注1) 2008年以降、住宅金融組合を含む。
　2) 本図表は、斉藤[2010b]64頁でも参照されていたものである。
〔出所〕Bank of England[2010]p.50.

にたいする貸出」であるという特徴を指摘している。そして住宅信用は、受信側にとって商工業貸付のように生産・流通活動に従事し収益をあげることに返済の根拠がある借入とは異なり、返済の根拠は個人の将来の所得であるとし、これをもって与信側において住宅金融は「返済の根拠が不確定な貸出[51]」としている。

　しかし斉藤[2010b]は、近年のイギリスを例に、「現実は、住宅信用（金融）と消費者信用を比較するならば、通常は住宅信用（金融）の方が延滞・貸倒れ比率は低い[52]」ことを指摘している。また、「商工業貸出（特に長期貸出）に比べて住宅ローンはリスクが高いのかという問題[53]」については、「イギリスの住宅ローンのデフォルト率は通常商工業貸出を下回っている[54]」ことを指摘しており（図表1－1）、判断が難しいとしている。そしてこのような傾向は、

23

「特殊イギリス的状況というわけではない。抵当権付きということもあり、バーゼルⅠにおけるリスク・ウェイトは一般企業向けの貸出が100％とされた一方、住宅ローンは50％とされたのは象徴的である。そしてバーゼルⅡの標準的手法におけるそれは35％に引き下げられたのである[55]」とし、したがって住宅信用に普遍的な傾向であると述べている。

さらに斉藤[2010a]は、住宅信用は通常の場合超長期であり、その間の経済情勢や顧客の信用状態を予測することが困難である点を指摘しているものの、これについてはつぎのような考えを述べている[56]。すなわち、「個人の側からみると、一生にとって住宅購入は非常に大きなイベントである。したがって返済不能によりそれを失うことはできるだけ避けたいと考えるのは当然のこと[57]」で、それゆえ「住宅ローンの返済意欲は非常に高いものがあるのが通常であり、これを反映して貸倒れ率も通常時においては相対的に低い[58]」と。

また斉藤[1994]は、住宅信用がマクロ経済に与える影響にも言及しており、これを対個人信用のうち住宅信用とはことなる消費者信用と対比してつぎのように述べている。まず消費者信用にたいする需要は、マクロ的な景気動向と一致して増減し、特に好況期の景気拡大に大きな役割を果たすとしている。そして金利感応度は高くなく、借入者の主たる関心は月々の賦払金額にあるとしている。一方で、住宅信用（住宅ローンの借入）と住宅購入は、通常の消費者にとっては「その一生における最も巨額の受信行動かつ購買活動であるために、金利感応度は極めて高い[59]」と述べている。そのため住宅信用はマクロ的な景気動向とは一致せず、不況期の相対的低金利期にその需要が高まり、逆に好況期の相対的高金利期には需要が低下するとしている[60]。また、不況期における住宅信用需要の上昇は景気を下支えする機能を果たし、景気拡大の先導役を果たすとし、このことから住宅信用は「景気循環を加速化する役割を果たしている[61]」と述べている。その他で住宅信用の受信需要の変動に影響を与えるのは、インフレーションおよび将来所得の将来見込み、住宅関連の税制などであるとしている。

しかし斉藤[2010a]は、住宅信用における与信には「その困難性という問題は抜きがたく存在する[62]」とし、そのような困難性の解除に関する方策に公

的介入を挙げている。公的介入の具体的な方法としては、住宅信用および持家への税制優遇、公的金融機関による住宅信用の提供、住宅ローンへの政府保証や保険提供、等を挙げている。さらに、斉藤[2010b]では信用情報機関（クレジット・ビューロー）の発展、住宅ローン債権の証券化機構の発展なども困難性の解除の方策として挙げている[63]。しかしこのような方策によっても困難性を完全に解除することは難しく、むしろそのことを「住宅信用の特徴[64]」としている。以上が斉藤説である。

2－2　片桐説：アメリカ住宅金融と信用制度

　片桐[1995]は、アメリカにおける住宅金融の展開を、信用制度の構造変化に即したかたちで考察している。考察の対象はアメリカに限定しているとはいえ、住宅金融および住宅ローン債権の証券化について普遍的な傾向を考察している点で本書の参考となる。

　片桐説は、まずモーゲージ（住宅ローン）の定義から始めている。片桐[1995]は、「モーゲージ資金は不動産のタイプ別に、農地、1－4人家族住宅、多数家族住宅、商業用不動産に区別される[65]」が、近年は1－4人家族住宅用の資金であることがほとんどであるため、「モーゲージは個人金融」である、としている。また片桐説はモーゲージを「不動産を担保とする金銭賃借契約[66]」とし、具体的には「不動産の所有権を債務弁済の担保として、債務弁済不能の時、当該不動産の所有権を債務者＝モーゲージ設定者（mortgagor）から債権者＝モーゲージ権者（mortgagee）に譲渡し債務弁済に当てるもの[67]」としている。また「モーゲージ設定者の占有権は弁済不能になるまで保たれ[68]」ることとなり、このような契約がモーゲージ契約であり、それによって担保される貸付がモーゲージ貸付であると定義している。そして「モーゲージは譲渡が可能であり、さらに貸付債権に当初契約時から譲渡性＝流通性を与え、市場への資金流入を促進しようとするもの[69]」ととらえている。

　また片桐[1995]は、モーゲージは「金銭借り入れの手段」から「投資の対象」へと発展したとしている。すなわち「モーゲージは不動産の価値を支配することによって、資金調達と投資とを媒介とする手段としての役割を果た

す[70]」ものであるが、モーゲージは「債務者からみれば、担保を資金化する手段[71]」である一方、「債権者からは資金を投下する手段であり、貸し付けた貨幣に対する請求権を持つ[72]」ものである。このことから「貨幣請求権は、貸し付けられた貨幣元本の他に利子に対する所得請求権を持っている[73]」とし、そのため「モーゲージは担保物、担保権など、担保としての意味とともに、そのような担保付の債権という意味を持[74]」ち、「こうして不動産はモーゲージを通じて金融システムに取り込まれる[75]」としている。

　また、モーゲージの「金銭借り入れの手段」としての機能と「投資の対象」としての機能は、「債務者が不動産を抵当にうったえ、この需要に貨幣資本が応じることから表裏一体にある[76]」としている。ただし、「管理通貨制下の資本主義経済においてモーゲージ貸付は商業銀行を中心とする民間金融機関の業務展開として浸透してきた[77]」が、これは「モーゲージの機能的重点が債務者にとっての『金銭借入れの手段』から民間金融機関にとっての『投資の対象』へと移行した[78]」ことを意味しているという。そして、これにおいて重要なのは証券化の進展であると述べている。すなわち、住宅金融は経済成長に寄与する一方で、証券化の進展によりモーゲージは「再生産過程から隔離された証券市場のレベル[79]」において「投資対象」として取引されるようになった、というものである。また、このようなモーゲージの証券化の構造的発展を「擬制資本化の進展[80]」であるとしている。そして片桐説は、モーゲージの擬制資本化のメルクマールは、「モーゲージ担保証券がいかに基礎のモーゲージの性格を脱却し、資本証券としての抽象度を高めているか[81]」にあるとしている。

　ところで片桐説は、住宅金融には困難性（リスク）が存在するとしている。すなわち、①「一般大衆を当事者とする信用供与であることから貸付の安全性が不確定である」、②「手形割引や商品担保貸付による流動資産金融を行う本来の商業銀行業務とは大きく異なる」、③「再生産過程での設備信用その他固定資本に対する信用供与とも異なる」、④「信用供与の際の安全性は一般大衆の不確定な返済能力に依存する」、⑤「貸付において、確かに不動産は担保の機能を果たすが、この不動産評価額は不動産ブーム期には異常に上昇し、

それと相俟って過剰な負債を作り出す一方で、崩壊期にはその資産価値が下落して、担保としての機能をとうてい果たし得ないリスクを有する」、というものである[82]。

また片桐[1995]は、こうした困難性にもかかわらず住宅金融が現在までに主要な信用供与形態として定着し、さらに商業銀行を中心とする民間金融機関が積極的であった理由について、つぎの3点を見出している[83]。すなわち、①企業の資金調達がCP、証券市場へ依存度を高めていった、いわゆる「銀行離れ」が進展するなかで、住宅金融が選択肢として残されていたこと、②住宅金融から得られる手数料収入が一般的に商工業貸付より高かったこと、③住宅投資需要が高まったこと、である[83]。

さらに、斉藤説と同様に片桐説においても住宅金融は実体経済を反映するとしている。具体的にみていくと、「景気循環の山は住宅着工の谷に対応し、一方、景気循環が谷に達すると住宅着工は若干のラグをおいて山に達する[84]」とし、「住宅建築活動は景気後退期に上昇し、逆に景気上昇期に低下する[85]」としている。また、住宅建築活動は「住宅建築費用を通じて物価水準に、そして建築業に従事する労働者を通じて雇用に二次的な影響を与える[86]」ことから、「住宅建築は資本形成として経済成長に寄与するだけでなく、景気安定装置（Built-in-Stabilizer）としての機能を果たしており、その経済的意義は極めて大きい[87]」と述べている。以上が片桐説である。

2-3　大庭説：金融資産の証券化と負債の証券化

大庭[2006]は、現代における金融資産の証券化やデリバティブなどの金融イノベーションの結果、金融市場や金融商品が多様化し、複雑化し、そして肥大化していることを論じている。

大庭説は、1970年代以降の金融市場において生じた変化を前提として論じられている。これを端的にまとめると、1970年代になり「世界の金融資本市場では、外国為替、金利、株価の変動が顕著[88]」となってきており、それらの変動リスクのヘッジ手段として金融新技法がつぎつぎに開発されるようになったが、なかでも金融証券化とデリバティブは、「金融資本市場の多層化、擬

制資本の多面的展開[89]」とも関連する大きな変化であった、ということである。

また大庭説は、一口に証券化といっても大きくは「金融資産の証券化」と「負債の証券化」のふたつに分けて論じている。前者は「例えば銀行の貸付債権集積（プール）を担保に証券を発行すること」であるとし、また後者は「銀行が定期預金を譲渡可能証書（Certificate of Deposit：CD）として機関投資家に売り出したり、企業が短期借入れをコマーシャル・ペーパーに切り替えたりすること[90]」であるとしている。前者には住宅ローン債権の証券化が含まれていると考えられる。

そして大庭説は、現代的な変化である金融資産の証券化、つまりMBS発行に関しては、アメリカでこれが発行されるようになった経緯から論じている。大庭説は、もともと住宅ローン債権の証券化は金融機関が旺盛な民間の住宅ローン要請に応じるために既存債権を売却してファイナンス（転嫁流動性を確保）するという目的からMBS発行が始まり、そしてこれは自己資本比率規制対策としても利用され、さらに貯蓄貸付組合（Savings and Loan Association：S&L）や商業銀行が、1970年代より激しくなった金利の変動リスクをヘッジする手段としても利用するようになったこともあり展開した、としている[91]。そしてこれをまた別の視点から、「資本主義経済が変容する過程で短期借りと固定金利長期貸しを推進してきた金融機関が、その抱え込んだ構造的な不均衡を、解消する一つの手段[92]」であった、とも述べている。

さらに大庭説は、アメリカで公的機関から発行されているパススルー型のMBSを例にとって、「パススルー証券は、通常、原債権者のもつ金銭債権を信託（グランター・トラスト）にプールし、その共有持分が分割されずに投資家に売却される仕組み[93]」となっており、したがって「この証券に対する投資家は、証券価格算定に際し、過去の経験則から繰上償還の確率を想定し、証券投資からえられる総合的なキャッシュ・フローを導出して、割引現在価値計算を行う[94]」点から、原理論的な「一定の収入を市場金利で資本還元（現在価値化）する債権の擬制資本化とは異なり[95]」、「将来予測に基づくキャッシュフローの資本還元、すなわち現在的な擬制資本化のプロセス[96]」としている。

また大庭説は、パススルー型証券のリスクについても検討しており、その

ようなリスクを軽減する不動産抵当債権担保証券（Collateralized Mortgage Obligations：CMO）や資産担保証券（Asset Backed Securities：ABS）などの登場とそれらの市場の拡大を指摘し、つぎのように結んでいる。すなわち、「モーゲージ貸付、自動車販売債権、カード債権、リース債権など金融資産を基礎に新たな債券が重層的に発行され、取引される事によって、擬制資本市場は拡大・深化をつづけている[97]」、というものである。以上が大庭説である。

2－4　村本説：住宅金融の特殊性

ここまでの3者による説は、（広義）マルクス経済学を背景とする議論であった。村本[1986]はマルクス経済学にもとづく議論ではないが、住宅金融の困難性や問題点等について興味深い考察を行っている。

村本説は、住宅金融について論じるにあたり、まず住宅および個人による住宅の取得について定義している。それによると、住宅とは「社会生活を営む上での基盤[98]」であり、「持家がその主たる形態となりつつあることなどを考えると、住宅は耐久財[99]」であるとしている。そして住宅の保有とは、「フローとしての住宅サービスの消費と、ストックとしての資産形成の両面の性格を持つもの[100]」としている。

また村本説は、住宅取得の意味についても論じている。すわなち、「家計が住宅を取得するのは、他の資産取得と同じで、住宅という資産のもたらすサービスを享受するため[101]」としている。「サービスを享受する」とは、具体的には①住宅の生み出すサービスの享受、②精神的安定、③資産価値の享受、④インフレ・ヘッジ対策、⑤老後目的、を挙げている[102]。村本説は①および②の側面をより重視しているものの、③、④、⑤についても強調しており、これらをまとめて「住宅を保有することは、貯蓄のポートフォリオの一形態である[103]」と表現し、また「住宅は年金ないし老後目的貯蓄と代替的[104]」であると述べている。

そして村本説は、住宅を取得するための手段のひとつである住宅金融について、「消費者・個人金融、超長期金融、不動産担保金融[105]」という特色を見出し、「したがって事業金融・企業金融とは異なる性格を持つ[106]」としている。

29

また住宅金融が「個人（家計）の消費的金融であることは、それにより調達された資金が住宅という資産形成および住宅のサービスを消費することに向けられる点で、積極的負債行動にもとづくもの」であるとし、「いわゆる消費支出の赤字補塡に用いられる消費者信用とは異なる[107]」としている。さらに住宅金融は事業金融とは異なり、「比較的小口であり、個別性が強く、収益を生む金融ではない[108]」としている。そして「事業金融が原則としてその事業活動によって得られる収益で返済するという性格をもつ、生産金融である[109]」とする一方で、住宅金融は「家計の所得によって返済されるという所得予見にもとづく金融であり、いわば不生産的金融」であるとし[110]、事業金融と住宅金融は本質的に異なることを明確にしている。さらに、住宅金融が不生産的金融であるからこそ、保証人や機関保証に加え融資対象の不動産を物的担保とする制度が確立している、としている。

　このように、住宅金融が特殊で不生産的な金融であると考える村本説は、住宅金融は、金融機関にとって「商業ベースからみるとメリットの少ない金融分野[111]」であるとしている。その理由には、前述の特殊性以外にも3点挙げている。まず1点目は、「金利リスクが大きい[112]」ことである。具体的には、金融機関は本質的に「預金金利と貸出金利の整合性をとりつつ運営しなければならない[113]」という点を確認したうえで、「住宅金融の貸出金利は小口・長期取引であることから高めに設定したいのにたいし、社会福祉などの観点から低い金利が要請される[114]」ことから、「収益性が低く大きな金利リスクを金融機関が負いがちになる[115]」と指摘している。2点目として、「流動性リスクが大きいこと[116]」、つまり「期間対応の不一致[117]」を挙げている。単純化して言えば、金融機関は短期の個人預金を集めて長期の住宅ローンとして貸し出すが、これにより貸借期間のミスマッチが生じ、金融機関における流動性リスクの拡大要因となりうる、ということである。3点目として、住宅金融は「小口取引であることから事務コストが高いこと[118]」を挙げている。これは、企業向け貸付の場合と住宅ローンの場合の取引額を比較すると、住宅ローンの方が小口であるが、その一方で貸出審査や手続きにおいては個人を相手にする住宅ローンの方が事務コストが高い、ということでもある。村本説は特にこの

「小口取引」という点を重視しており、これにより「他の大口の産業金融に比して金融機関にとって魅力の乏しい貸付になり、資金の安定的供給に欠陥を生じがちとなる」[119]と述べている。そしてこのような要因もあり、欧米の主要国では住宅金融専門機関を設立して住宅金融を一般金融市場から分離しているとし、住宅ローンを直接提供する公的金融機関の成立の根拠を明らかにしている。以上が村本説である。

第3節　先行研究の整理と検討

　ここまで、対個人信用および住宅金融の段階規定や、住宅ローン債権の証券化の特徴について先行研究を検討してきた。ここからは各先行研究の類似点や相違点を整理し、特に重要と思われる点には考察を加えていきたい。

3-1　対個人信用

　現代資本主義における対個人信用の位置付けに関して川合説と斉藤説を整理すると、川合説は対個人信用を「現代資本主義のもとで商業信用と資本信用の上部に生まれた新しい信用形態である」[120]とし、また斉藤説も「資本主義の歴史的運動の過程で生まれた新たな信用形態」[121]としており、対個人信用の位置付けに関して両者の見解は、ほぼ一致している。

　しかし、対個人信用が登場する条件に関しては両者の見解は大きく異なる。川合説では、現代資本主義において対個人信用が登場した条件としては、過剰資金の存在と金融機関の貸付行動の変化が重要としていた。つまり、現代資本主義において生じた過剰資金は、はじめは産業資本へ貸し付けられていたが、「株式会社化の発展・巨大化は株主数の増加と他方では投資機会の減退とが相まって自己金融をひきおこした」[122]ため、次第に産業資本の資金需要が鈍るようになり、その結果、「銀行は新しい貸付先」[123]として生産者ではない消費者に目を向けるようになり、ここに対個人信用が登場した、というものであった。一方の斉藤説は、現代アメリカ型の大量生産・大量消費を基盤

とする産業構造が確立し、それにともない耐久消費財産業の側から消費者信用への要請が生じたことや、所得水準が相対的に高く雇用も安定した新中間層たるホワイトカラー労働者が社会に"マス"として登場し、そのような層を商業銀行が「与信可能な層」と認識したことが、対個人信用の登場においては重要であるとしていた。また斉藤説は、過剰資金の存在が消費者信用の成立条件として重要であるかについては、川合説と同様に過剰資金の存在を重視する深町説への批判のなかで、内生的貨幣供給説にもとづく議論により否定している。さらに産業資金需要の停滞についても、「商業銀行の消費者信用業務への進出後の展開にとってはきわめて重大な影響を与えるとはいえ、その停滞は進出に当たっての絶対的な条件とはいい難い[124]」としている。このように川合説と斉藤説では、対個人信用の登場する条件に関する見解は大きく異なるのである。

　さらに、対個人信用の機能やそれが登場した後の展開理由についても川合説と斉藤説は異なる。川合説は、対個人信用は「販路の開拓に悩む産業資本家にとって、最終製品の販路を開拓させる役割を果た[125]」す機能を有し、それにより「産業資本家は剰余価値実現の機会を開拓し、貨幣資本家は利子獲得の地盤を作り出す」ことができるため展開した[126]、としている。一方の斉藤説は、対個人信用は「消費者の将来所得を先取りすることにより現在の購買力を創造するという機能を果たし、高価な耐久消費財購入に際して現実の貯蓄および所得による制約を解除する機構[127]」である、としている。このような相違は、与信側と受信側のどちら側から対個人信用の展開を考察したかにより生じている部分もある。しかしこの相違はそれほど単純なものではなく、両者が対個人信用の展開の出発点を与信側の変化に見出すのか、それとも受信側の変化に見出すのか、その相違を表している点でも重要な相違なのである。

　この点に関して筆者は、対個人信用の登場の背景には斉藤説で述べられているように、アメリカ型の高度大衆消費社会が成立し、それによる産業構造の変化と耐久消費財産業からの対個人信用への要請が社会に生じ、そしてマスとして社会に出現した雇用および収入の安定したホワイトカラー労働者を、商業銀行が「与信可能な層」と認識したことがより重要であったと考える。

第1章 先行研究の検討と基本視角

なぜなら、対個人信用の登場した初期段階では個人への与信の可否や貸付金還流の可能性を判断する基準がほとんどないため、商業銀行は川合説で述べられているように増殖地盤の拡大という目的で今まで与信対象としていなかった個人を与信対象に盲目的に含めることは考え難いからである。したがって、商業銀行が個人を「与信可能な層」と認識するようになったことこそが、対個人信用が登場する条件として重要であったと考えるべきであろう。

　また筆者は、過剰資金の存在は重要ではないと考えており、そもそも過剰資金が先験的に存在していると考えること自体に疑問を持つ。斉藤[1994]における深町[1976]の過剰資金説への批判[128]を参考に述べると、一般的に「過剰資金」といわれているものは、この時期までに生じた世界金融システムの変革のもと、銀行が過剰に信用創造を行った結果として生じたものである。そのような資金が、「過剰流動性」や「金余り」等の外観を呈することはあるし、それらが現実に金融市場を混乱させることもある。しかしそれらは先験的に存在していた過剰資金というわけではなく、銀行の信用創造により供給されたものである。それゆえ、それが本当に「過剰」なのであれば、いずれは返済を受けて消滅するはずである。したがって「過剰資金」が先験的に、かつ長期に存在しつづけることはないのである。換言すれば、「過剰」だったのは「銀行の信用創造」なのである。また、もし「銀行の信用創造」が過剰だったことが対個人信用の登場において重要である、と川合説を読み換えたとしても、それには否定的にならざるを得ない。なぜなら（既に述べたとおり）創造された資金はいずれ返済により消滅するため、これが対個人信用を登場させ、展開させるほど長期的に存在しつづけることはないと考えるからである。以上のように、対個人信用の登場した背景には過剰資金の存在が重要であるという議論について、筆者は批判的に考える。

　そして産業資金需要の停滞に関しては、これも対個人信用の展開に絶対的な条件ではないと考える。もちろん、産業資金需要の停滞により、商業銀行が新たな貸出先（増殖地盤）を求め、その結果として対個人信用へと資金が向けられることはあるかもしれない。しかしそれは、対個人信用が登場した後の展開過程で重要なものであるが、登場の条件としては必要な要素ではない。

産業資本における資金需要が旺盛でも、同時に与信可能な個人が社会に大規模に存在し、またそこに受信需要があれば、銀行がそれらに与信する動機としては十分であると考えるからである。

　以上が、対個人信用に関する先行研究の論点整理と、これに関する筆者の考えである。

3－2　住宅金融と住宅ローン債権の証券化

　住宅金融および住宅ローン債権の証券化に関して、斉藤説、片桐説、大庭説、村本説を整理する。

　まず、住宅金融の困難性について各説で述べられていることのなかで重要な点を整理すると、片桐説と村本説は、住宅金融は特殊な金融形態であり、その特殊性は住宅金融のリスクであると認識している。具体的にみていくと、片桐説は、住宅金融が「一般大衆を当事者とする信用供与であることから貸付の安全性が不確定[129]」であるというリスクを含んでいる、としている。また村本説は、住宅金融が「消費者・個人金融、超長期金融、不動産担保金融[130]」であり、また「家計の所得によって返済されるという所得予見にもとづく金融[131]」であるため「事業金融・企業金融とは異なる性格[132]」を持っており、メリットが少なくむしろリスクが高いとしている[133]。

　しかし斉藤説は、住宅金融が「受信側にとって商工業貸付のように生産・流通活動に従事し収益をあげることに返済の根拠があるのとは異なり、返済の根拠は個人の将来の所得である[134]」ため「返済の根拠が不確定な貸出[135]」であるとしているものの、このような特殊な形態であるといったことがリスクであるとは認識していない。その根拠に斉藤［2010b］は、イギリスを例に住宅ローンのデフォルト率が商工業向け貸出や消費者信用よりずっと低いことを挙げ、それが特殊イギリス的ではないことを、バーゼルⅠ・Ⅱでも住宅ローンのリスク・ウェイトが企業向け貸出より低く設定されていることにより説明している[136]。

　この点に関して筆者は、住宅金融が個人への貸出であり、商工業向け貸出とは返済の根拠が異なる点は認める。しかしそれをもってリスクの高い貸出

であるとはいえないと考える。この理由も、斉藤説で示されていたように、イギリスでは商工業向け貸出よりも住宅ローンのデフォルト率が低いことや、バーゼルⅠ・Ⅱにおけるリスク・ウェイトが低く設定されていることがその証明といえる。さらに、貸出実行後に金融機関が行うことになるモニタリングの面において、住宅ローンと商工業向け貸出のどちらが容易かについては一概にいえない。場合によっては企業のキャッシュフローよりも個人のキャッシュフローの方がモニタリングが容易であることも考えうるのである[137]。

つぎに、住宅ローン債権の証券化について各説で述べられていることのなかで重要な点を整理すると、斉藤説は住宅ローン債権の証券化に関して詳しくは論じていないものの、「MBS市場の発展」[138]を住宅金融の困難性を解除する機構のひとつに挙げている。つまり斉藤説は、住宅ローン債権の証券化を、住宅金融の困難性の解除機構と位置付けているのである。これに近いのが大庭説である。大庭説では、住宅ローン債権の証券化は「資本主義経済が変容する過程で短期借りと固定金利長期貸しを推進してきた金融機関が、その抱え込んだ構造的な不均衡を解消する一つの手段」[139]であるとしている。ここから、大庭説において住宅ローン債権の証券化は、住宅金融にともなう諸問題[140]、換言すれば住宅金融の困難性を解除する機能を有する機構と考えていることが読み取れる。

一方で片桐説は見解が異なり、証券化の進展により住宅ローン（債権）は「再生産過程から隔離された証券市場のレベルで（筆者による中略）投資対象となった」[141]としており、さらに住宅ローン債権の証券化の構造的発展は、「擬制資本化の進展」[142]をも意味するとしている。このように、片桐説における住宅ローン債権の証券化は、住宅金融の困難性の解除機構というよりは住宅ローンを再び「投資の対象」へと機能転化させる機構なのである。

この点に関して筆者は、斉藤説や大庭説のように、住宅ローン債権の証券化は住宅金融の困難性を解除する機構のひとつと考える。その理由を各先行研究とは別の視点から述べると、（詳しくは第3章で考察するが）1970年代に世界初のMBS発行がアメリカで政府主導によりで行われた際、これを最も必要としていたのは、資金の地域的偏在による貸出原資の不足や金利リスク

といった困難性にさらされていた金融機関であった。そして政府主導でMBSの発行が開始されたのちには、民間金融機関においてもMBSが発行されるようになり、その後は民間でのMBS発行額は急速に増加し、特に1990年代以降の増加は著しかった。もちろんこのような増加の背景には、1990年代後半から2000年代にかけての民間金融機関において、住宅金融の困難性を解除すること以外の目的、つまり新たな金融商品を生み出す目的でMBS発行を行った面があったことは否定しない。そして片桐説が言及しているように、結果として住宅ローン債権が「投資の対象」へと機能転化された面があったことも否定しない。しかし、住宅ローン債権の証券化が行われるようになった本質的な理由は住宅金融の困難性の解除であり、機能転化されたことはその後の結果であって、本来的な目的ではなかったと考える。

　ただし、特に2000年代中頃以降の機能転化に関しては別途の考察が必要であろう。これについては次節および第3・4・5章で詳しく考察するためここでは簡潔に要点のみ記すが、2000年代の金融機関には、証券化技術を利用した、これまではみられなかったビジネスモデルを採用するものが登場した。このビジネスモデルとはOTDモデル（Originate to Distribute Model）と呼ばれるもので、住宅ローンを、貸出後に証券化することを前提に貸し出すというものである。2000年代中頃以降はこのモデルのもとで多くの住宅ローンが貸し出され、そしてそれがMBSへと証券化され、それらは世界中の投資家へと売却されていった。これは特にアメリカで顕著であったが、日本も含め他の先進諸国もある程度同じような行動をとっていた。また一部のMBSは、他の証券化金融商品と混ぜ合わされて債務担保証券（Collateralized Debt Obligations：CDO）等として再証券化され、これも世界中の投資家へと売却されていった。この点は、2000年代中頃以降、住宅ローン債権の証券化技術は、住宅金融の困難性を解除するという本来の機能から離れ、片桐説が言及しているように、住宅ローン債権を「投資の対象」へと機能転化する手段として利用される面が強まっていたことを表しているといえよう。

　以上が、住宅金融と住宅ローン債権の証券化に関する先行研究の論点整理および重要点の確認と、筆者なりの考察である。

第4節　基本視角

本節では、前節までの考察をもとに、まず本書における現代資本主義における住宅金融の位置付けを明確にし、つぎに住宅金融の成立条件として重要な点を整理し、最後に住宅金融市場における現代的な変化について考察を行う。なお、本書は考察対象をイギリスとしていることから、本節における考察もイギリスを中心に行う。

4－1　住宅金融の現代資本主義における位置付けと成立条件

まず住宅金融の現代資本主義における位置付けを明確にする。先行研究でも指摘されていたように、住宅金融は企業ではなく個人が貸付の対象となる。それゆえ、住宅金融は対個人信用の一形態としてとらえるべきである。また、対個人信用は原理論の世界には登場しない現代資本主義における新たな信用形態であることから、住宅金融も現代資本主義において登場した新たな信用形態と位置付けるべきである。これらの点は、先行研究と同様の位置付けをしたい。

つぎに住宅金融の成立条件を整理する。成立条件としては以下の5点が重要である。①与信側（金融機関）にとって与信可能とみなせる中間所得層が多数存在していること、②持続的なインフレーションへの期待、③持続的な住宅価格の上昇傾向、④雇用情勢・所得水準の安定、⑤景気循環幅の安定（循環幅の縮小傾向）、である。

それぞれについて必要な説明を加える。まず①の与信側にとって与信可能とみなせる中間所得層が多数存在していることであるが、ここでいう中間所得層とはホワイトカラー労働者を指す。そして彼らが金融機関により与信可能な層であると認識され、かつ人口構成において一定以上存在することにより、前期的な金貸資本による高利融資とは異なる低利融資が可能となる。逆にいえば、相対的に高コストな住宅ローンを低利で融資することが可能とな

るためには、顧客数を大規模化しなければならない。そのため、与信可能な層であるホワイトカラー労働者が社会に一定以上存在することは、住宅金融の成立にとって非常に重要なことなのである。

続いて②の持続的なインフレーションへの期待であるが、これは住宅金融の受信側において特に重要な点である。住宅ローンの借入は、個人にとって長期にわたる大きな資金の借入である。もちろん各国ごとに貸出期間の差はあるが、住宅ローンの借入期間が自動車や他の耐久消費財の購入の場合よりも短いということはない。そのため、持続的なインフレーション傾向により一般物価が上昇をつづけ、それにともない個人の名目所得も上昇がつづくことへの期待が持てるということは、住宅金融の受信要請を高める点でも重要である。

また一定の貯蓄を有している者にとっても、インフレーション下でその価値が下落することへの対応策として、住宅購入が有益となる部分もある。すなわち、ある個人の保有する現預金には、インフレーション下で一般物価が上昇すればその価値が目減りするリスクがともなう。しかしそれらの現預金で、インフレーション下において価格の上昇が期待できる住宅を購入することにより、現預金の価値が目減りするリスクがヘッジできる。もちろん、長期的にみれば住宅価格が購入時の価格を下回るケースが生じるリスクは否定できないし、また日本のように購入後の住宅価格の下落が大きい場合もある。しかし、インフレーション傾向の継続への期待はそのようなリスクもある程度は乗り越えるものである。このような点でも、持続的なインフレーションへの期待は住宅金融の成立条件として重要である。

つぎに③の持続的な住宅価格の上昇傾向である。これは②とも関連するが、③はむしろ与信側にとって重要な点である。与信側にとって、住宅ローン貸出は個人への長期資金の貸付であり、貸付額も大きいため信用リスクの管理は重要である。しかし資産価格の上昇は担保価値の上昇を意味し、与信側における信用リスクの低下も意味する。そのため、持続的な資産価格の上昇傾向は与信側の与信動機を高める要因となる。また資産価格の上昇は、資産効果を生むことから個人にとっては住宅保有意欲が高まる要因ともなる。この

ような点で、資産価格の上昇は重要度が高いといえる。

　また④の雇用情勢・所得水準の安定であるが、与信側と受信側の双方にとってこれは重要である。例えば、不況下で失業率の上昇や平均所得の減少が生じると、住宅ローンの返済延滞率や差押え率の上昇が起こりやすくなる。これは与信側にとってのリスクである。また不況下では個人の住宅取得意欲も低下するため、受信側の受信需要は低下することとなる。もちろん将来にわたり個人の雇用や所得水準が安定的かどうかを判断することは不可能である。しかしそうであっても雇用情勢および所得水準は、その時点における与信だけでなく受信の可否を判断することにおいても重要な材料となる。このような点で、雇用情勢および所得水準の安定は住宅金融の成立条件としては重要なのである。

　最後に⑤の景気循環幅の安定であるが、景気循環（変動）幅の安定も住宅金融の成立条件として重要な条件である。④と重なる部分もあるが、個人が住宅購入を決断して住宅ローンを借り入れる場合、それには受信者である個人においての将来見通しの楽観性がともなわなければならない。なぜなら、将来に不安を抱えている状況では、当然ながら住宅購入を決断することは難しいからである。しかし、住宅金融は長期にわたる受与信であるため、当該期間中に景気循環が生じることは想定されざるをえない。その場合において、景気循環幅が継続的に小幅化していることは、受信側である個人の将来見通しを少なくとも悪化させる要因とはならない。さらに、景気循環の小幅化は、与信側にとっても住宅金融市場の不安定化による各種リスクの顕在化を回避する意味で重要である。このように景気変動幅の安定は、住宅金融の成立条件として非常に重要な点である。

4－2　住宅金融の困難性とその解除機構

　つぎに住宅金融の困難性について整理する。住宅金融にはさまざまな困難性があり、ここにすべてを挙げることはできない。しかしつぎに挙げる3点は、なかでも特に重要な点であるため、ここで言及しておく。すなわち、①顧客の長期にわたる返済能力を判定するのがそもそも難しいこと、②金利リ

スクがあること、③担保価値が大きく変動すること、である。

　まず①の顧客の長期にわたる返済能力を判定するのが難しいこと、換言すれば信用リスクを正確に把握することが困難であることについては、住宅金融の困難性としては最も大いと考えられる。通常の住宅ローンの貸付期間は20年以上であり、そのため受信者は受信以後、就業期の大部分を（もしくは就業期を超えて）住宅ローン返済をしながら生活することになる。しかし、与信側が与信の可否を判断する時点において受信者の将来に生じるイベントについて正確に予測することは、それがポジティブなものであるか否かにかかわらず不可能である。もちろん、現代においてはクレジット・ビューローが発展しており、ある程度の傾向的な予測は可能である。しかし、当然それは完全なものではない。貸出審査時点では信用力に問題がない顧客であっても、急な病気や不慮の事故、勤務先企業先の倒産等による失業で偶発的に返済困難が生じる可能性はありえる。もちろん、個人にとって住宅を所有することは生活基盤の維持という意味でも重要であり、住宅ローンの返済意欲は自動車ローン等の消費者信用より強いであろう。そのため、多少の返済困難が生じた場合にも、住宅ローン返済を他より優先させることは十分に考えうる。しかし、返済意欲が強いことと返済能力が高いこととは別である。与信側においては、最終的に貸付金が予定どおり返済されることが重要なのである。このように、顧客の長期にわたる返済能力を判定することが難しいことは、住宅金融の困難性として最も大きい点なのである。

　つぎに②の金利リスクについて述べると、一般的に銀行が住宅ローンを貸し出す場合には、短・中期の個人預金を吸収し、それを通常は20年から30年と長期の住宅ローンとして貸し出す形となる。そして預金金利の多くは変動金利で、一般的に住宅ローンの多くは長期固定金利である。この場合、住宅ローンの返済期間中に預金金利が変わらなければ問題は生じない。しかし返済期間中に市場金利が急激に変動するような事態が生じ、それにより預金金利を上げなければならなくなると、預金金利が貸出金利（住宅ローン金利）を上回る「預貸利鞘の逆転現象」に直面することになる。このことが金融機関の経営にネガティブな影響を強く与えることは、1980年代後半から1990年

代初めにかけてアメリカで生じたＳ＆Ｌ危機によっても明らかとなっている。このように、金利リスクは住宅金融の困難性として非常に大きなものなのである。この点については井村［2002］でも、金融機関は「相対的に短期の貯蓄性預金を長期の住宅資金に転換するという負債と資産との間の期間ミスマッチを抱えており、金利変動に対して脆弱な体質を持っている[143]」と述べられている。

そして③の担保価値の変動について述べると、住宅金融において担保となるのは通常は住宅そのものである。住宅は平時においては担保としての役割を十分に果たすが、しかし住宅価格は景気循環の過程で変動する。これは、住宅金融における担保価値も変動するということでもある。好況下で住宅価格が上昇している局面では、担保価値が上昇するため価格の変動は問題とはならない。しかし不況下で住宅価格が下落する局面では、担保価値は下落して、場合によっては担保機能を十分に果たせなくなる可能性もある。このように、住宅金融においては、住宅価格という担保価値が大きく変動すること、特に価値が下落する可能性もあるという点は、住宅金融の困難性として大きいといえよう。

なお住宅が担保という観点では、もし担保資産を金融機関が接収（抵当権を実行）した場合、その後に適切な価格で売却ができるかが不確定であることも問題となる。すなわち金融機関は、借手から貸付金の回収ができなくなった場合には、担保資産を接収し、それを売却して資金を回収することになるが、見込んでいた価格よりも低い価格でしか売却できなければ、差額は金融機関の損失となる。このようなことも、住宅金融の困難性に含められよう。

以上のような住宅金融の困難性を解除する手段（機構）として特に重要な点に、つぎの３点が挙げられる。すなわち、①顧客基盤（市場）の拡大、②住宅金融の困難性の解除機構の整備、③公的機関の介入、である。

まず①の顧客の拡大について述べると、住宅金融は現代資本主義において新たに登場した信用形態であることもあり、これが一般化する初期段階では資金還流の可能性等を判断するための情報が十分に蓄積されていない。これは貸手にとってのリスクといえるが、しかし時間の経過とともに顧客基盤が

拡大し、それにともない顧客情報の蓄積が進むと、クレジット・ビューローの充実が期待できる。これにより貸手は、顧客への貸付の可否をより正確に判断できるようになる。また顧客基盤の拡大は、ある顧客において万が一貸付金の返済に延滞または返済不能（デフォルト）が生じた場合にも、貸手の受ける影響を相対的に減じることができ、これにより金利を低く抑えることもできる。そして金利を低く抑えることができれば、借手の返済可能性を高めることにもつながる。さらに顧客情報が蓄積されることにより、各顧客層の商品選択傾向や要望などから貸手は住宅ローン商品を多様化でき、それにより各顧客にとって返済可能性が最も高い商品を提供することが可能となる。それは結果的に、返済に問題が生じるリスクを予防することにもなる。このように顧客基盤の拡大は、住宅金融の困難性を解除する側面を有している点で重要なのである。

　ただしこの点について一点注意したい。一般的に金融機関が顧客層を広げるということは、リスクの低い層から高い層へと顧客基盤を広げていくことを意味するが、ここではそのようなことを意味しているのではない。リスクが高く、返済の可能性が低い層への貸出は行うべきでないのは当然である。ここで意味していることは、あくまで潜在的な貸付可能な層を掘り起こし、そのような層への貸出を増加させ、それによりクレジット・ビューローを充実させることで貸出審査の正確性を高め、このようなことの積み重ねにより安定的に市場を拡大させる、という意味である。このようにして顧客基盤が拡大すれば、結果として一件のデフォルトにより金融機関が受ける損失を相対的に弱めることができる。そしてそれだからこそ、貸出金利を下げることができるのである。同様に、金利を下げることで借入者（顧客数）を増加させようということを意味しているわけでもない。

　つぎに②住宅金融の困難性の解除機構の整備について具体的に述べると、これにはまず住宅ローン債権の証券化が挙げられる。顧客基盤が拡大して住宅ローン貸付残高が増加することは、①で述べたように住宅金融の困難性の解除に貢献するものの、一方で貸手側が抱えるリスクを増加させる面もある。しかし住宅ローン債権を証券化して投資家に売却することにより、従来は住

宅ローンの貸手（金融機関）が負っていた信用リスクや金利リスク等の一部を投資家に移転することができる。そしてそれにより、住宅ローン貸出にともなう貸手の困難性が一部解除されるのである。具体的に例を挙げればMBSの発行であり、また場合によってはカバードボンドの発行が挙げられよう。さらに、モーゲージ保険を提供する保険会社や信用保証会社も、住宅金融の困難性を解除する機構であるともいえ、それらが発展して強固なものへと整備されることは住宅金融の困難性を解除する意味では重要である。さらに①で述べたようなクレジット・ビューローを充実させることも、見方によっては困難性の解除機構の整備といえよう。

最後に③の公的機関の介入についてであるが、井村［2002］でも述べられているように、家計部門（個人）は、本来は住宅を取得しうる自立した経済主体であるのにもかかわらず、「長期で巨額の借入に耐えうる信用力を必ずしも備えておらず[144]」、また金融機関も「相対的に短期の貯蓄性預金を長期の住宅資金に転換するという負債と資産との間の期間ミスマッチを抱えており、金利変動に対して脆弱な体質を持っている[145]」。そのため「こうした経済主体に対する公的保険・保証、リファイナンスなどの金融的支援が市場を支え、結果として社会的、経済的厚生を高めうる[146]」のであり、このような意味で公的介入は重要性が高いのである。

なお、公的介入には大きく分けてふたつの方法がある。ひとつは、住宅ローンを貸し出す公的金融機関を設立したり、民間金融機関の貸出した住宅ローンに公的保証を付けたりする直接的な介入方法であり、もうひとつは、住宅ローン借入者に補助金を支給したり、税制面で優遇したりするなどの間接的な介入方法である。住宅金融の困難性は、①や②で述べたように民間金融機関の努力や工夫により解除される部分もあるが、しかしすべてが解除されるわけではない。そのため、民間で解除しえない困難性については公的介入による解除が要請されるのである。

4－3　イギリス住宅金融市場の現代的変化

ここまでの議論をもとに、主に1970年代から2000年代まで、特に1990年代

図表1−2 住宅ローン残高の推移（季節調整値）

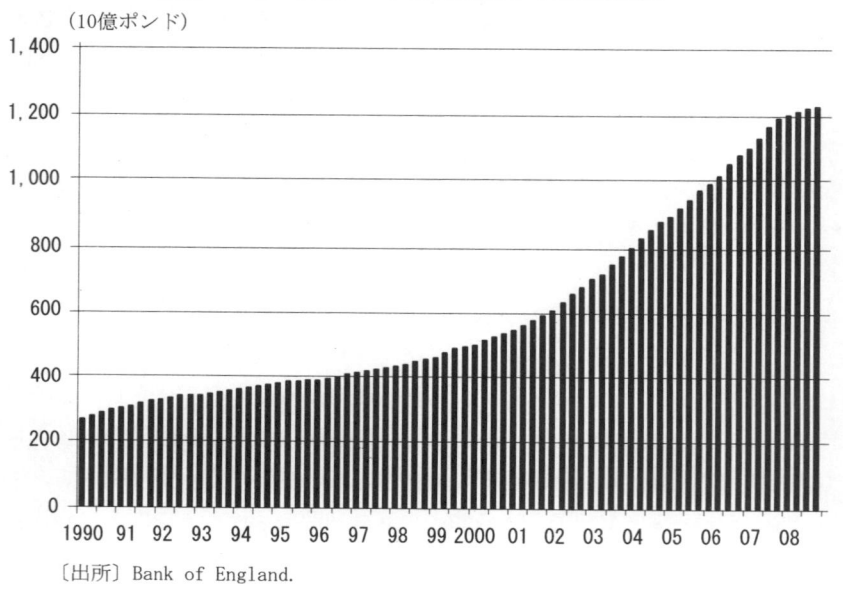

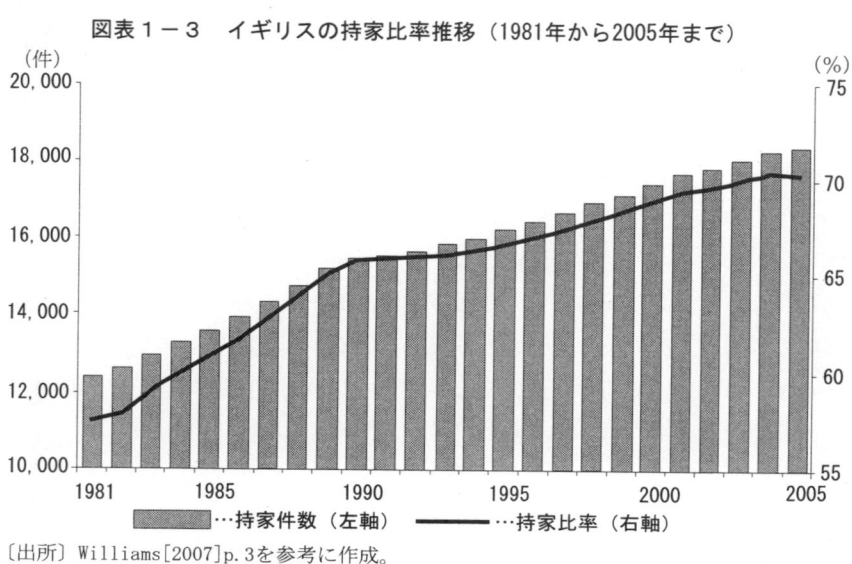

(10億ポンド)

〔出所〕Bank of England.

図表1−3 イギリスの持家比率推移（1981年から2005年まで）

(件) (％)

▨ …持家件数（左軸）　━━ …持家比率（右軸）

〔出所〕Williams[2007]p.3を参考に作成。

第1章　先行研究の検討と基本視角

以降のイギリス住宅金融市場に生じている変化を考察していく。

　イギリス住宅金融市場は、好調なイギリス経済を背景に急速な拡大をつづけてきた。特に1990年代以降の拡大は著しく、2008年に住宅ローン貸出残高は1.2兆ポンドを越え（図表1－2）、個人持家比率も2002年には70％を超えた（図表1－3）。そしてイギリスで繰り返し生じてきた住宅不足問題はほぼ解決されたとみなされ、（2007年後半以降は別として）住宅問題は政府の重要な政策課題には挙げられなくなった。前節まで、住宅金融にはさまざまな困難性があることを述べ、それらを解除するひとつの要因に顧客基盤（市場規模）の拡大を挙げたが、イギリス住宅金融市場が1990年代以降に急速な拡大をつづけるなかで、現実に困難性の解除と解除機構の強化は進んだといえよう。

　しかし市場が急速に拡大していく背景には、住宅金融の成立条件と必ずしも一致しない形で市場が拡大してきた面もみられる。それは、イギリスの一部のホワイトカラー労働者においては、雇用情勢や所得水準が潜在的に不安定化しており、特に2000年以降の住宅金融市場の拡大の過程ではそのような不安定な層も顧客として取り込んできたということである。

　具体的にみていくと、1990年代以降に顕著となったグローバリゼーションの進展やヨーロッパ連合（European Union：EU）の拡大とともに、イギリスでは東ヨーロッパやアフリカ、またはアジアからの低賃金の労働者の流入が増加した（図表1－4）。このようないわゆる出稼ぎ労働者は、かつては製造業など労働集約的産業に従事するブルーカラー労働者が中心であったが、近年では一定水準以上の職能を有するホワイトカラー労働者の流入も増加している。その結果、一部のイギリス人労働者においては（職能次第ではあるが）所得の上昇が抑えられ、雇用継続も安定的とはいえなくなっているのである。

　雇用の不安定化という点では、非正規雇用労働者の増加にも注目できる。図表1－5は、労働人口に占める非正規労働者の割合を比較したものである。これをみると、イギリスはOECD平均（2007年時点で15.4％）よりずっと高く（同23.4％）、G7のメンバー国と比較しても最も高い水準となっている。これも要因となり、近年のイギリスでは格差問題が深刻化している。イギリス政府がロンドン大学のジョン・ヒルズ教授へ委託した格差問題の研究にたい

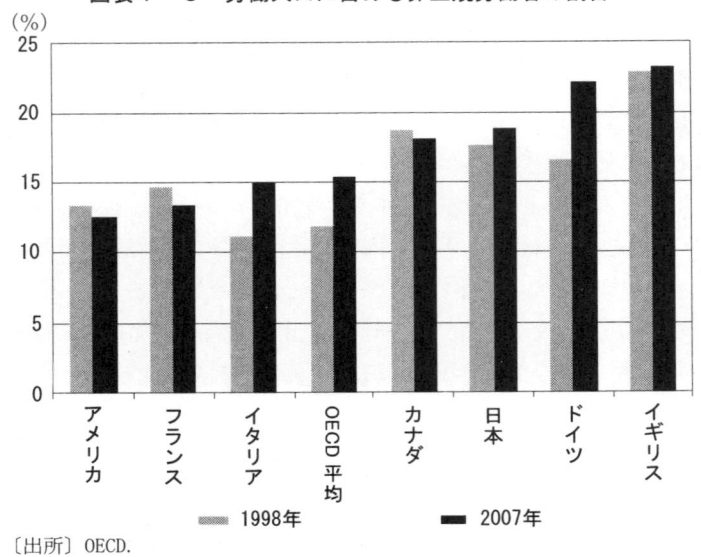

図表1－4　イギリスにおける外国人労働者数の増加

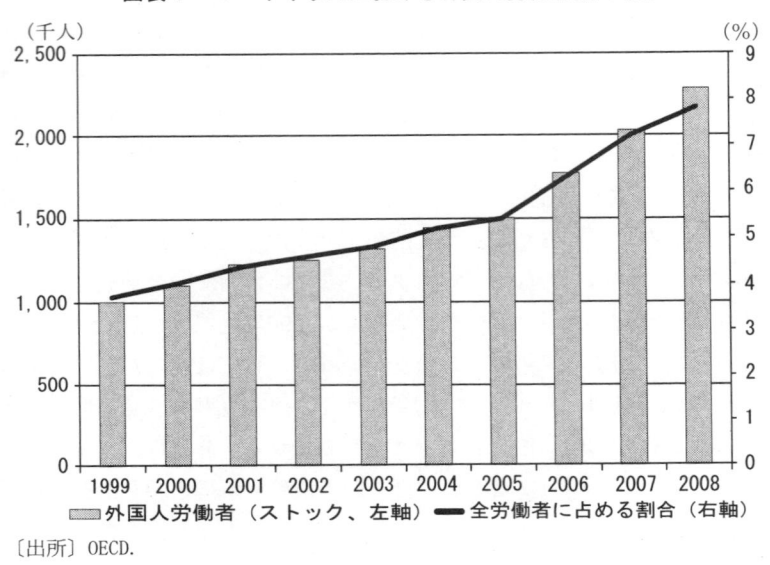

外国人労働者（ストック、左軸）　全労働者に占める割合（右軸）

〔出所〕OECD.

図表1－5　労働人口に占める非正規労働者の割合

1998年　2007年

〔出所〕OECD.

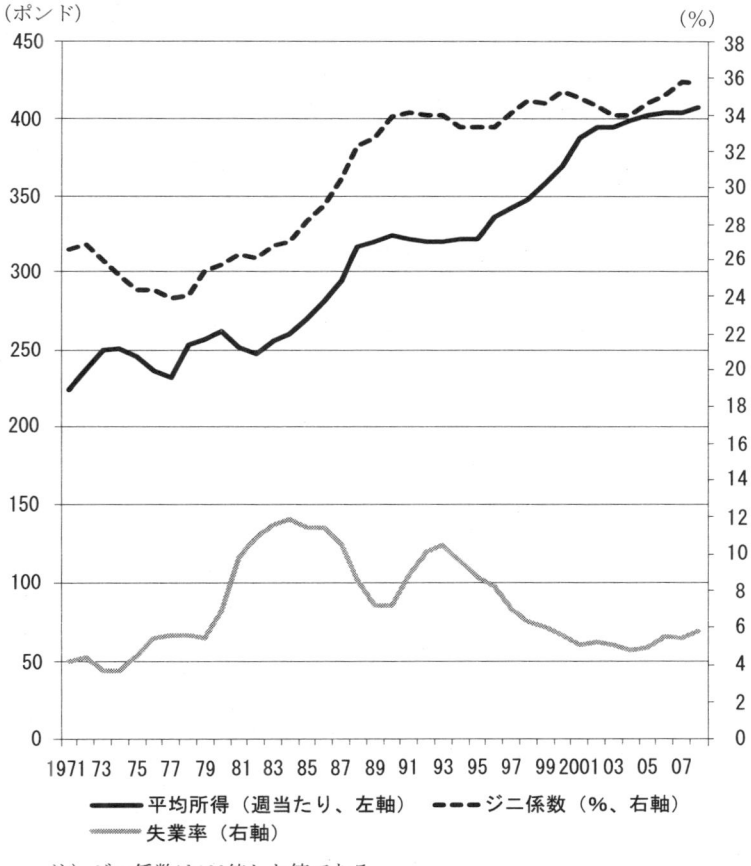

第1章 先行研究の検討と基本視角

図表1−6 イギリスにおける格差の拡大

注）ジニ係数は100倍した値である。
〔出所〕Institute for Fiscal Studies.

する報告書である『イギリスにおける経済不平等の構造（An Anatomy of Economic Inequality in the UK）』[147]（以下、ヒルズ・レポート）によれば、イギリス人労働者の平均所得は長期にわたり上昇をつづけているものの、その背景では所得の上位集中が進行していることが述べられている。そこでは、高所得層における所得の急速な増加にともなって平均所得が増加しているが、

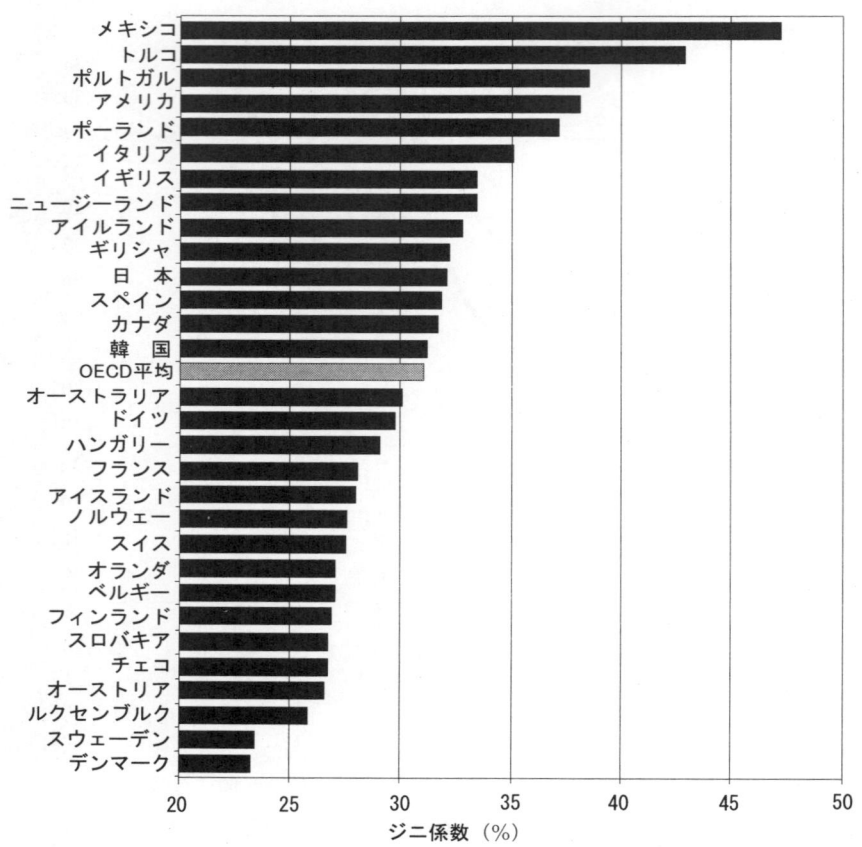

図表1-7　ジニ係数の国際比較（2000年代中頃、OECD加盟国に限る）

国	ジニ係数（%）
メキシコ	47
トルコ	43
ポルトガル	38
アメリカ	38
ポーランド	37
イタリア	35
イギリス	33
ニュージーランド	33
アイルランド	32
ギリシャ	32
日本	32
スペイン	32
カナダ	32
韓国	31
OECD平均	31
オーストラリア	30
ドイツ	30
ハンガリー	29
フランス	28
アイスランド	28
ノルウェー	28
スイス	28
オランダ	27
ベルギー	27
フィンランド	27
スロバキア	26
チェコ	26
オーストリア	26
ルクセンブルク	26
スウェーデン	23
デンマーク	23

〔出所〕Hills, J. et al. [2010a] p. 53.

　中間所得層における所得上昇は限定的であるとされ、むしろ低所得層においては以前にも増して生活水準が低いケースもみられるようになったと述べられている[148]。

　またヒルズ・レポートで利用されているInstitute for Fiscal Studiesの統計データを詳しく分析してみると（図表1-6）、ジニ係数[149]でみた場合の所得格差は1970年代は25％前後であり、上昇傾向にもなかった。しかし1980年代

48

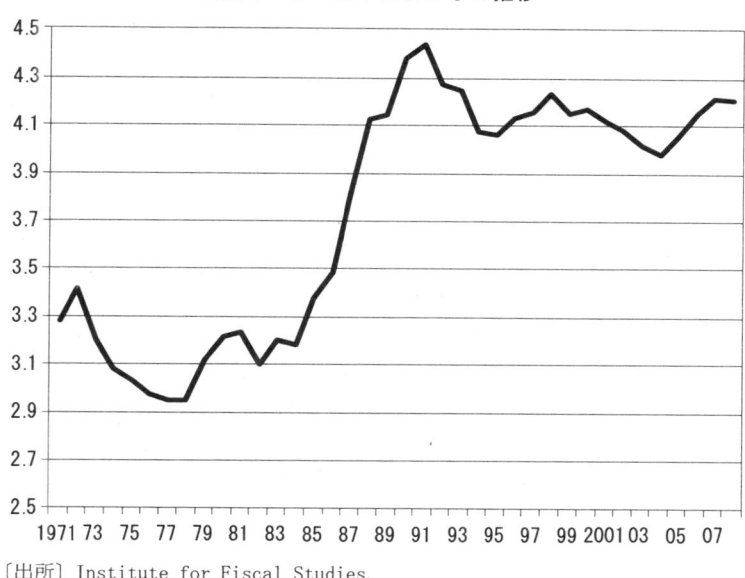

図表1-8　90:10レシオの推移

〔出所〕Institute for Fiscal Studies.

に入ると上昇傾向は顕著となり、1990年代には35％前後となり、2000年代も上昇傾向は（弱まったものの）続いたまま高い値を継続している。このようなジニ係数について他国と比較しても、イギリスはOECD加盟国のなかで上位7番目、G7のなかでは上位3番目の高さとなっている（図表1-7）。さらに、所得上位10％の労働者の平均所得と下位10％の平均所得の倍率である90:10レシオをみても、1970年代は3倍前後であったものが、1980年代中頃以降に急速に上昇し、1990年代以降は2004年を除いて4倍を越えている（図表1-8）。

このような点から、近年のイギリスでは、住宅金融の成立条件のひとつである「雇用情勢・所得水準の安定した」"マス"であるはずのホワイトカラー労働者の一部が不安定化し、与信側にとって「与信可能な層」とは必ずしもいえなくなっていると考えられる。そして近年のイギリス住宅金融市場は、そのような層を顧客に取り込みながら急速に拡大してきた側面があるといえ

るのではないか。

　それに加え、市場拡大が進んで持家比率が約70％に達し、さらなる同比率上昇の余地が限定的となった2000年代、貸手は本来的には貸付不可能な信用度の明らかに低い層、すなわちサブプライム層を新たな顧客層として取り込んだ。

　「信用度の低い低所得者向けの住宅ローン」と一般的に説明されるサブプライムローンは、1990年代にアメリカで登場した特殊な住宅ローン商品である。当初は主にアメリカのノンバンクが、ヒスパニックなど低所得の移民に貸し出していた住宅ローンである。本来ならクレジット・ビューローにより与信不適格と判断されるはずの層を対象とするローンであるが、1990年代以降の長期にわたる大幅な住宅価格の上昇が信用リスクの低下を進め、そのためこのような住宅ローンの貸出が可能となっていた。そして2000年代、それまでにアメリカでサブプライムローン貸出において一定の成果を収めたアメリカ系投資銀行が、子会社（ノンバンク）を設立して、イギリスでもサブプライムローンを貸し出すようになると、以後はイギリスのノンバンクからもこのようなローンが貸し出されるようになった。のちにはHSBCなど大手商業銀行の一部もサブプライムローンの貸出を始め、アメリカほどではないものの貸出額は増加してった。[150]このようにイギリスでは、持家比率の高まりにともない住宅ローンの貸付先が限定的となっていく過程で、新たな顧客としてサブプライム層が住宅金融市場に取り込まれるようになったと考えられる。そしてそれを可能にしていたのは、のちに述べるように住宅ローン債権の証券化であった。

　また1990年代以降の先進諸国ではディスインフレーション傾向がみられ、また低金利政策が続いていたこともあり銀行は信用創造を積極的に行った。そして住宅ローンも積極的に貸出され、そのような背景もあって住宅価格は多くの国で上昇をつづけた。[151]住宅ローンを貸し出す銀行にとって、住宅価格の上昇は担保価値の向上、信用リスクの低下を意味する。また個人にとっては、価格が上昇をつづけている住宅を所有することは、表面的には資産形成面で有利に思われる（実際にその後も上昇をつづけている限りはそのとおりであ

る)。これらが相俟って、住宅を所有していない個人の住宅購入意欲はさらに高まることとなり、それにともない銀行における住宅ローンの貸出意欲も強まった。サブプライムローンのようなハイリスクなローンの貸出を増加させることが可能だったのは、このような背景が後押ししていたと考えられる。ただしこのような背景のもとで住宅金融市場が拡大すればするほど、住宅金融の成立条件との乖離も生じることとなった。その結果、第5章で詳しく述べるようにアメリカに端を発する住宅金融市場の混乱により、イギリスでも同様の大混乱が生じることとなった。

　さらに1990年代以降、金融技術のイノベーションも顕著であった。そのひとつが証券化技術の進展であったが、このイノベーションは住宅金融市場にも起こり、アメリカやヨーロッパの先進諸国を中心に多くの国で住宅ローン債権がMBSやカバードボンドへと証券化されるようになった[152]。イギリスでも1980年代後半からMBSの発行が始まり、2003年にはカバードボンドの発行も始まった。MBS市場に限ってみれば、イギリスはアメリカに次ぐ市場規模となっている。

　なお住宅ローン債権の証券化は、本来は貸手のリスクの一部を投資家へ移転したり、貸出原資の不足に直面する金融機関に資金を提供（転化流動性を確保）するなど住宅金融の困難性を一部解除し、それにより大衆による住宅取得の可能性も向上させるために1970年代にアメリカで国策として行われるようになったものである。しかし1990年代に証券化技術が急速に進展するなかで、証券化（技術）は本来的な目的のみならず、それにより新たな「証券化商品」を組成する目的で民間でも積極的に利用されるようになった。その後には、ハイリスクなサブプライムローン債権の証券化も行われるようになり、逆に証券化を前提とした不安定な顧客への貸付もより積極的に行われるようになった。前述のOTDモデルがその典型である。このようなことはイギリスでも住宅ローン貸出額とMBS発行額が急速に増加した2000年代にみられるようになっており、本来は住宅金融の困難性を解除する機構としての証券化技術が、その誤った利用により住宅金融を潜在的に不安定化させたと考えることもできる。このようにみてくると、現時点から振り返れば、2007

年後半以降のイギリス住宅金融市場の危機は、住宅ローン債権の証券化技術が本来の目的とは異なるかたちで利用された結果、住宅金融を不安定化させたことにより生じた危機であったと分析できるかもしれない。

また、住宅金融にはこれまで述べてきたようにさまざまな困難性がともなう。そしてそのような困難性を解除するため、民間レベルでさまざまな方策が採られているが、それでもすべての困難性を解除することはできない。そこで公的機関の介入が要請されるわけであるが、イギリスでは住宅金融への公的介入がもともと限定的であった。これは、住宅ローンを貸し出す公的金融機関の設立等による直接的な介入が古くから一度も行われていないことだけでなく、近年では住宅ローン借入者への補助金や税制面での優遇など間接的な介入についても削減されてきたということでもある。もちろん、イギリス以外でも住宅ローンを貸し出していた公的金融機関が民営化されるといった動きもあるため、公的介入の削減傾向が特殊イギリス的というわけではなくなってきている。しかし、少なくともイギリスは公的介入という住宅金融の困難性を解除する重要な機構を欠いていることは、市場が好調な時期には規制や競争相手が少ないという点で追い風になるが、そうでない時には向かい風になる要因となる。このような点は、イギリス住宅金融市場に特有の脆弱性といえるであろう。

以上、イギリスにおいて生じている現代的な変化に即して、本書の考察における基本視角を示してきた。次章からはこれらの基本視角のもと、イギリスの住宅金融市場および住宅ローン債権の証券化について詳細に考察を行う。

注
1）川合 [1978] 2 - 3 頁。
2）川合 [1978] 2 頁。川合説における「消費者信用」とは文脈上、本書における「対個人信用」と同義。
3）川合 [1978] 2 頁。
4）川合 [1978] 6 頁。
5）川合 [1978] 7 頁。
6）川合 [1978] 7 頁。

7) 川合[1978] 7 頁。
 8) 川合[1978] 7 頁。
 9) 川合[1978] 7 頁。
10) 川合[1978] 8 頁。
11) 川合[1978] 8 頁。
12) 川合[1978] 8 頁。
13) 川合[1978] 8 頁。
14) 川合[1978] 8 頁。
15) 川合[1978] 8 頁。
16) 川合[1978] 8 頁。
17) 斉藤[1994]・[2010a]・[2010b]においては、「住宅金融」と「住宅信用」という2つの表記が混在している。本書では、参照する論文や文献の部分の表記にしたがって記述するものとする。ただし、特別にことわらないかぎり、意味する内容は同じものである。
18) 斉藤[1994]161頁。
19) 斉藤[1994]12頁。
20) 斉藤[2010a]220-221頁。
21) 斉藤[1994] 1 頁。
22) 斉藤[2010a]221頁。
23) 斉藤[1994]14頁。
24) 次の行以降の一段落は、斉藤[1994]の 2 - 4 頁における対個人信用についての議論を要約したもの。
25) 斉藤[1994] 2 - 4 頁。ここでは主に消費者信用についての議論であると考えられる。
26) ロストウ[1960]はこのような社会を「高度大衆消費社会」と呼んだ。その特徴は、「社会の関心」が「供給から消費へ、生産の問題から消費の問題へ移っていった」点にあるとされている。
27) 斉藤[1994] 4 - 5 頁。
28) 斉藤[1994] 4 - 5 頁。なおホワイトカラー労働者の消費パターンは下壮而[1985]を参考にしている。
29) 斉藤[1994] 5 頁。
30) 斉藤[2010a]222-223頁。
31) 斉藤[1994] 6 - 7 頁。
32) 阿部[1978]33頁。
33) 阿部[1978]33頁を要約した。
34) 阿部[1978]39頁を要約した。

35）斉藤［1994］190頁。
36）斉藤［1994］190頁。
37）斉藤［1994］191頁。
38）ここでいう「消費者信用」とは、本書で用いる「対個人信用」と同義である。以下、深町説の引用部においても「消費者信用」という語を用いる場合、それは「対個人信用」とは同義のものとする。
39）斉藤［1994］191頁。
40）深町［1976］305頁。
41）深町［1976］305頁。
42）深町［1976］306頁。
43）深町［1976］306頁。
44）深町［1976］306頁。
45）深町［1976］306頁。
46）深町［1976］306頁。
47）斉藤［1994］185頁。
48）斉藤［1994］185頁。
49）斉藤［1994］186頁。
50）斉藤［2010a］221頁。
51）斉藤［2010a］221頁。
52）斉藤［2010b］64頁。
53）斉藤［2010b］64頁。
54）斉藤［2010b］64頁。
55）斉藤［2010b］64頁。
56）斉藤［2010a］222頁。
57）斉藤［2010b］64頁。
58）斉藤［2010b］6頁。
59）斉藤［1994］13頁。
60）斉藤［1994］13頁。
61）斉藤［1994］13頁。
62）斉藤［2010a］223頁。
63）斉藤［2010b］6‐7頁。
64）斉藤［2010a］223頁。
65）片桐［1995］2頁。
66）片桐［1995］1頁。
67）片桐［1995］1頁。
68）片桐［1995］1頁。

第 1 章　先行研究の検討と基本視角

69）片桐［1995］2 頁。
70）片桐［1995］2 頁。
71）片桐［1995］2 頁。
72）片桐［1995］2 頁。
73）片桐［1995］2 頁。
74）片桐［1995］2 頁。
75）片桐［1995］2 頁。
76）片桐［1995］2 頁。
77）片桐［1995］3 頁。
78）片桐［1995］3 頁。
79）片桐［1995］7 頁。
80）片桐［1995］9 頁。
81）片桐［1995］9 頁。
82）以下の①から⑤は片桐［1995］3 頁から引用したものである。
83）以下の①から③は片桐［1995］230頁の一部を要約したものである。
84）片桐［1995］6 頁。
85）片桐［1995］6 頁。
86）片桐［1995］6 頁。
87）片桐［1995］6 頁。
88）大庭［2006］157頁。
89）大庭［2006］157頁。
90）大庭［2006］157頁。
91）大庭［2006］157頁をまとめたものである。
92）大庭［2006］157-158頁。
93）大庭［2006］158頁。
94）大庭［2006］158頁。
95）大庭［2006］158頁。
96）大庭［2006］158頁。
97）大庭［2006］159頁。
98）村本［1986］23頁。
99）村本［1986］23頁。
100）村本［1986］23頁。
101）村本［1986］25頁。
102）村本［1986］25頁。
103）村本［1986］26頁。
104）村本［1986］26-27頁。

105）村本［1986］27頁。
106）村本［1986］27頁。
107）村本［1986］27頁。
108）村本［1986］28頁。
109）村本［1986］27頁。
110）村本［1986］27-28頁。
111）村本［1986］29頁、注3。
112）村本［1986］29頁、注3。
113）村本［1986］29頁、注3。
114）村本［1986］29頁、注3。
115）村本［1986］29頁。
116）村本［1986］29頁。
117）村本［1986］29頁。
118）村本［1986］29頁。
119）村本［1986］29頁。
120）川合［1978］6頁。
121）斉藤［1994］161頁。
122）川合［1978］7頁。
123）川合［1978］7頁。
124）斉藤［1994］6頁。
125）川合［1978］8頁。
126）川合［1978］8頁。
127）斉藤［1994］12頁。
128）斉藤［1994］185-186頁。
129）片桐［1995］3頁。
130）村本［1986］27頁。
131）村本［1986］27-28頁。
132）村本［1986］27頁。
133）村本［1986］29頁。
134）斉藤［2010a］221頁。
135）斉藤［2010a］221頁。
136）斉藤［2010b］64頁。
137）加藤［2010］64頁を参考にしている。
138）斉藤［2010b］6頁。
139）大庭［2006］157-158頁。
140）引用文には金利リスクのみが挙げられているが、他の部分では流動性リ

スク等について断片的に触れられている。
141）片桐［1995］7頁。
142）片桐［1995］9頁。
143）井村［2002］4頁。なお井村は、このことが住宅金融市場に公的部門が介入する根拠としている。
144）井村［2002］4頁。
145）井村［2002］4頁。
146）井村［2002］4頁。
147）Hills et al.［2010b］.
148）Hills et al.［2010b］pp.11-13.
149）他のデータと比較し易くする都合上、係数を100倍して百分率表示とした。
150）なおイギリスでは、主に移民向けに貸し出されていたアメリカとは異なり、多くは信用度の低いイギリス人に貸出されていた。
151）この時期のドイツの平均住宅は例外的に下落していた。それは、1990年代後半のITバブルとその崩壊により、ドイツは2000年代に戦後最悪といわれる長期不況に陥っていたためである。
152）証券化自体は以前からあり、住宅ローン債権の証券化もアメリカでは1970年代から行われていたし、ドイツではファンドブリーフとしてそれ以前から行われていた。しかし、これが世界的に行われるようになったのは1990年代後半以降であり、その証券化商品市場が急側に拡大したのは2000年代である。

第2章　イギリス住宅金融市場の展開

はじめに

　イギリス住宅金融市場と住宅ローン債権の証券化を考察するにあたり、そもそもイギリスの住宅金融がこれまでどのように展開し、また他国と比較した場合の特殊な点が何であるかを明確にすることは重要である。

　そこで本章では、第1節において、イギリス住宅金融市場の展開を1970年代までと1980年代以降に分けて考察し、第2節では、1980年代以降に顕著となり、住宅ローン債権の証券化とも関係するアンバンドリング化の進展について考察する。さらに第3節では、第3章以降でイギリスのMBS市場やカバードボンド市場を検討するための準備という位置付けで、イギリスの住宅金融市場の特殊性について考察する。

　なお、2007年夏のサブプライムローン問題の顕在化以降については、第5章で詳細に検討するため本章では多くは触れないものとする。

第1節　イギリス住宅金融市場の展開

　本節ではイギリス住宅金融市場の展開過程について、海外住宅金融研究会[2000]、斉藤[1994]・[1999]、住宅金融公庫[1974]、Boléat[1986]等の先行研究を参考にみていく。

1-1　1970年代までの住宅金融市場

　1970年代まで、イギリス住宅金融市場では住宅金融組合（Building Society）が住宅ローンをほぼ独占的に提供していた。住宅金融公庫[1974]によると、

住宅金融組合とは「もともと産業革命期の深刻化した住宅問題を背景に生起した[1]」相互組織で、その初期においては20名程度の工場労働者を中心とする住宅購入希望者が組合員となり、組合員が出し合う拠出金によって組合員の住宅を建設して入居権を抽選で決め、全組合員が住宅を取得した段階で解散となる時限的な組織であった。このような住宅金融組合が初めて設立されたのは1775年で、それはイギリス中部のバーミンガムであった。以後、住宅金融組合は18世紀末までに中部や北部の地方都市を中心に数多く設立されるようになった。そしてその後は基本的に相互組織としての性質を変化させることはないまま、その規模と数を拡大させていった。

住宅金融組合は、19世紀に入るころまでにはイギリス金融市場での存在感を一段と高めた。一方で、増えつづける住宅金融組合のなかには不良なものの存在も認識されるようにもなり、そのようなものを取り締まる目的もあって1874年に住宅金融組合法（1874年住宅金融組合法）が定められた。これにより住宅金融組合は公式に認知されることとなり、それ以降はロンドン等の都市部でも急速に発展し、1895年には組合数も3,500を超えた。その後、住宅金融組合の集中化が進展したことから組合数は減少することになったが、資産規模については引きつづき拡大をつづけた。

ただし、住宅金融組合は19世紀を通じてその性質を変化させ、貯蓄金融機関的な性格も併せ持つようになった。具体的には、組合員の住宅取得を早めることを目的に住宅取得を希望しない者からも出資金を受け入れ、それにたいし利子を支払うようになったのである。また逆に、住宅取得のための貸出から利子を取るようにもなった。このように住宅金融組合は、18世紀までのような時限的な相互組織から、19世紀には永続的組合へと変化して貯蓄金融機関へと成長していった。

20世紀に入っても、金融市場における住宅金融組合の存在感は高いものであった。住宅金融公庫[1974]によれば、住宅金融組合は第1次世界大戦後の著しい住宅不足問題の解決に貢献し、具体的には1919年からの20年間で400万戸の民間住宅建設に融資した[2]。さらに第2次世界大戦後も住宅不足問題が深刻化した。当時のイギリス住宅政策は公営住宅の建設による住宅供給が中

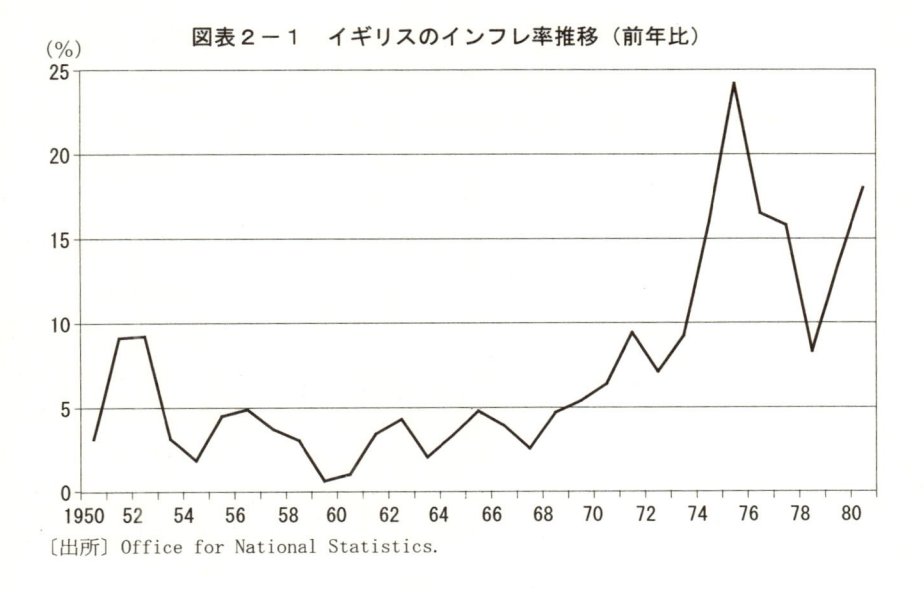

第2章　イギリス住宅金融市場の展開

図表2－1　イギリスのインフレ率推移（前年比）

〔出所〕Office for National Statistics.

心だったが、それと同時にこの時期は個人の持家需要も高まり、それにたいする融資要請も高まった。これにも住宅金融組合は貢献し、1945年から1972年までに800万戸の住宅建設に融資し、住宅金融組合全体の資産総額も155億ポンドを超えるまでに増大した。またこの時期には組合員数も1,600万人を超え、住宅金融組合は資金力において商業銀行に匹敵する規模となった[3]。このようななか、他に住宅ローンを融資するものが現れなかったこともあって、1970年代までのイギリス住宅金融市場は住宅金融組合がほぼ独占するという状況が続き、具体的には1980年時点の住宅ローン貸出残高に占める住宅金融組合のシェアは、82％にのぼっていた[4]。

ところで、なぜ住宅金融組合は1970年代まで市場をほぼ独占できたのであろうか。換言すれば、イギリスでは1970年代までに住宅金融の成立条件のうち重要な要素である高度大衆消費社会が既に成立しており、また雇用情勢や所得水準の安定した商業銀行にとって貸付可能なホワイトカラー労働者が"マス"として社会に存在し、さらにインフレ傾向も1950年代から1960年代を通じて継続していた（図表2－1）[5]。それにもかかわらず、なぜ商業銀行は

住宅ローンの貸出に積極的にならなかったのであろうか。この理由について斉藤[1999]は、①当時の商業銀行が真正手形主義（Real-Bills Doctrine）的な経営方針をとっていたこと、②住宅金融組合が各種規制に守られ、商業銀行との競争上優位な条件が与えられていたこと、の2点を特に大きな理由に挙げている[6]。

それぞれについて斉藤[1999]を参考に説明を加えると、まず①の真正手形主義的な経営方針については、住宅ローン貸出は個人への信用貸付であり、また貸付期間も長期にわたる。そのため、短期の優良な商業手形の再割引需要に応じて信用創造を行うという真正手形主義（商業銀行主義）的な経営方針をとっていた当時のイギリスの商業銀行にとって、住宅金融は本体として行う業務と認識していなかった、と説明している。またそもそも商業銀行は、住宅金融組合を、高度大衆消費社会の成立以降に要請が高まっていた対個人信用の一部を近代的信用機構の中心である商業銀行に代わって行う主体として認識しており、競合関係にあるというよりはむしろ補完関係にあると認識していたとも説明している。

さらに商業銀行は、当時は資金調達・運用の両面において法人取引が圧倒的であり、また貸出額を問題なく増加させることができていたため、新規貸出先の開拓を目的として対個人信用に進出する動機が薄かったと説明している。加えて、当時のイギリスでは一部の大手商業銀行がこの時期の国内ペイメント・システムをほぼ独占していたため、そのような側からみれば、資金が住宅金融組合部門に流出したとしても住宅売買の決済が行われる時点で最終的に資金は銀行部門に還流すると考えていた、とも指摘している。このような要因もあり、住宅金融組合は商業銀行との競争にはさらされることはなく、住宅金融市場においてほぼ独占的な立場を維持することが可能だった、ということである。

また②の規制上の優遇についてであるが、住宅金融組合には商業銀行との競争上で優位な条件が与えられていた。このうち最も大きかったのは単一税率制度であったとしている。これについては海外住宅金融研究会[2000][7]も同様の指摘をしている。すなわち、当時の住宅金融組合は利子課税における税

制上の優遇措置である単一課税制度のもと、預金（出資金）にたいして銀行よりも高い金利を提供することが可能となっていた。そのため金利感応度の高い高所得層の預金を吸収するという点において、住宅金融組合は商業銀行より有利な条件となっていた。このことは住宅金融組合に十分な個人預金の吸収による資金調達を可能とさせ、対個人信用業務においては主要な立場となることを可能とさせ、住宅ローン貸出についても同様に住宅金融組合をその中心とさせることを後押しした、ということである。

なお、この単一税率制度については商業銀行の側が競争上の問題点として主張し、この主張はその後にイギリス金融制度に関する調査レポートである「ウィルソン委員会報告」において認められた。ただしこの単一税率制度は、1991年4月に完全に廃止されるまで、一部改正されながらも存在した[8]。

また海外住宅金融研究会[2000]は、住宅金融組合がこの時期の市場を独占できた理由としては、1973年に導入された補足的特別預金制度（通称、コルセット規制）の存在が大きかったとしている[9]。すなわち、商業銀行はコルセット規制により業務拡大に制限がかけられており、個人預金の吸収および対個人信用業務については住宅金融組合と比べ制度上不利であったということである。このコルセット規制は、後述するように、1979年に成立したサッチャー政権の金融規制改革により廃止されたが、廃止以降の商業銀行は住宅金融を含めた対個人信用業務へ本格的に乗り出している。このことは、コルセット規制の存在が商業銀行の住宅金融市場への本格的な参入を阻害していたということの裏付けであったといえよう。

以上述べてきたように、1970年代までのイギリス住宅金融市場では住宅金融組合が圧倒的なシェアを占めていた。その背景には、この時期のイギリスでは商業銀行にとって住宅金融の成立条件の大部分がクリアされていたものの、商業銀行が住宅ローン貸出をその本業と考えなかったことや、住宅金融組合が種々の規制および制度により対個人信用という点では商業銀行と比べて優遇されていたことなどがあった。

1−2　1980年代以降の住宅金融市場の変化

　イギリス住宅金融市場に大きな変化が起こったのは1980年代であった。この時期になり商業銀行等による住宅金融市場への参入が本格化し、同市場における住宅金融組合の独占状態が崩れたのである。

　一部の商業銀行では、すでに1970年代から住宅金融組合を資金調達上の競合相手として認識するようになっており、また1980年代に顕著であった個人持家比率の上昇傾向（前掲図表1−3）を業務拡大のチャンスととらえ住宅金融市場への参入を検討していた。しかしコルセット規制の存在等もあって現実には参入は進んでいなかったが、1979年に保守党のサッチャーが「小さな政府の実現」・「市場メカニズムの活用」を公約に総選挙で勝利すると、サッチャー政権はマネタリスト的な経済政策運営と金融制度改革の方針を打ち出し、抜本的な金融制度の見直しを行った。そして1980年6月にコルセット規制を廃止して商業銀行の業務拡大に関する制限を一部取り除き、また1981年には新金融調節方式を導入する等の金融規制緩和を行った。さらに同政権の住宅政策における目玉でもあった公営住宅払下げ政策が大規模に行われ、これにより住宅ローン需要は拡大して住宅ローン貸出額も増加した。このような住宅金融市場（顧客基盤）の拡大は、住宅金融の困難性の解除を進めたと考えられるが[10]、これをみた商業銀行は、コルセット規制が撤廃されていたこと等もあり住宅金融市場への本格的な参入を始め、貸出額は順調に増加した。またこの時期にはモーゲージ・カンパニー等の新規参入業者もあらわれ、それらは低金利の住宅ローンを提供したこと等もあって顧客の注目を集め、住宅ローン貸出額を増加させた。こうして1980年代には住宅金融組合による住宅金融市場の独占状態は崩れ、市場競争は厳しいものとなった。

　また前述のウィルソン委員会報告では、「単一税率制度が適用されている住宅金融組合は、商業銀行との個人預金の獲得競争において有利な条件となっている[11]」、という批判がなされた。この批判は正当性が認められ、1986年以降には商業銀行にも同制度が適用されることとなった。これにより住宅金融組合と商業銀行は競争条件がほぼ公平化し、競争はさらに激化することとなった[12]。

第2章 イギリス住宅金融市場の展開

　1986年、イギリスの金融市場構造に大きな変化が起こった。この年の金融改革でロンドン手形交換所のメンバーシステムが変更され、それまでの一部大手銀行（クリアリング・バンク）によるペイメント・クリアリング・システムの独占が崩れ、1986年に設立された支払決済協会（Association for Payment Clearing Services：APACS）に、一部外国銀行のほか、当時の住宅金融組合最大手のハリファックス[13]とアビー・ナショナル[14]の加盟が認められた。これによりハリファックスとアビー・ナショナルの両住宅金融組合は、それまで一部に限定されていたペイメント・サービスを十全に提供することが可能となった。この変化は、ロンドン手形交換所加盟銀行によるペイメント・クリアリング・システムの独占が解体されたことを意味する以外にも、大手限定ではあるが、時限的な相互組織として資本主義の周辺部で始まり、近代信用機構の中心である商業銀行も積極的には行ってこなかった対個人信用を中心に展開してきた住宅金融組合が、これによりイギリスの金融システムの中枢に進出することを公認されたという意味で大きな変化であった。

　このような状況の変化に対応するため、1986年には住宅金融組合法が改正された（1986年住宅金融組合法）。この改正により、住宅金融組合にも住宅ローン貸出以外の業務が認められ、また総資産の20％を上限に市場性資金の調達も認められた。[15]さらに外国為替業務や保険商品の販売、株式や投資信託、不動産の仲介業務も認められた。これらの業務拡大も大きなものではあったが、より重要であったのは、住宅金融組合が株式会社へ転換すること、すなわち銀行へ転換することが可能となったことであった。これに関して、当初は住宅金融組合業界第2位のアビー・ナショナルが1989年に銀行転換しただけであったが、その後の1994年にチェルトナム・アンド・グロウスターのロイズへの吸収合併発表[16]や、当時の住宅金融組合としては最大手であったハリファックス[17]によるリーズ・パーマネントの吸収合併および将来的な銀行転換が発表されると、他の住宅金融組合も銀行へ続々と転換するようになり、1997年には住宅金融組合の銀行転換ブームが起こって大手住宅金融組合のほとんどが銀行へ転換した。

　銀行への転換を選択した住宅金融組合が多かった要因について、斉藤［1999］

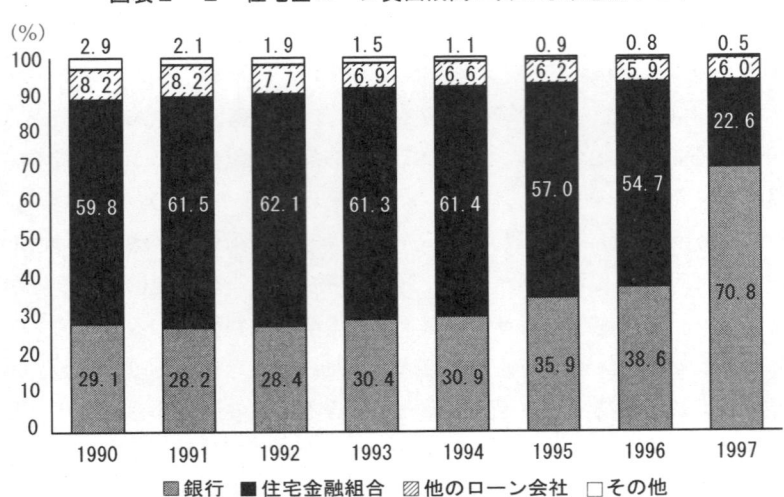

図表2-2　住宅金ローン貸出残高に占める業態別シェア

年	銀行	住宅金融組合	他のローン会社	その他
1990	29.1	59.8	8.2	2.9
1991	28.2	61.5	8.2	2.1
1992	28.4	62.1	7.7	1.9
1993	30.4	61.3	6.9	1.5
1994	30.9	61.4	6.6	1.1
1995	35.9	57.0	6.2	0.9
1996	38.6	54.7	5.9	0.8
1997	70.8	22.6	6.0	0.5

〔出所〕海外住宅金融研究会［2000］p.219を参考に作成。

および海外住宅金融研究会［2000］は、銀行転換時に組合員に割り当てられる株式がボーナスとして認識され、これが転換への大きなインセンティブになったと指摘している[18]。また海外住宅金融研究会［2000］は、銀行転換後の5年間は敵対的TOBの対象としてはいけないことが住宅金融組合法で規定されたことも要因としては大きかったとしている[19]。このような一連の変化は、対個人信用において商業銀行と住宅金融組合の同質化を決定付けたことを意味するものであった。

ここでイギリス住宅金融市場について具体的にみていくと、1997年に大手住宅金融組合の銀行転換ブームが起こったこともあり、当然ながら住宅ローン貸出残高に占める住宅金融組合のシェアは大きく低下した（図表2-2）。1990年時点の銀行のシェアは約30％、住宅金融組合のシェアは約60％であったが、1997年末時点には銀行のシェアは70％を超え、一方で住宅金融組合のそれは20％を少し超える程度となった。すなわちこの時点で、イギリスの住宅金融市場では銀行が最大の貸手となった、換言すれば、銀行が市場の中心

第 2 章　イギリス住宅金融市場の展開

的存在となったということである[20]。

　ところで、住宅金融市場における競争の激化は住宅ローン商品においても変化を引き起こした。1970年代までのように住宅金融組合が住宅金融市場をほぼ独占していた時期は、住宅金融組合と他業態との顧客獲得競争はほとんど存在せず、また他の住宅金融組合との競争も商業銀行間のそれと比べれば厳しいものではなかった。そのため当時の住宅金融は貸手主導で行われ、住宅ローン商品は必ずしも顧客のニーズに合致するものばかりではなかった。しかし1980年代の市場拡大と競争の激化以降、住宅金融組合は他業態との競争にさらされ、また住宅金融組合間の競争も激化した。それにともない住宅金融組合は顧客ニーズを考慮に入れるようになり、顧客をより多く獲得できるような住宅ローン商品の開発を始めた。これにより住宅ローン商品にイノベーションが起こり、商品は多様化した。具体的には、変動金利ではあるものの最初の数年間は優遇金利を適用するディスカウント・モーゲージ[21]、上限金利条項付きのキャップ・モーゲージ、ベースレート完全連動型金利のトラッカー・モーゲージ等が登場した。こうして住宅金融市場の拡大とそこにおける競争の激化は、住宅ローン商品の多様化という点においても借手にとって前向きな変化を引き起こすことになった。

　なおこの時期には、ビッグ・フォー体制の一角であったミッドランドが1992年に香港上海銀行（現：HSBC）の傘下に入り、またナショナル・ウェストミンスターも2000年にロイヤル・バンク・オブ・スコットランド（RBS）傘下となった。そしてロイズが1995年に旧貯蓄金融機関のTSBと合併してロイズTSBとなり、バンク・オブ・スコットランドが2001年にハリファックス（1997年に銀行転換）と合併してHBOSとなるなど、この時期は商業銀行業界の内部でも大きな変化が起こった。

　さらに、この時期のイギリス住宅金融市場では住宅ローンの取引方法も多様化した。これは情報通信技術（IT）の発達が主な要因で、具体的にはテレフォン・バンキングやインターネット・バンキング等が登場し、住宅金融における取引もそれらを通して行うことが可能となった。特にインターネットがイギリスで一般に普及し、また金融規制緩和によりこれを介した金融商品

67

の販売・契約が可能となると、インターネット・バンキングは人気を博した。その先駆けで、ヨーロッパ初のインターネット専業銀行であるエッグ・バンキング（Egg Banking plc.：以下、エッグ[22]）は、1998年の設立時はイギリス生命保険業界最大手であるプルーデンシャルの子会社というブランド力を生かして順調に資金規模と顧客数を伸ばし、のちに住宅ローンも手掛けるようになった。

　またインターネット・バンキングやテレフォン・バンキングは、金融機関にとっては支店を運営するよりも低いコストで運営ができ、借入者にとっては利便性が良かった。そのためこれらは既存の金融機関においても積極的に取り入れられたが、さらに他業態からもこれを利用して金融サービスを行う企業が登場した。具体的には、イギリス大手保険会社のスタンダード・ライフやリーガル・アンド・ジェネラル、そしてスコティッシュ・ウィドウズ等であり、またスーパーマーケットチェーンのテスコ、セインズベリー、セーフウェイ等である[23]。これらの企業は、既存の金融機関と提携するほか子会社を設立するなどして金融サービスを開始し、主にインターネット・バンキングやテレフォン・バンキングを利用して住宅ローンを貸し出すものもあらわれた。

　このように1980年代以降のイギリス金融市場においては、住宅金融組合と商業銀行の競争激化と業務同質化に加え、商業銀行の住宅金融市場への本格参入、モーゲージ・カンパニー等の新規参入業者の登場、1997年をピークとする大手の住宅金融組合の銀行転換ブーム、そして商業銀行業界の変化等が起こった。また、特に1990年代以降はIT技術の発達にともない住宅ローン取引方法も多様化し、それにより他業態からの住宅金融市場参入等もみられるようになった。そしてこのような多様な業態の参入はアンバンドリングによって支えられていた。

第2節　イギリス住宅金融市場におけるアンバンドリング化の進展

　1980年代以降に大きく変化したイギリスの住宅金融市場であったが、この

第2章　イギリス住宅金融市場の展開

時期の住宅金融市場にみられるようになった特徴的な変化があった。それは住宅ローン取引におけるアンバンドリング化の進展であった。

　従来のイギリスの住宅ローン取引では、住宅ローン契約から住宅ローン貸出、そして貸出金回収まで、同一の金融機関が一貫してサービスを行うのが一般的であった。ところが、1980年代の金融規制緩和や住宅金融市場の変化以降はこの形態が崩れ、住宅ローン契約や住宅ローン債権保有等の各場面で、それぞれを専門とする業態が分業でサービスを行う傾向が強まった。このような傾向はアンバンドリング化の進展と考えられる。

　アンバンドリング化の進展は、特に窓口段階で顕著であった。例えば2008年上半期に契約された住宅ローンは、全体の約80％がモーゲージ・ブローカーにより仲介されたものであった[24]。このような変化は、1980年代以降に起こった住宅ローン商品の多様化も関係している。具体的にみていくと、1980年代以降の住宅金融市場では規制緩和により住宅金融組合と商業銀行が同質化し、それにともない住宅ローン商品は多様化した。住宅ローン商品の多様化は、住宅ローンの借入者にとって選択肢が増えるという点では有益であったが、しかし住宅ローン商品や金融機関を選択する際に混乱を生じさせることにもなった[25]。ここに、住宅ローン取引の窓口段階において借入者が商品を選択するためのアドバイスおよび仲介という要請が生じ、これを満たすことを主要な業務としてモーゲージ・ブローカーが登場し、プレゼンスを高めた。

　モーゲージ・ブローカーといっても、それはいくつかの種類に分けられる。そのうち大部分を占めるのが、モーゲージ・インターミディアリーと呼ばれる住宅ローン契約仲介資格保有者である。そのほかではファイナンシャル・アドバイザーや会計士、弁護士、そして不動産仲介業者も住宅ローンの仲介サービスを行っている。

　モーゲージ・ブローカーは現在もその数を増加させているが、その理由は、モーゲージ・ブローカーが住宅ローン借入者にとって、セールス活動の一部をアウトソーシングできるという点で便利な存在であったことのほか、商業銀行や住宅金融組合にとっては自らの窓口機能を部分的に代替させることが可能であることが挙げられる。イギリスで住宅ローンを取り扱っている金融

機関に限ったことではないが、一般的に近年の金融機関においては支店数を削減する傾向がある。その理由は金融機関ごとに異なるが、経営効率の向上が意図されていることは共通して意図されている。金融機関においては、グローバル化の影響もあり国内外において顧客獲得競争が厳しくなっており、そのため支店を削減することで経営効率の向上やランニング・コストの圧縮を図ることが重要な課題となっているからである。

しかし、支店数を削減しても収益拡大のためには住宅ローン契約件数を増加させることは変わらぬ目標であり、これに寄与する可能性のあるモーゲージ・ブローカーの利用は金融機関にとって効率的な手段のひとつでもあった。また支店数の削減は、金融サービスの質の低下問題、場合によっては金融排除問題として批判の対象ともなっていた面があり、そのような問題への対応といった意味でも、金融機関にとってモーゲージ・ブローカーの活用は有益であった。こうしてモーゲージ・ブローカーは、銀行や住宅金融組合により積極的に利用され、現在まで住宅金融市場でそのプレゼンスを急速に上昇させてきたのである。

なおモーゲージ・ブローカーの急速な増加にともない、イギリスの金融監督当局において住宅金融市場への監督体制に変化がみられた。イギリスでは2000年金融サービス・市場法により、金融サービス業全体を規制・監督する機関として金融サービス機構（Financial Services Authority：FSA）が設立され、住宅ローンもFSAの規制・監督の対象とされた。ただしFSAが設立されて以降も、住宅ローンは抵当貸付業協議会（Council of Mortgage Lenders：CML）が1997年に作成した「モーゲージ・コード」による自主規制が行われており、FSAも住宅ローンの規制・監督に関しては、この自主規制に事実上任せてきた。しかしFSAは、2004年10月31日以降は住宅ローンをモーゲージ・コードによらず直接的に規制・監督することとし、これにおいては金融機関ではない（融資業務を行わない）モーゲージ・ブローカーもその対象とした。

さらに、それまではFSA体制下の統一的な補償機構である金融サービス補償機構（Financial Service Compensation Scheme：FSCS）の補償対象に含

まれていなかったモーゲージ・アドバイス・アレンジング・サブスキーム（Mortgage Advice and Arranging Sub-Scheme）が、補償対象に加えられた。これにより補償されることとなったのは具体的には以下のような場合である。
 ①　モーゲージ・ブローカーによるアドバイスが不適切であり、それにより顧客が損失をこうむった場合。
 ②　モーゲージ・ブローカーが顧客から金銭を預かった状態で破綻した場合。

FSCSによる補償額は、3万ポンドまでは全額保護とされ、それを超える場合はプラス2万ポンドまでの90％まで（上限4万8,000ポンド）が上限とされた。このような限定的な補償範囲および補償額が適切であるか否かは議論の余地があるが、FSAの直接的な規制・監督の対象、またFSCSによる補償対象にモーゲージ・ブローカーが追加されたことは、イギリス住宅金融市場においてモーゲージ・ブローカーのプレゼンスが急速に上昇してきたことを示しているといえよう。

アンバンドリング化の進展に関連してさらに注目されることは、MBSの発行額が急速に増加したことである。住宅ローンを貸出した金融機関は、特別目的会社（Special Purpose Company：SPC）を使って住宅ローン債権を証券化し、そしてそれを投資家に売却することによりリスクの一部を投資家等に移転することができる。換言すれば、住宅金融の困難性の解除を、MBS発行というアンバンドリング化により行うようになったのである。この背景には、第1章でも述べたように、金融機関が新たな金融商品を作り出すことを意図した面もあろう。しかしそれだけではなく、住宅金融市場の拡大とともに信用力の低い層も顧客に少なからず取り込んできたため、このリスクを解除することも目的にあったと考えられる。イギリスでは1980年代後半からMBSの発行が始まったが、発行額は1997年以降に急速に増加を始め、特に2003年および2004年以降の増加は著しいものであった。またMBSは資金調達を目的に発行された面もあり、MBS発行に資金調達のかなりの部分を依存する金融機関もあらわれた。

第3節　イギリス住宅金融市場の特殊性

ここまでイギリス住宅金融市場の展開過程についてみてきたが、本節では少し視点を変え、イギリス住宅金融市場を他国のそれと比較した際の特徴および特殊性について考察したい。

3－1　変動金利住宅ローンとマイルズ・レポート

イギリスの住宅金融において最も特徴的といえるのは、住宅ローンのほとんどが変動金利であることである。具体的にみると、イギリスでは貸出済み住宅ローンのうち10年超固定金利の割合は約1％であり、逆に約99％は変動金利または固定期間10年以下の短期固定金利である[26]。基本的にヨーロッパでは、プライムローンであっても全期間変動金利か、短期間の固定金利ののちに変動金利に移行するタイプの割合が高く、全体に占める10年超固定金利の住宅ローンの割合はフランスで約50％、ドイツで約30％である[27]。プライムローンのほとんどが長期固定金利であるアメリカ等と比較すれば、ヨーロッパ諸国での長期固定金利の割合は低い。しかし、イギリスの約1％という割合が著しく低いことは明らかである。このことは、イギリスの住宅金融市場においては、金利リスクは住宅ローンの借手が負っている、換言すれば、住宅金融の困難性として重要な点の一部は借入者による解除が求められているということでもある。

このようなことは、住宅金融組合が住宅金融市場を1970年代までほぼ独占していたことと関係していると考えられる。すなわち、住宅金融組合は18世紀に小規模な相互組織として始まり、19世紀までには資産規模が拡大し、住宅取得資金を貸し出して、そこから利子を得るといった貯蓄金融機関的な性格を帯びた。しかし拡大していく過程の一定期間は、住宅金融組合が金利リスクを自ら負うことは困難であったろう。そのため住宅金融組合は変動金利で資金を貸し出すこととなり、また変動金利であることがそれ以降も特に問

題とはならなかったため、1980年代に商業銀行が住宅金融市場に参入した後も、このような金利形態の状況はそれほど変化することなく継続されてきたと考えられるのである。

イギリスの住宅ローンの金利形態については、Miles[2003]・[2004]、斉藤[2005]による先行研究がある。これらを参考にみていくと、2003年4月、当時の財務大臣であったゴードン・ブラウン（前首相）は、ロンドン大学インペリアル・カレッジのデビット・マイルズ教授にたいし、「イギリスの住宅ローンにおいて固定金利商品が一般的ではない理由およびその改善策について」と題する調査および報告書の作成を求めた。この背景にはイギリスのユーロ参加問題もあったが、それに加えアメリカで進展していた住宅ローン債権の証券化をイギリスにおいても拡大させていくとすれば、それには固定金利の住宅ローンを増やすことが好ましいのではないか、といった問題意識があった。

マイルズ教授はこの要請を受け、2003年12月9日に中間報告（Miles[2003]）を、2004年3月16日には最終報告（Miles[2004]）を公表した（以下、双方をまとめて「マイルズ・レポート」とする）。マイルズ・レポートの内容は多岐にわたるため、ここでは金利形態に関する議論に絞って紹介すると、同レポートではイギリスでも長期固定金利の住宅ローンが増加することは好ましいとはしているものの、住宅ローン商品と金利設定に関する情報提供と説明が借手に公正かつ透明になされているのであれば、変動金利が主流である状況は借手側の判断ということになり、特別な問題とはいえないとした。むしろ借手において金利変動による支払額の増減に関する認識がほとんどないことや、そもそも固定金利住宅ローンと変動金利住宅ローンとの相違に関して借手として最低限の知識もないこと、すなわち金融リテラシーが低いことの方が問題であるとした[28]。

またマイルズ・レポートでは、そもそもイギリスでは住宅ローンのほとんどが変動金利であるのはなぜかということについて、つぎのように説明している。すなわち、銀行や住宅金融組合は、資金調達を本来的には変動金利のリテール預金の吸収により行ってきた。しかしリテール預金は流動性が高く

一般的に短期であり、そのような状況で銀行や住宅金融組合が長期固定金利の住宅ローンを拡大させるには金利リスクも大きなものとなる。金利リスクを回避する手段としては金利スワップという手法もあるが、同市場がイギリスでは未成熟であるために十分に活用することができず、結果として長期の住宅ローンにおいては変動金利が主流とならざるをえない、というものであった。マイルズ・レポートは、このようにイギリスの住宅ローンが変動金利を主流としている理由に、金融機関における金利リスクの回避が根底にあることを指摘したのである。

なおマイルズ・レポートでは、この点への対応策として、金融機関の長期債発行による長期資金調達を可能にすべきとの認識を示し、そのひとつの案としてドイツのような負債債券（ここではカバードボンドを指す）を発行することが有効であり、これを可能にする法整備をイギリスでも行うべきであるとした。これを受けて、イギリスではカバードボンドに関する法整備が段階的に行われた。そして2007年には法整備も完了し、2008年より「2008年カバードボンド規制法」が発効した。このようにしてイギリスでもカバードボンドが広く認識されることとなり、それ以降の発行額は、ドイツなどと比べれば少ないながらも増加傾向となった。なお、それに先立つ2003年には、イギリスでは「ストラクチャード・カバードボンド」というカバードボンドに類似の債券が発行された。これは、イギリスの金融機関においてもカバードボンドへの関心が高まっていたことのあらわれでもあったと考えられよう。

金利形態に関連してさらに述べると、2000年前後のヨーロッパではイギリス住宅金融市場の構造が注目を集めていた。というのも、この時のイギリスではヨーロッパ統一通貨であるユーロへの参加の是非が議論されており、ユーロ参加を決めている国々にとってイギリスがこれに加わるかどうかは大きな関心事だったためである。その際、イギリスでは住宅価格の変動が大きく、かつ住宅ローンのほとんどが変動金利であるため、中央銀行による金融政策の変更が住宅金融市場へ直接的な影響を与えることなどが問題とされた。その背景には、イギリス経済において金融業の影響力は相対的に高く、なかでも住宅ローン残高は国内金融資産残高の一定の割合を占めていたことがあっ

た。結論から先に述べると、イギリスは2003年6月にユーロ参加の見送りを発表した。その際には当初から問題とされていたとおり、イギリスでは金融業の割合が高く、なかでも金融資産において住宅ローンが変動金利を主流としていることもあり中央銀行の金融政策が住宅金融市場、ひいてはイギリス経済に与える影響も大きく、そのためイギリスがユーロに参加することで独自の金融政策が行えなくなることは将来的に問題となりえるということが理由のひとつに挙げられた。いずれにしてもこのときイギリスは、住宅ローンの金利形態も原因となってユーロ参加を見送ったのであり、その是非は別として2010年現在においても参加はしていない。

3−2　住宅市場・住宅金融市場への限定的な公的介入

　住宅金融には受信側・与信側ともにさまざまな困難性がともない、その解除機構としての公的介入は、多くの国で大きな役割を果たしている。ここでいう公的介入とは、アメリカで行われているような公的機関やそれに準ずる機関による住宅ローン貸出、そして住宅ローンへの公的保険または信用保証の付与といった直接的な介入と、住宅購入者への減税や補助金付与等の間接的な介入を指す。イギリスにおける住宅金融市場への公的介入は、まったく無いわけではないものの非常に限定的である。しかも1990年代以降はますます弱められている。ただし（1980年代末からの不況期や2007年夏のサブプライムローン問題の顕在化以降は別として）、そのようななかでもイギリス住宅金融市場には構造的に大きな問題が生じることなく、貸出残高も順調に増加してきたことは注目に値する。

　イギリスの住宅政策および住宅金融市場への公的介入について、海外住宅金融研究会［2000］やBoléat［1986］などの先行研究を参考に詳しくみていくと、イギリスでは歴史的に不良住宅解消（スラム・クリアランス）など公衆衛生対策の一環としての住宅政策という性格が色濃く、実際には19世紀に入り国策としての位置付けでこれが行われるようになった。具体的には、不良住宅を取り壊して公営住宅を建設し、そこに希望者を居住させるという形で行われた。

また第一次世界大戦後、イギリスではスラム・クリアランスに加えて住宅不足やそれにともなう貸家家賃の高騰も深刻な問題となった。そこで政府は1915年に「家賃および住宅ローン利子制限法（Rent and Mortgage Interest Restriction Act）」を制定して賃貸住宅の家賃統制を行った。[29] さらに公営住宅建設を増加させ、民間住宅建設への補助金制度の拡充等も行って持家促進を図った。それ以降イギリスでは、公営住宅建設による賃貸住宅の増加と、民間住宅建設による持家促進が住宅政策の中心となった。第二次世界大戦後もイギリスは深刻な住宅不足に見舞われたが、そこにおいても政府は、公営住宅建設と税制優遇等の個人持家促進政策を柱に住宅政策を展開した。このようにイギリスでは、直接的に住宅ローンを貸し出す公的機関が設立されることはなかったものの、公営住宅建設という点では直接的に、民間住宅建設への補助金や税制優遇という点では間接的に、住宅市場および住宅金融市場への一定の公的介入が行われていた。

　しかし、前述のように1979年にサッチャー政権が成立すると、翌年には1980年住宅法が成立し、それまで直接的な公的介入政策の中心であった公営住宅建設は方針が転換され、以降は公営住宅が積極的に払い下げられることとなった。公営住宅の払下げは、個人の住宅取得促進という点では住宅市場への直接的な公的介入であったとみることもできるが、売却による財政収入の増加を意図した政策であった点では直接的な公的介入の削減とみることもできる。また、持家促進を目的とした間接的な公的介入の一環として1967年に成立していた住宅補助金法（1967年住宅補助金法）で選択モーゲージ貸付制度（Option Mortgage Scheme：OMS）[30]が導入されて以降は、住宅ローン利子への所得補助が一般的になっていた。しかし1984年にOMSは廃止され、その代わり新たに行われることとなったモーゲージ金利源泉税控除方式（Mortgage Interest Relief at Source：MIRAS）[31]も、1980年代の住宅金融市場の急速な拡大がこれによる支出を増大させ（図表2－3）、次第に財政を圧迫するようになったため2000年4月に廃止された。

　さらに、イギリスには住宅ローン返済が困難に陥った借入者をサポートする制度として「住宅ローン利子所得補助制度（Income Support for Mortgage

第2章　イギリス住宅金融市場の展開

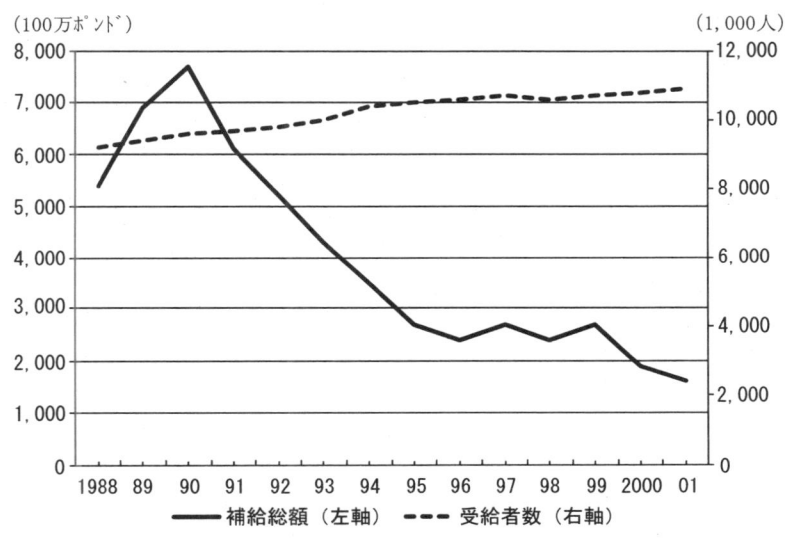

図表2-3　MIRASの実績

（100万ポンド）／（1,000人）　縦軸：左軸0〜8,000、右軸0〜12,000
凡例：補給総額（左軸）、受給者数（右軸）
期間：1988〜2001年

〔出所〕HM Revenue & Customs.

Interest：ISMI)」があり、これは1975年に導入された、返済困難が生じた住宅ローン借入者への利払い補助制度である。厳密には、住宅ローン借入者保護というよりは、住宅ローンを貸し出した金融機関への補助制度としての意味合いが強い。しかし住宅ローン返済が困難に陥っている借入者への一定のサポートを行うという点では、間接的な公的介入といえる。ところが、ISMIは導入以降、規模縮小の方向で幾度となく改正され、現在までにそのサポート範囲は限定的なものとされた。

それに加えてイギリスの住宅金融市場は、前述のように1970年代まで住宅金融組合がほぼ独占していたが、その後は1990年代後半までに（住宅金融組合からの転換組を含む）銀行がその中心となるなど大きく変化した。しかしこのような変化は、イギリスの住宅金融市場に問題があったために生じたわけではなかった。そのため変化の過程においても住宅金融市場の安定を目的とした新たな直接的・間接的な公的介入を行う機構が設立されることはなか

った。

　ここに挙げたものがすべてではないが、このようにイギリスでは直接的にも間接的にも住宅市場および住宅金融市場への公的介入は限定的であり、現在までにますます弱められている。そして持家比率が約70％となった1990年代以降、住宅政策としての個人持家促進策は国の政策の中心からは外れている。

　おわりに

　本章では、イギリス住宅金融市場の展開過程とその特殊性について、さまざまな側面から考察してきた。ここからは重要な点を再確認することで、本章のまとめとしたい。
　イギリスの住宅金融市場は、1970年代までは住宅金融組合がほぼ独占していた。これは、住宅金融組合が各種の規制に守られていたことだけでなく、住宅金融の成立条件の大部分が満たされているにもかかわらず、商業銀行が真正手形主義的経営方針もあって対個人信用である住宅金融に積極的にはならなかったことも大きかった。
　しかし、1980年代には規制緩和が行われたことなどもあって商業銀行が住宅金融市場に本格的に参入し、またモーゲージ・カンパニーや他業態からの新規参入業者も登場すると、1980年代には住宅金融市場における競争は激化した。また1990年代にはアンバンドリング化が進展し、MBS発行もこの時期以降に本格的に行われるようになった。
　イギリス住宅金融市場の主な特徴としては、住宅ローンのほとんどが変動金利であること、住宅金融市場への公的介入が限定的であることが挙げられた。変動金利がほとんどであるということは、イギリスの住宅金融市場では、住宅金融の困難性として特に重要性の高い金利リスクを借手が負っているということである。また住宅金融市場への公的介入が限定的であるということは、住宅金融の解除機構のひとつが限定的にしか整備されていないということでもある。

第 2 章　イギリス住宅金融市場の展開

　これらの点で特殊なイギリス住宅金融市場であったが、(1980年代末以降の不況期と2007年のサブプライムローン問題の顕在化以前までは)特に大きな構造的な問題を生じることなく展開し、市場規模も急速に拡大させてきたことは注目に値することであった。

注
1）住宅金融公庫[1974] 1 頁。
2）住宅金融公庫[1974] 4 頁。
3）住宅金融公庫[1974] 4 頁。
4）海外住宅金融研究会[2000]215頁。
5）Office for National Statisticsによれば、1970年代のイギリスの失業率は 3 ％代後半から 5 ％代後半と低水準で推移している。確かに上昇傾向ではあるが失業が社会問題化する状況にはなかった。
6）斉藤[1999]31-32頁。
7）海外住宅金融研究会[2000]216-217頁。
8）Committee to Review the Functioning of Financial Institutions (Chairman：Wilson, H)[1980]pp.200-201.
9）海外住宅金融研究会[2000]215頁。同制度は、全銀行、割賦販売金融会社(対象債務500万ポンド以上)において、債務の増加率が基準率を上回った場合に、その増加額について一定比率をイングランド銀行に無利子で預入することを義務付けたもの。
10）その反面でリスクも取り込む可能性があることは第 1 章で述べた。この時期の顧客基盤の拡大に関してもそのような面がありのちに問題化したのであるが、それについては第 6 章で詳しく考察する。
11）Committee to Review the Functioning of Financial Institutions (Chairman：Wilson, H)[1980]p.201.
12）海外住宅金融研究会[2000]216頁。
13）2001年 7 月にバンク・オブ・スコットランドと合併してHBOS。2009年 1 月にロイズ・バンキング・グループ（ロイズBG）傘下となった。
14）2010年 1 月よりサンタンデール。
15）2010年現在、住宅金融組合に認められている市場性資金の調達比率の上限は50％である。
16）現ロイズBG傘下のロイズTSB。
17）現ロイズBG傘下のHBOS。

18) 斉藤[1999]46-47頁、海外住宅金融研究会[2000]218頁。
19) 海外住宅金融研究会[2000]218頁。
20) 商業銀行中心の住宅金融市場構造は現在も同様である。イングランド銀行によれば、2009年末時点での業態別シェアは、銀行が81.4%、住宅金融組合が7.5%、その他が11.1%である。
21) 2年から5年が多いが、そのほとんどは2年である。
22) 2007年5月にエッグはアメリカのシティ・グループ傘下となったが、2011年までにイギリス国内に約3万件の住宅ローンを貸し出すまでに事業規模を拡大させた。
23) 落合[1999] 4-5頁。
24) Council of Mortgage Lendersのホームページに公表されていた統計より。現在は同協議会会員のみ参照可能。
25) 斉藤[2007a] 7頁。
26) HMTreasury[2008e]p.61. TableA.2. 元のデータは2007年時点のものと思われる。
27) HMTreasury[2008e]p.61. TableA.2. 元のデータは2007年時点のものと思われる。
28) 斉藤[2005]99-101頁。これについてはFSAを中心に、金融機関やモーゲージ・ブローカーにたいし、借手が選択可能な商品を借手へ十分に説明するよう指導するといった対応を求めた。
29) 家賃および住宅ローン利子制限法は、当初は6ヶ月間の時限的措置であったが、その後は改正されながらも1988年住宅法（Housing Act 1988）において廃止されるまで存続した。
30) 住宅ローンの借手は、支払利子の税額控除か利子補給のどちらかを選択できるというもの。
31) 住宅ローン借入者の所得税率に応じて、支払利子はあらかじめ所得税額が控除され、その控除分を国が金融機関にまとめて支払うという形式の住宅金融支援策。

第Ⅱ部
住宅ローン債権の証券化と世界金融危機

第3章　イギリスにおける住宅ローン担保証券（MBS）市場の展開

はじめに

　住宅金融には多くの困難性がともなう。そのような困難性を解除する手段のひとつに、住宅ローン債権を証券化して投資家へ売却することが挙げられる。具体的には、MBSやカバードボンドを発行するというものである。MBSとカバードボンドの発行残高について世界的にみると、アメリカにおいてMBSが大量に発行されていることもあり、MBSの方がずっと多い。

　MBSは1970年代にアメリカで初めて発行されて以降、ヨーロッパの先進諸国をはじめ世界各国で発行されるようになった。現在アメリカについで世界第2位のMBS発行残高を有するイギリスで発行が開始されたのは1980年代後半であった。そもそもMBSは、アメリカで金利リスクや貸出原資不足（資金調達難）といった住宅金融の困難性を解除し、住宅金融市場を安定化させることを目的として1970年代に公的機関から発行され始めた証券であった。しかし現在、特に民間金融機関で行われているMBS発行は、発行国を問わず住宅金融の困難性を解除すること以外の目的で行われている面が強まっている。この傾向はイギリスでも同様である。そこで本章では、イギリスMBS市場の形成と展開の過程を、アメリカの同市場との比較により考察する。

　なお本稿でいうMBSとは、特にことわらない限り居住用住宅向けプライムローン債権を担保とした証券（Residential Mortgage Backed Securities：RMBS）を指すものとする。したがって、商業用不動産向けローン債権を担保とした証券（Commercial Mortgage Backed Securities：CMBS）や、サブプライムローンを担保としたRMBSは含まないものとする。

第1節　イギリスMBS市場の展開

イギリスMBS市場の展開について、倉橋[2007]、企業財務制度研究会編[1992]、Boléat[1986]・[1988]、Holmans et al.[2003]、HM Treasury[2008b]、Karley and Whitehead[2002]等の先行研究を参考に考察する。

1-1　MBS市場の形成と第1次MBSブーム

世界で初めてMBSが発行されたのはアメリカで、それは1970年のことであった。以後、MBSはヨーロッパの先進諸国を中心に世界各国で発行されるようになったが、イギリスで初めての発行が行われたのは、アメリカについで早い1987年のことであった。

イギリスMBS市場の形成と展開過程について具体的にみていくと、1987年5月、ナショナル・ホーム・ローンズ・コーポレーション（National Home Loans Corporation：NHLC）がイギリス初のMBSを発行した。このときの発行規模は5,000万ポンドであった。NHLCは1980年代の金融規制緩和で住宅金融市場に新規参入したノンバンクで、アメリカ投資銀行傘下のモーゲージ・カンパニーであった。その後、イギリスでは1980年代に設立されたモーゲージ・カンパニー5社（National Home Loans Corporation, The Mortgage Corporation, Household Mortgage Corporation, Mortgage Funding Corporation, Chemical Bank Mortgage Corporation）によりMBSが積極的に発行され、1987年と1988年の2年間で12件（14億7,500万ポンド）のMBSが発行された[1]。ここに第1次MBSブームが起こった[2]（図表3-1）。

なお、1985年2月にアメリカ金融機関傘下のノンバンクであるBank America Finance Limitedが、イギリスに設立した子会社を通じてイギリスの住宅ローン債権を担保にポンド建てMBSを発行し、ルクセンブルク証券取引所に上場させた[3]。これをもってイギリス初のMBS発行としている先行研究が散見されるが、イギリス国内でイギリス籍の企業がMBSを発行し

第3章　イギリスにおける住宅ローン担保証券（MBS）市場の展開

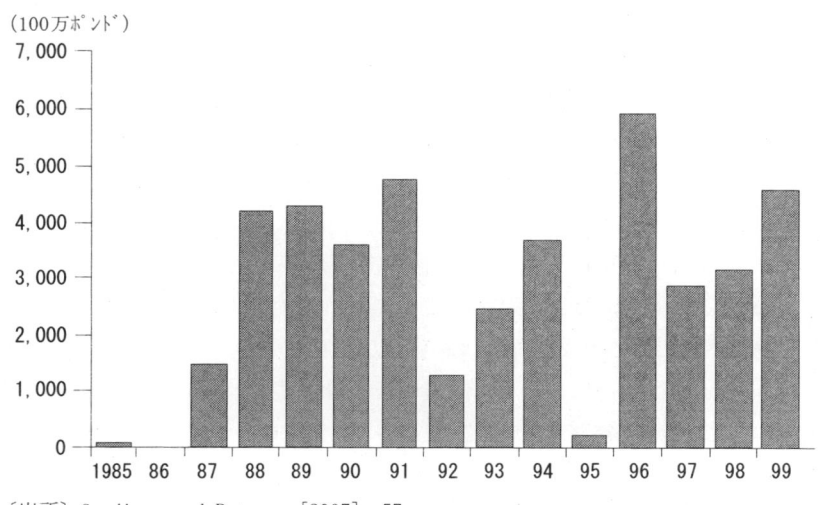

図表3−1　イギリスにおける1985年から1999年のMBS新規発行額推移

(100万ポンド)

〔出所〕Gardiner and Paterson[2007]p.57.

たのは1987年5月のNHLCが最初であり、これをイギリス初とするのが正確であろう。

　ところで、1980年代後半のイギリス住宅金融市場において中心的な立場にあった住宅金融組合や商業銀行は、MBS発行にたいしては積極的ではなかった。その理由のひとつに、イギリスの住宅ローンが変動金利を主流としていることが挙げられる。つまり、当時もイギリスの住宅ローンはほとんどが変動金利であり、そのため金利リスクは住宅金融組合や商業銀行ではなく住宅ローン借入者が負っていた。したがって住宅金融組合や商業銀行は、MBSを発行してこれを投資家等へ売却することによって金利リスクを回避する必要がなかったのである。また、この時期の住宅金融組合や銀行においては、リテール預金の吸収にそれほど大きなネックは存在していなかった。そのため、アメリカのような貸出原資の不足はその時点においても将来的にであっても意識されておらず、MBSの発行は新たな資金調達の手段としても重要視されることはなかったのである。

さらに、1986年に成立した住宅金融組合法において住宅金融組合に認められた市場性資金の調達可能範囲は、総負債額の20%までであった[4]。それはすなわち、住宅金融組合がMBS発行を行う意思を持ったとしても、その上限に法的な制限が掛けられていたことを意味する。それもあって、住宅金融組合におけるMBS発行のモチベーションは高まることがなかったのである。
　また商業銀行にとって、資産証券化はバランスシートのスリム化を図るうえで有効な手段となりうる。そしてイギリスでは、バーゼルⅠの合意前からBOEにより自己資本比率基準[5]の遵守義務が課せられていたため、住宅ローンの貸出を行っていた商業銀行にとって、MBS発行はこの基準をクリアする有効な手段となりえた可能性は高い。しかしこの時期の多くの大手商業銀行は、MBS発行を行わなくても同基準を十分に度満たしていた。そのため、さらに住宅ローン債権の証券化を行ってバランスシートをスリム化させる必要性が低かった。これらの要因もあり、商業銀行もMBS発行を積極的には行わなかったのである。なお、地方の住宅金融組合の一部では大口市場性資金と住宅ローンを結びつける動き（quasi-secondary mortgage）もあったが、大きな流れには至らなかった。
　ところで、第１次MBSブームにおいてMBS発行の中心的存在であったモーゲージ・カンパニーは、その多くがアメリカ系投資銀行の子会社で、1986年の金融規制緩和を機に住宅金融市場に参入したノンバンクであった。モーゲージ・カンパニーがMBSを積極的に発行した理由としては、資金調達手段として重要であったと指摘されることが多い[6]。すなわち、銀行（預金取扱金融機関）ではなくノンバンクであり、リテール預金の吸収による資金調達が不可能だったモーゲージ・カンパニーは、主に銀行借入と社債発行により資金を調達していたが、しかしこれを際限なく行うことは不可能であった[7]。一方でモーゲージ・カンパニーが事業を拡大していくためには、新規貸出の原資も継続的に調達することが必要であった。そのためモーゲージ・カンパニーは、新たな資金調達手段として住宅ローンを証券化して投資家へ売却し、債権を流動化することに積極的になった、という指摘である。
　確かにこの指摘が当てはまる部分も多々ある。しかし、①モーゲージ・カ

第3章　イギリスにおける住宅ローン担保証券（MBS）市場の展開

ンパニーの多くはアメリカ系投資銀行の子会社であり、親会社の多くはアメリカで民間MBSの発行を行っていたこと、②イギリスでMBSの発行引受けや主幹事業務を積極的に行ったのが、ゴールドマン・サックスやソロモン・ブラザーズ、JPモルガン等のアメリカ系投資銀行に多かったこと、[8]③なかでもソロモン・ブラザーズはアメリカで1977年に世界初の民間MBSを発行した投資銀行であったこと、④ソロモン・ブラザーズはS&Lおよび連邦住宅貸付抵当公社（Federal Home Loan Mortgage Corporation：Freddie Mac、以下フレディ・マック）と共同でアメリカの民間MBS市場の開拓を行っていたこと、[9]の4点を考え合わせると、1980年代後半のイギリスにおけるMBS発行は、モーゲージ・カンパニーが資金調達を目的に行ったと考えるよりは、MBSの発行自体が目的のひとつであり、したがってそれにはアメリカ系投資銀行によるイギリス市場の新規開拓とその実験的な側面があったと考えるべきではないだろうか。換言すれば、イギリスMBS市場の形式と展開は、アメリカ投資銀行による新たな増殖地盤の開拓としての側面が強かったと考えられるのではないだろうか。

　イギリス以外のヨーロッパ諸国に目を向けてみると、フランスでは1991年に、ドイツでは1995年にMBSが初めて発行された。[10]しかしこれらの国々のMBS市場は、現在まで一定の拡大をみせてはいるものの、発行残高だけをみればイギリスよりはずっと少ない。またスペインなど他のヨーロッパ諸国においても現在はMBS発行が行われているが、その発行残高はイギリスほど多くはない。その要因としては、ヨーロッパでは歴史的に住宅ローン債権の証券化手段としてはカバードボンドが一般化していることが関係していると考えられる。すなわち、ヨーロッパ諸国では、イギリスがMBS発行を開始する前から住宅ローン債権はカバードボンドという形で証券化されていた。そのためイギリスでヨーロッパ初のMBSが発行され、ノウハウを地理的に入手し易くなって以降も、ヨーロッパ諸国ではカバードボンドが住宅ローン債権の証券化手段としては主流であり続けたということであろう。[11]なお2011年現在、イギリスでもカバードボンドの発行はある程度活発に行われているものの、これが初めて発行されたのは、MBSよりずっと後の2003年になっ

図表3－2　1987年のNHLCのバランスシート

（単位：100万ポンド）

資産	金額	％	負債	金額	％
住宅ローン	993	99.2	短期負債		
債　券	4	0.4	銀行借入	148	14.8
現　金	2	0.2	その他借入	208	20.8
固定資産	2	0.2	その他負債	14	1.4
			銀行借入（1-2年）	139	13.9
			銀行借入（2-5年）	330	33.0
			中期社債	62	6.2
			転換社債	36	3.6
			払込資本	48	4.8
			払込剰余金	11	1.1
			損益勘定	4	0.4
合　計	1,001	100.0	合　計	1,000	100.0

注）貸方と借方の合計金額が一致していないが、原文のまま記した。
〔出所〕Boléat, M［1988］p.16.

てからのことであった[12]。

　ここでモーゲージ・カンパニーの経営状況についてNHLCを例に具体的にみるならば（図表3－2）、1987年のバランスシートからは、資金調達の多くの部分（60％以上）を銀行借入により行い、その99％以上を住宅ローンとして運用していたことがわかる。また、10％未満と少ないながらも社債発行による資金調達も行っていた。NHLCの例が他のモーゲージ・カンパニーにもそのまま当てはまるかどうかは判断が難しいが、ノンバンクであり、リテール預金の吸収ができないことはどのモーゲージ・カンパニーでも同じである点を考えれば、ほかのモーゲージ・カンパニーもこれと似たバランスシート構造で経営していたことは想像に難くない。

　なおモーゲージ・カンパニーがこのような特殊なバランスシートの構造で経営を続け、また順調に規模を拡大することができたのは、その経営コストが相対的に低かったからであると考えられる。すなわち、モーゲージ・カンパニーは支店網を広範に展開しておらず、そのため支店の運営費やバックオ

フィスにおける人件費等のランニング・コストが低かったことが、このような経営を可能とさせていたのである。

ところで、第1次MBSブームの時期の市場構造について企業財務制度研究会編[1992]によりみていくと、発行残高の約50％が商業銀行、約20％が住宅金融組合、残り30％は機関投資家と一般企業により投資（保有）されていた。[13] 各投資家の国籍は、住宅金融組合はすべてイギリスであったが、それ以外はアメリカ・日本・ヨーロッパが各30％ずつであったとされている。また流通市場に関してみていくと、この時期は主に引受会社がMBSの市場流通を支援し、またマーケット・メイクも行う契約がなされていた。しかしBoléat[1988]および企業財務制度研究会編[1992]は、現実的には狭い範囲での相対取引が主流であり、流通市場での取引総額や取引件数は少なかったとしている。[14]

このようにイギリスMBS市場は不完全な点もあったものの、当時の好調な経済と住宅市場・住宅金融市場にも支えられ、発行額は急速に増加をつづけた。

しかし1990年代初めになるとイギリスMBS市場は急速に縮小した。それは、この時期にバブル化していた住宅市場への対応という意味も含んで行われたBOEの金融引締めの影響を受け、1980年代末からイギリス経済が不況入りし、それによりモーゲージ・カンパニーの倒産が相次いだためである。具体的に述べると、不況により住宅投資の低下や住宅価格の下落が生じ、そのようななかでモーゲージ・カンパニーは不良債権を抱えることとなった。特に1992年から1993年にかけて住宅市場は大きく低迷し、この時期のMBS発行コスト、すなわち支払い金利も、デフォルト・リスクの高まりにより以前と比べて割高となった。そしてそのような状況下では、モーゲージ・カンパニーはMBSを発行しても買手をみつけることは困難となり、事実上MBS発行による資金調達は不可能となった。その結果、調達資金のほとんどを住宅ローンとして運用し、流動性資産を十分に保有していなかったモーゲージ・カンパニーには流動性リスクが顕在化した。当然このような状況下では銀行からの借入れも不可能となり、やがてモーゲージ・カンパニーは経営難に陥

り倒産したのである。最終的にほとんどのモーゲージ・カンパニーが倒産すると、主要な発行体を失ったMBS市場は急速に縮小し、こうして第1次MBSブームも終了することとなった。

なお、この時期にモーゲージ・カンパニーのMBS発行が困難となった理由として、海外住宅金融研究会［2000］は、MBSそのものの信頼度（認知度）の低さを指摘している。[15]すなわち、MBSを積極的に発行している金融機関は資金調達に苦労している金融機関であるというイメージを持たれていた、という指摘である。この点については、1992年3月末までのMBS発行総額の90％以上が、信用力の劣る「住宅金融専門会社（Centralized Mortgage Lenders）」からの発行であった、という裏付けがなされている。なおここでいう「住宅金融専門会社」とは、状況から考えるとモーゲージ・カンパニーを指していると考えられる。

1－2　第2次MBSブームと市場の急拡大

1980年代後半に形成され、1990年代初めに縮小したイギリスのMBS市場であったが、1990年代の半ばにイギリス経済が持ち直し、それにつれて住宅金融市場も回復を始めると、MBS市場も再び拡大に転じた。そして第2次MBSブームが起こった。

第2次MBSブームについて詳しくみていくと、イギリス経済の不況は1993年に底を打ち、その後は緩やかながら回復傾向を示した。それにともない住宅市場も再び拡大を始め、1990年代前半には約6万ポンドであった平均住宅価格は、1993年以降はロンドンやイングランド南東部等の高所得地域を中心に上昇を続け、2000年には10万ポンドを超えた（図表3－3）。また住宅ローン貸出残高も増加を続け、2000年に5,000億ポンドを超え、その後は増加の速度を増した（前掲図表1－2）。そしてMBSの発行額も再び増加を始め、ここに第2次MBSブームが起こった。

イギリスMBS市場が再拡大を始めたのは1997年からであったが、本格的に発行額が増加を始めたのは2003年または2004年ごろからであった（図表3－4）。HM Treasury［2008b］により具体的にみると、2000年末時点で約130

第3章 イギリスにおける住宅ローン担保証券（MBS）市場の展開

図表3-3 イギリス平均住宅価格の推移（季節調整済み）

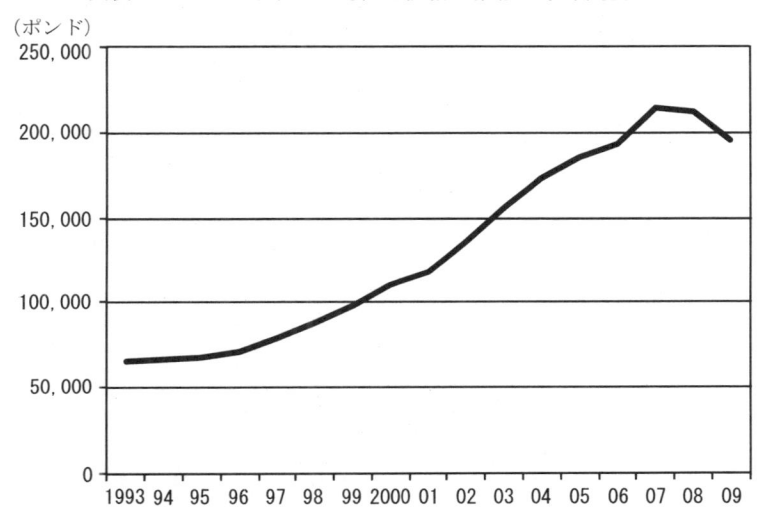

〔出所〕Department of Communities and Local Goverment

図表3-4 イギリスMBS発行額の推移（新規、公募）

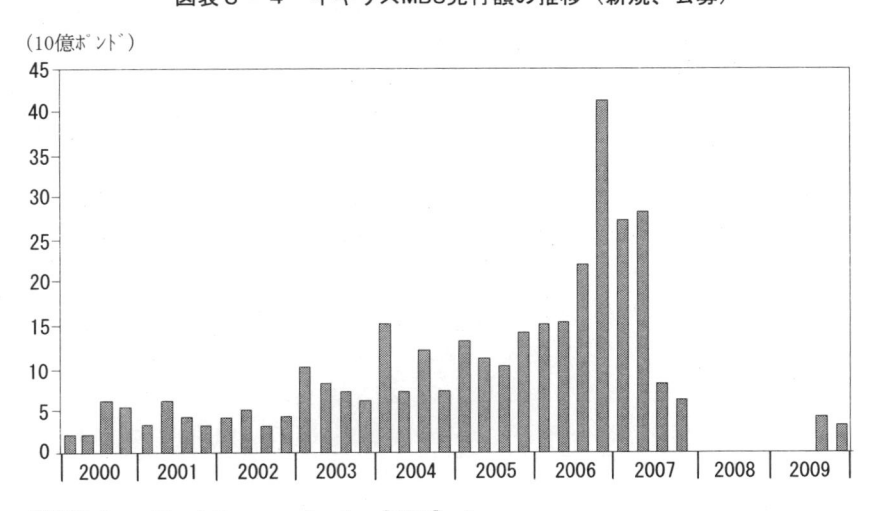

〔出所〕Council of Mortgage Lenders[2010]p.6.

91

図表3-5　イギリス大手銀行によるMBS発行額の推移

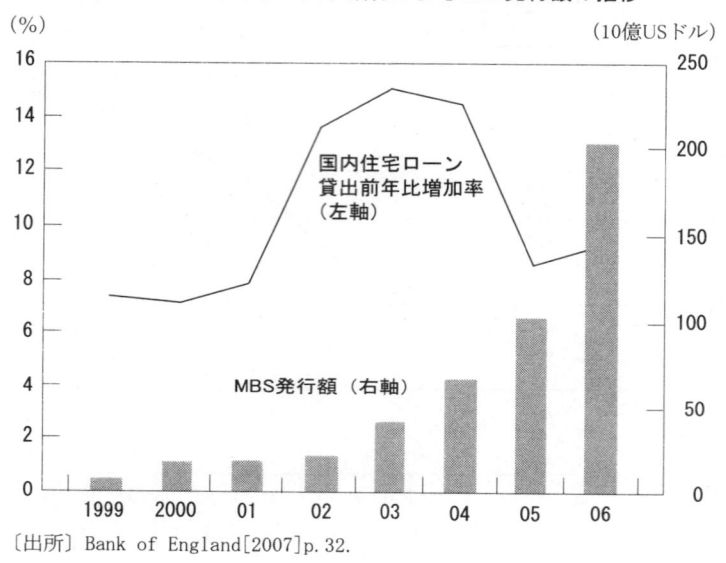

〔出所〕Bank of England[2007]p.32.

億ポンドであった発行残高はその後に急速に増加し、2007年末には2,000億ポンドを超えた。FSAのマッカーシー長官（当時）によると、2007年のイギリスにおけるMBS発行額は、全世界のMBS発行額の15%を占めていたという。またHM Treasury[2008b]は、2006年だけでみても約780億ポンドの住宅ローン債権がMBSおよびカバードボンドへと証券化されたとしている。この時期のイギリスではカバードボンドの発行額はそれほど多くはなかったことから、780億ポンドのうちの大部分はMBSへと証券化されたと考えられる。そしてこのことは、2006年に貸し出された住宅ローンの約70%が証券化されたということも意味する。さらに、BOEによれば2007年時点の住宅ローン貸出残高が約1.2兆ポンドであったため、2007年末時点のMBS発行残高が2,000億ポンドであったということは、この時点で貸出済み住宅ローンのうちの約17%が証券化されたということになる。Karley and Whitehead[2002]は、貸出済み住宅ローンのうちMBSへと証券化されたものの割合は、2002年時点で5%以下としていた。このことから、イギリスでは短期間に住宅ロ

第3章 イギリスにおける住宅ローン担保証券（MBS）市場の展開

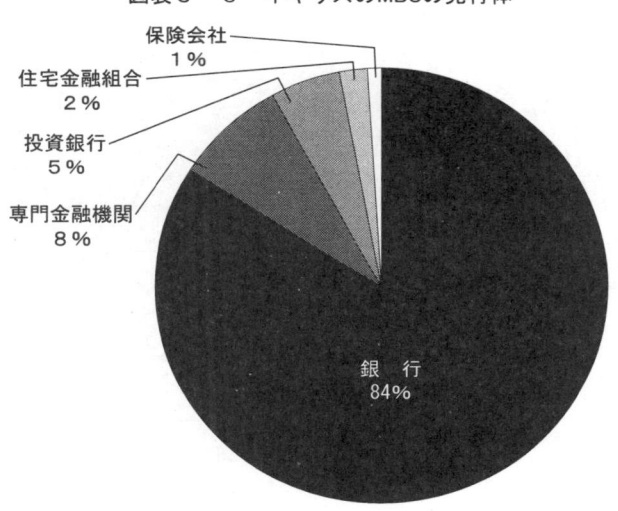

図表3－6　イギリスのMBSの発行体

- 保険会社　1%
- 住宅金融組合　2%
- 投資銀行　5%
- 専門金融機関　8%
- 銀行　84%

〔出所〕HM Treasury[2008]p.8を参考に筆者作成。

ーンの証券化が進展したことがわかる。

　ただし、第2次MBSブームにおいては第1次MBSブームと大きく異なる点があった。それは、MBSを積極的に発行していたのが、銀行であったという点である（図表3－5）。HM Treasury[2008b]は、2008年4月時点で、発行済みMBSのうち84％が銀行による発行、8％は専門金融機関、5％は投資銀行、2％は住宅金融組合、1％は保険会社による発行であったとしている（図表3－6）。なかでも積極的だったのはアビーやノーザンロックで[21]、以前は住宅金融組合でありMBSの発行に積極的になる動機が薄いと考えられていた銀行であった。これらは銀行転換以降にバランスシート構造、特に負債側を大きく変化させ、資金調達の大部分を市場性資金に依存するようになっていた銀行であった（図表3－7）。

　ところで、これらの銀行はなぜ市場性資金を主要な調達源としていたのだろうか。理由のひとつには、銀行転換した旧住宅金融組合は、支店網を拡大させてリテール預金の吸収量を増加させることがそもそも困難であったこと

93

図表3－7　住宅ローン取扱金融機関の資産運用・調達比率

(単位：％)

	大口市場性資金調達比率	大口市場性資金調達比率（短期金融市場調達を除く）	住宅金融組合法基準の市場性資金調達比率	流動性資産／預金および短期金融市場調達比率	短期金融市場運用／総調達比率	リテール預金／ローン比率
HBOS	51.6	43.6	－	19.4	372.5	57.5
ノーザンロック	71.6	68.1	－	22.7	54.1	31.2
アライアンス・アンド・レスター	54.1	40.8	－	9.9	270.1	61.2
ブラッドフォード・アンド・ビングレー	51.9	48.3	－	20.4	36.1	58.2
ネーションワイド住宅金融組合	26.7	24.1	28.4	13.7	245.8	80.3
ブリタニア住宅金融組合	40.4	37.7	38.0	45.2	34.8	85.2
ヨークシャー住宅金融組合	21.1	20.6	30.4	25.5	43.2	97.1
コベントリー住宅金融組合	15.9	15.0	28.5	19.3	47.5	97.3
スキップトン住宅金融組合	20.3	18.5	35.2	18.5	56.2	96.7
チェルシー住宅金融組合	18.1	17.5	25.3	22.2	12.5	100.7
ウェスト・ブロムウィッチ住宅金融組合	31.5	27.9	31.9	21.0	138.9	81.0
プリンシパリティー住宅金融組合	12.8	12.1	22.1	19.5	23.8	100.1
ニューカッスル住宅金融組合	19.9	16.5	32.2	19.9	61.4	93.2

注1）HBOS、ノーザンロック、ブラッドフォード・アンド・ビングレーは2007年6月末時点のデータ。
　2）ネーションワイド住宅金融組合は2006年末、ウェスト・ブロムウィッチ住宅金融組合は2007年5月末時点のデータ。
　3）上記以外は2006年末時点のデータ。
　4）大口市場性資金調達には、顧客預金と顧客資産は含まれない。
〔出所〕Scott et al.〔2007〕p.2.

第 3 章 イギリスにおける住宅ローン担保証券（MBS）市場の展開

が挙げられる。すなわち、これらの金融機関が住宅金融組合から銀行へ転換した1990年代後半には、すでに大手銀行の支店網は人口の多い地域や高所得層の多い地域に張り巡らされており、転換組の銀行が新たに支店網を拡大させて他銀行の支店と競争をしても、吸収できるリテール預金の量が限られていた、ということである。そしてもうひとつには、この時期の銀行業界の動向も関係していると考えられる。すなわち、この時期の銀行は金融規制緩和やそれにともなうグローバル化もあり、国内外の金融機関との間で顧客獲得競争が激化していた。また国内的にもスタンダードライフやセインズベリー等の他業態による金融業界への新規参入や、エッグ等のインターネット・バンキングを専門に行う金融機関の登場など環境が大きく変化していた。そのため各銀行は、それまでどおりにリテール預金を吸収することが困難となることを懸念していた。一方で、この時期のマネー・マーケットには潤沢な資金が低利で存在していた。このような状況下、転換組も含め多くの金融機関が資金調達手段として市場性資金の吸収を強く意識するようになり、住宅ローン貸出を行っている金融機関においてはMBS発行による資金調達を新たな調達手段として重要視するようになった、ということである。この点についてはHolmans et al.[2003]も、MBS発行による資金調達コストはリテール預金の吸収コストよりも割高だったものの、一部の銀行はMBS発行をより安定的な資金調達手段として重要視し、これを主要な資金調達手段としていたと指摘している。[23]

なおHolmans et al.[2003]は、商業銀行がMBS発行額を急速に増加させた理由について、以下の4点により説明している。[24] すなわち、①エッグなどのインターネット専門の金融機関の登場や、他業態からの銀行業への新規参入に衝撃を受け、将来的にリテール預金の吸収が困難となる可能性を意識せざるをえなくなったこと、②貯蓄率が低下し、貯蓄の手段も多様化しているなかで、商業銀行が資金調達手段を多様化させることを強く意識したこと、③資金調達手段として本格的に証券化が必要になったときに初めて証券化を行うのではなく、事前に経験を積んで書類やヴィークルを用意しておく必要があったこと、④金融機関はポートフォリオにすでにある各項目だけでなく、

ポートフォリオ全体を管理する必要があり、証券化はその意味で有益であること、以上の4点である。

またこの時期までに、MBSそのものへの認識も変化していた。第1次MBSブームにおいては、MBSは資金調達の手段が限定的で信用力も低い住宅金融専門業社が発行するものと認識されていたが、第2次MBSブームにおいては銀行が主体となってMBSを発行したことでMBSの金融商品としての信用が高まり、投資家も安全な投資対象として認識するようになっていた、ということである。特に、住宅金融組合の時代から長年にわたって住宅ローン融資の実績を積み重ねてきたアビー・ナショナルが、1998年に2億4,750万ポンドものMBSを発行して同市場に参入したことは、MBSおよびMBS市場の価値を高め、それによりMBSへの認識を変化させるのに十分な出来事で、実際これ以降にMBS発行を行う金融機関が増加した、との指摘もある。[25]

さらにイギリスMBS市場の急速な拡大は、世界的な証券化商品市場の急速な拡大という外部環境の変化に影響を受けた結果であるとも考えられる。すなわち、1990年代後半から2000年代にかけての世界の金融市場では、競争の激化により商業銀行の伝統的な収益源であった預貸の利鞘が縮小し、また投資銀行や証券会社においては有価証券の売買手数料やM&A仲介手数料などの伝統的な収益獲得方法における収益率が低下していた。[26]それゆえ、特にアメリカやヨーロッパの一部の金融機関は、本来業務からの収益に加えて「影の銀行制度（シャドー・バンキング・システム）」と呼ばれる収益機構を形成して収益を上積みさせる、といったことも行っていた。シャドー・バンキング・システムとは、ストラクチャード・インベストメント・ヴィークル（Structured Investment Vehicle：SIV）やコンデュイット（Conduit）と呼ばれるオフバランスの子会社をタックス・ヘイヴン（非課税地）に設立し、資産側にMBSやCDO（Collateralized Debt Obligation）等の中・長期債を保有し、負債側では短期のABCP（Asset Backed Commercial Paper）やMTN（Medium Term Note）を発行して長短金利差の鞘抜きを行うシステムである。このようなことはアメリカやヨーロッパを中心に多くの金融機関が行っており、これを背景にイギリスでもABS発行額が急速に増加していた。特にMBS

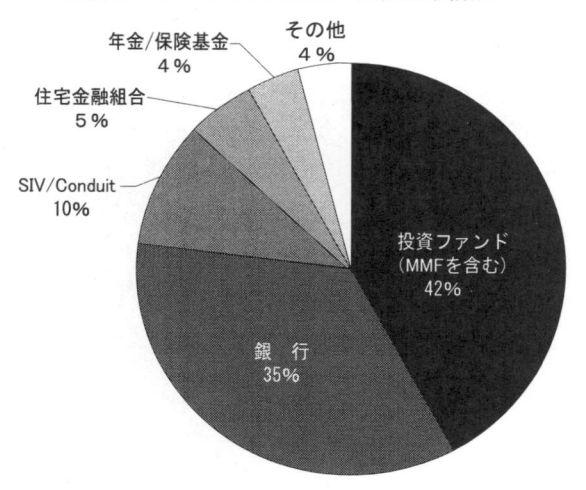

第3章　イギリスにおける住宅ローン担保証券（MBS）市場の展開

図表3－8　イギリスMBSへの投資家構成

- その他 4%
- 年金/保険基金 4%
- 住宅金融組合 5%
- SIV/Conduit 10%
- 銀行 35%
- 投資ファンド（MMFを含む）42%

注）2004年から2006年に公募発行されたもの。
〔出所〕HM Treasury［2008b］p.9を参考に作成。

は、好調であった住宅金融市場投資家の高い需要もあってこのシステムに積極的に利用され、それもあって発行額が急速に拡大したと考えられる[27]。

つぎに、第2次MBSブームにおける投資家構成について具体的にみていくと、投資家（保有者）としてはマネー・マーケット・ファンド[28]（Money Market Funds：MMF）と銀行の存在が特に大きい（図表3－8）。2004年から2006年に（公募）発行されたイギリスMBSのうち、42％がMMFにより、35％が大手銀行により投資された[29]。ただし現実には、イギリスのMMFはアメリカと比べれば運用規模はずっと小さく、MBSへの投資額も限定的であろう。そのため、ここでいうMMFとはアメリカのMMFが中心であった可能性が高い。

またHM Treasury［2008b］は、大手銀行やMMFは、イギリスMBSをCDOやCLO等へと再証券化して利回りを上積みするために購入したとも指摘している[30]。実際、FSA長官のロード・ターナーが中心になってまとめた金融機関規制に関するレポート、Financial Services Authority［2009］（以下ター

97

図表 3 − 9　イギリスMBSへの投資家（国別）

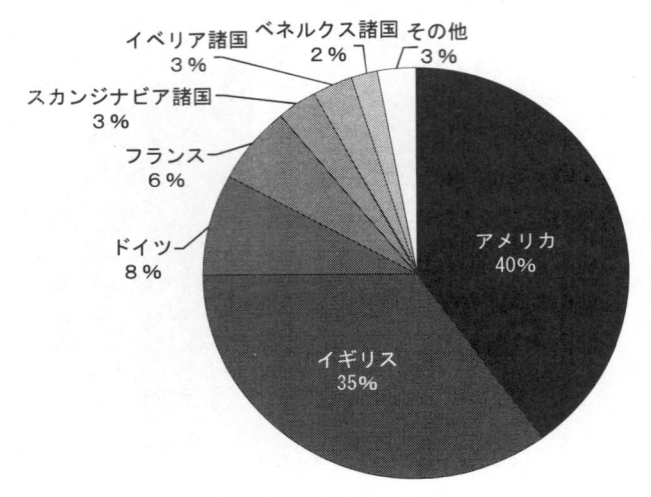

国	割合
アメリカ	40%
イギリス	35%
ドイツ	8%
フランス	6%
スカンジナビア諸国	3%
イベリア諸国	3%
ベネルクス諸国	2%
その他	3%

〔出所〕HM Treasury[2008]p.10を参考に作成。

ナー・レビュー）においても、イギリス国内で発行されたCDOとCLOは、2006年には合計約300億ポンド、2007年には合計約450億ポンドであったと記載されている[31]。ただし、イギリスの金融機関がこれらを大規模に発行していた事実は、これまでのところ確認されていない[32]。このような点を考え合わせると、CDOやCLOに関する前述の指摘は、イギリス国外、特にアメリカの金融機関等がイギリスで行ったことを指している可能性が高い。

　また、SIVやConduitもイギリスMBSの約10%を購入している。前述のように、これらの多くは各国の金融機関の実質的な子会社で、シャドー・バンキング・システムを形成して親会社の収益拡大を支えていた投資ヴィークルである。これらが一定規模のイギリスMBSを購入していたことからも、イギリスMBSもシャドー・バンキング・システムに利用された可能性が指摘できる。

　つぎにイギリスMBSへの投資家について国籍別にみると、2004年から2006年にかけて発行されたイギリスMBSのうち、65%がイギリス外の投資家により購入されている（図表 3 − 9 ）。なかでもアメリカの投資家による購入割合は40%と高く、本国であるイギリスの35%を上回る。アメリカ以外ではド

第3章　イギリスにおける住宅ローン担保証券（MBS）市場の展開

イツが8％、フランスが6％、その他が11％とつづく。このようなことからイギリスMBSは、アメリカを中心に海外需要が65％と高かったといえる。

ところで、2000年代のイギリスでもサブプライムローンの貸出とその証券化は、アメリカと比べればずっと小規模ながらも行われていた。アメリカにおけるサブプライム層の定義について、2001年1月31日にアメリカの金融監督当局（通貨監督局、連邦準備制度理事会、連邦預金保険公社、貯蓄金融機関監督局）から出された共同通達により確認すると、具体的には以下の5点である。[33]

① 過去12ヶ月以内に30日延滞を2回以上、もしくは過去24ヶ月以内に60日延滞を1回以上した者。
② 過去24ヶ月以内に抵当権実行、債務免除をされた者。
③ 過去5年以内に破産した者。
④ FICOスコア660点以下（または620点以下）の者。
⑤ 返済負担率（LTV）50％以上の者。

ここで④のFICOスコアとその利用について簡単に説明すると、アメリカでは複数のクレジット・ビューローによる個人の信用情報を、フェア・アイザック社（Fair Isaac Corporation）が集計してFICOスコア（Fair Isaac Corporation Score）という独自の指数にし、このFICOスコアを金融機関が貸出審査の参考指数とすることが多い。そのため、上記の通達のなかでもFICOスコアはサブプライム層か否かの判断基準に含まれたのであると考えられる。

なお、イギリスにはこのようなサブプライム層の公式の定義はない。与信にあたりプライム層とサブプライム層を区別する場合、イギリスでは主にExperian、Equifax、Callcreditといったクレジット・ビューローによる個人の信用情報を参考にしつつ金融機関が個別に判断するのが主流である。[34] ただし資産価値にたいする負債比率（Loan To Value Ratio：LTV）が80％を超える場合や、過去にイギリス州裁判所（County Court）から滞納負債支払の裁判所命令書（County Court Judgments）を受け取った経験のある者は、サブプライム層とみなされてサブプライムローンが貸し出されることが一般的である。[35]

99

またイギリスでは、賃貸用物件購入目的のBuy-to-letローンの貸出額も増加していたが[36]、Buy-to-letローンの平均LTVは2006年時点で85％となっており、その後も上昇傾向にあった[37]。このことから、Buy-to-letローンの多くはサブプライムローンとして扱われ、Buy-to-letローン市場の拡大がサブプライムローン市場の拡大に数字上関係していた可能性もある。ただしサブプライムローン市場の拡大という点において、アメリカで行われていたとされている低所得の移民等の貧困層への貸付がイギリスでも広く行われていたかどうかについては、一般的には否定的にみられている。イギリスでは低所得の移民向けの住宅は、低所得地域の集合住宅や、イギリス人がBuy-to-letローンを借り入れて建てた都市部の賃貸住宅およびアパートが中心であったといわれている。

　しかし、2007年夏にアメリカでサブプライムローン問題が顕在化すると、まずアメリカにおける証券化商品の発行市場および流通市場が機能不全に陥った。特に、サブプライムローンを組み込んでいたり、その可能性が懸念されていたMBSやCDOの市場は著しく停滞した。この影響を受けてイギリスの証券化商品市場も大幅に縮小し、イギリスMBS市場においても発行市場および流通市場が機能不全となった[38]。サブプライムローン問題の顕在化以降のイギリスMBS市場については第5章で詳しく検討するためここでは多く述べることはしないが、2007年上半期には約550億ポンドのMBSが発行されていたものの、同年第3四半期以降に発行額は急速に落ち込み、そして下半期は約150億ポンドとなった。最終的には2008年の上半期はほとんど発行されなかった（前掲図表3-4）。これにより、イギリスの第2次MBSブームは終了することとなった。

第2節　イギリスMBS市場とMBSの特殊性

　イギリスMBSは、1980年代後半に主にアメリカ投資銀行傘下のモーゲージ・カンパニーによって発行が開始され、その後はイギリスの銀行によって

第3章　イギリスにおける住宅ローン担保証券（MBS）市場の展開

も発行が行われてきた。しかしアメリカと同様のMBSがイギリスでも発行され、またアメリカと同じような性質の市場が形成され展開したというわけではない。そこで、イギリスのMBSとMBS市場の特殊性について、アメリカとの比較により考察を行う。

2－1　イギリスMBS市場の特殊性

　イギリスMBS市場はヨーロッパ最大規模で、発行残高をヨーロッパに限って比較すればひときわ大きい。この理由は多々あるが、ひとつにはイギリス法が慣習法体系であることが挙げられる。というのも、イノベーティブな金融商品を開発・販売する際に新たな立法を必要とする大陸法体系とは異なり、慣習法体系ではそれが必要とされない。そのためイノベーションが頻繁に起こる証券市場の発達には、イギリス法の属する慣習法体系は適合的な法体系であるといえる。

　ただし同法体系のアメリカと比較すると、イギリスMBS市場は規模が小さい。これは当然、両国における住宅金融市場規模の違いも関係している。すなわち、2009年末のアメリカの住宅ローン貸出残高が約11兆ドルであるのにたいし、イギリスのそれは2兆ドル弱（約1.3兆ポンド）と、アメリカよりずっと小さい。そして両国の貸出済み住宅ローンの証券化率で比較しても、イギリスはアメリカに比べてずっと低い。2007年時点のアメリカでは貸出済み住宅ローンの60％以上が証券化されているが、イギリスでは前述のように20％にも満たない。これには、アメリカでMBS発行が始まったのが1970年であったのにたいし、イギリスはそれより17年後の1987年であったという時間的な違いも理由として考えられるが、より大きいのは住宅金融市場規模の違いであろう。その他にもつぎのような要因が考えられる。

　まず、アメリカとイギリスにおける住宅金融市場およびMBS市場への公的介入の強さの違いが挙げられる。換言すれば、アメリカでは住宅金融市場にたいして直接的な公的介入が強くなされている一方、イギリスでは間接的な公的介入が限定的に行われているに過ぎないのである。これは、住宅金融の困難性を解除する機構としての公的介入という面からみても大きな違いである。

アメリカについて具体的にみていくと、アメリカではMBS市場にたいし積極的な直接介入（支援）が行われている。というよりむしろ、設立時には政府機関であり現在は民間企業となっている政府支援機関（Government-Sponsored Enterprise：GSE）[39]が、アメリカMBSの約70％を発行している。しかしイギリスにはこのような枠組みはない。むしろイギリス財務省等は、従来からイギリスの住宅価格の変動が激しいこともあり、住宅ローン債権の証券化は金融市場および証券市場の不安定性を増幅させるものだとして批判的な立場を取っていた。そのためイギリスでは、公的介入や支援を行うことはなかったのである。

　ここで、アメリカにおけるMBS市場への公的介入の枠組みについて述べると、アメリカではMBSの担保資産となる住宅ローンの貸出段階から公的介入が行われており、一定の基準をクリアしたものは連邦住宅局（Federal Housing Administration：FHA）の提供する保険に加入でき、また退役軍人省（Department of Veterans Affairs：VA）による保証も付与される。そしてこのような住宅ローンを担保に民間金融機関等がMBSを発行した場合、MBSにはエージェンシー（Agency）と呼ばれる連邦政府抵当金庫（Government National Mortgage Association：Ginnie Mae、以下ジニー・メイ）により元利払い保証が付与され、これにより流通段階で流動性も確保される。さらにFHAやVAの保険や保証が付与されなかった住宅ローンでも、一定基準を満たすものであれば連邦住宅抵当公庫（Federal National Mortgage Association：Fannie Mae、以下ファニー・メイ）やフレディ・マックといったGSEにより買取られ、GSEによりMBSとして証券化され発行される。GSEにより発行されるため、これらは「GSE債」と呼ばれることが多いが、この場合もMBSにはGSEにより信用補完がなされる。ちなみにファニー・メイとフレディ・マックは設立時においては政府機関であったこともあり、民営化された現在でも一般的にはエージェンシーとして認識されている。そのため、両社が発行したMBSは「エージェンシーMBS」と呼ばれることもある[40]。

　一方のイギリスでは、MBSの担保資産となる住宅ローンにたいして公的信用補完は行われず、またMBSの発行段階でも公的機関による発行や支援

第3章　イギリスにおける住宅ローン担保証券（MBS）市場の展開

は行われない。さらに発行後にもMBSへの公的信用補完等は行われない。住宅ローンへの公的保証という観点では、急な病気や失業で所得の喪失・減少が生じて住宅ローン返済に困難が生じた者を支える制度として、前述のISMIがある。ただしこれはあくまで利払い補助であり、またISMIが適用されるまでには一定の待機期間が必要ともなる。待機期間中の備えとしては、民間保険会社が提供する「住宅ローン返済保証保険（Mortgage Payment Protection Insurance：MPPI）」に加入できるが、これは任意保険でもある[41]。イギリスとアメリカのMBS市場規模の大きな差は、このような公的介入の度合いの差も要因にあると考えられる。

　このようにアメリカで住宅金融市場およびMBS市場への公的介入が強く行われるようになった背景について、井村[2002]、小林・安田[2008]、高橋[2006]等を参考に、住宅政策との関係も含め歴史的な側面から考察していきたい。

　アメリカでは歴史的に住宅政策が国策として重要な位置付けにあり、特に個人持家促進政策はその中心でもあった。1929年の大恐慌までさかのぼれば、恐慌によって住宅市場が大きく停滞したあとの1934年、ニューディール政策の一環として国民住宅法（National Housing Act）が成立した。そしてこのときFHAが設立され、FHAによる民間住宅ローンへの保険の付与もこれにより開始された。その後の1938年にはファニー・メイが設立され、ファニー・メイは民間住宅ローンを買い取ることで市場に資金を供給し、国内の地域的資金偏在を原因のひとつとする住宅ローン需給のアンバランス、およびモーゲージ貸出原資不足の調節を行った。さらに1968年、ファニー・メイから分離独立する形でジニー・メイが設立され、ジニー・メイは1970年にファニー・メイが買取ったFHA保証付き民間住宅ローンを証券化して投資家に販売した。これがアメリカMBS市場の始まりであるが、この時期には金融自由化の進展の影で金融仲介機能の喪失（Disintermediation）が問題化し、また当時の住宅金融市場において中心的立場にあったS&Lでは預金流出が問題となるなど住宅金融の困難性も深刻化していた。そして1970年にはS&L業界の強い要望もあってフレディ・マックが設立され、このフレディ・マックは

FHA等の公的保証が付与されていない住宅ローンを条件付で買い取り、それを原資産にMBSを発行した。ファニー・メイは1971年に、フレディ・マックは1988年に完全民営化されたが、現在もGSEという立場でMBS発行およびMBSの保証業務を行っている。またジニー・メイも、MBS発行は行わなくなったものの現在でも政府機関のままMBSの保証業務をつづけている。

　このようにアメリカMBS市場は、住宅政策が国策として重要であったことや、それとは別に貸出原資不足等の住宅金融の困難性が深刻化したこともあり、民間主導というよりは政府主導で政策的に形成された。そしてその後は民間金融機関からもMBSが発行されるようになり、そのようにして現在の規模にまで拡大した。またその過程でエージェンシーやGSEが設立され、形を変えつつも現在まで残っており、これらを中心に現在も住宅金融市場やMBS市場への公的支援が強く行われている。

　ちなみにアメリカの民間金融機関等によるMBS発行額は、1977年にソロモン・ブラザーズにより初めて発行されて以降は徐々に増加し、特に1980年代以降は著しく増加した。ただし、アメリカの民間MBS発行残高は、エージェンシーMBS発行残高の3分の1程度である。それゆえアメリカでMBSといえば、従来的にはエージェンシーMBSを指すのである。

　一方のイギリスだが、第2章でも述べたように、イギリスの住宅政策はスラム・クリアランスなど公衆衛生対策の一環として19世紀に本格的に始まった。第一次世界大戦後、スラム問題や住宅不足とそれにともなう貸家の家賃高騰が深刻化すると、これにたいし政府は直接的介入としては公営住宅建設を行い、また間接的介入としては民間住宅建設にたいする補助金制度の拡充等により持家促進を図るといった対応を行った。こうしてイギリスでは、公営住宅建設と民間住宅建設による持家促進が住宅政策の中心となった。さらに1950年代以降は、イギリス住宅政策は公営住宅建設と個人持家促進政策を柱に展開された。

　ところが1980年代に保守党のサッチャー政権下で1980年住宅法が成立し、これにより公営住宅が積極的に払い下げられると、イギリス住宅政策は大きく変化した。そして持家比率が約70%と高まった1990年代以降は、個人持家

第3章　イギリスにおける住宅ローン担保証券（MBS）市場の展開

を促進する住宅政策は国の政策の中心課題から外れ、間接的介入も縮小されていった。このように、イギリスもアメリカと同様に持家促進政策は従来から重要な政策ではあったが、イギリスはアメリカのように住宅金融に関連する公的機関等を設立して直接的に介入または支援するという形式は採ってこなかった。

　なお、イギリスでは1970年代までは住宅金融組合が住宅金融市場をほぼ独占していたが、1980年代になると金融規制緩和もあり銀行等が市場に本格的に参入し、それにともない住宅金融組合の市場シェアは低下した。そして1990年代には住宅金融組合の銀行転換が急増し、（住宅金融組合からの転換組を含む）銀行が住宅金融市場の中心となるなどの変化も生じた。しかしこのような変化は、アメリカのように住宅ローンの貸出原資が急激に減少するといったような住宅金融の困難性の顕在化が生じたため起こったというわけではなく、むしろこの時期のイギリス住宅金融市場は安定的であった。そのため住宅ローン債権の証券化の必要性は生じず、また住宅金融市場への公的介入も強くはなされなかったのである。

　さらにイギリスでは、①住宅ローンのほとんどが変動金利であること、②地域的資金偏在が生じることはなかったこと、の2点も公的介入が強く行われてこなかった要因と考えられる。①については先述のとおりであるが、これにより金融機関における住宅金融の困難性、すなわち金利リスクを解除するという意味での公的介入の要請も、アメリカほど強くはならなかった。

　また②についてであるが、イギリスではアメリカのような地域的資金偏在は生じることはなかった。すなわち、イギリスにはアメリカのマクファーデン法のような規制はなく、大手金融機関の多くはイングランドおよびウェールズ全土に広範に店舗展開していた。そのため、たとえ地域的な資金偏在があったとしても、イギリスではイントラバンクで解決することが可能であった。このようなことも、イギリスで住宅金融への公的介入の要請が強くなかった要因に挙げられよう。

　ただしイギリスでは、MBSおよびMBS市場への公的介入が全く行われていないというわけではない。ごく限定的にではあるが、支援というよりは規

制という観点からの公的介入が行われている。具体的にみていくと、FSAはMBSへの個別指導を行う権限を法的に付与されている。それにおいてMBSを含むABSは、1986年金融サービス法体制下ではSPCを用いたペイスルー型のスキームを採ることで同法の適用除外（公衆にたいする勧誘の禁止）とされている。一方、銀行にたいする健全性規制の観点から、BOEはバーゼルⅠに付加する形で独自の自己資本比率基準を定め、これを通じて貸出債権の証券化にたいし踏み込んだ個別指導を行っている[44]。このようなことは、MBS市場への支援ではないものの、規制という点で市場の安定が意図されており、公的介入の一形態とみることもできなくはない。なおこの体制は、2000年金融サービス・市場法体制下で、ABSが規制対象の特定された投資物件に入る一方、従来BOEが行っていた銀行等への健全性規制はABSへの個別指導も含めFSAに移管された。

2-2 イギリスMBSの特殊性

イギリスMBSの特殊性としては、MBSの担保資産となる住宅ローンが変動金利を主流としていることが挙げられる。変動金利住宅ローンの場合、金利リスクは住宅ローンの借手が負う。そのためイギリスMBSは、金融機関にとって本来は証券化するインセンティブが高くはない性質の住宅ローン債権が証券化されたものとみることができる。

リスクという点では信用リスクの観点からも検討することができるが、イギリスの住宅ローン返済の延滞・差押え率は、他国と比べて若干高いものの、それでも通常から問題を引き起こす水準ではなかった。近年の住宅金融市場の拡大過程では、信用力の低い不安定な層を顧客として取り込んできた側面はあったものの、しかし実際に信用リスクが顕在化したことは、1980年代後半から1990年代初めのイギリス経済の不況期を除いてなかった。そのように考えると、イギリスMBSは、金利リスクのみならず信用リスクの移転という観点からも証券化するインセンティブの低い住宅ローンが証券化されたものととらえることができる。

ところで、イギリスMBSが変動金利で公的信用補完等のない住宅ローン

第3章　イギリスにおける住宅ローン担保証券（MBS）市場の展開

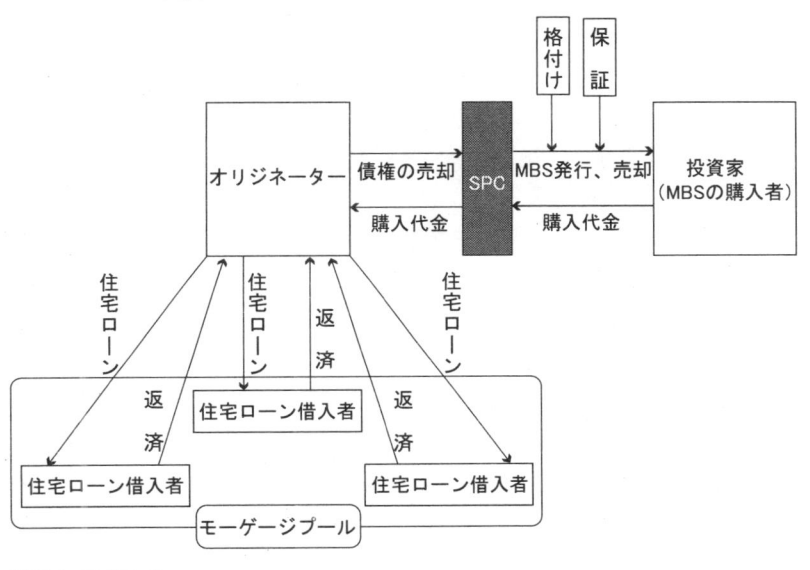

図表3－10　イギリスの代表的なMBSスキーム

〔出所〕筆者作成。

　債権を証券化したものであることから、これをアメリカのサブプライムローンから組成されたMBSと類似していると指摘される場合がある。確かにアメリカのサブプライムローンも公的信用補完等がなく、短期間の金利固定期間のあとは変動金利となる。変動金利となってから金利リスクを負うのは当然ながら借手であり、この点は一見するとイギリスと同様の構図となる。しかし、アメリカのサブプライムローンは変動金利に移行後の金利水準が非常に高いため延滞・差押え率が高く[45]、これを証券化して信用リスクを移転するインセンティブは強い。したがってアメリカのサブプライムローンから組成されたMBSとイギリスMBSは、変動金利の住宅ローンから組成されているという共通点はあるものの、基本的には性質が異なるため類似しているとはいえない。

　なお、イギリスの代表的なMBS発行スキームは、図表3－10のようなものが一般的である。具体的に述べるならば、銀行・住宅金融組合等のオリジ

ネーターは、自らの実質的な子会社で法人格を有するSPCへ住宅ローン債権を譲渡し、SPCは譲渡された住宅ローン債権を証券化して（MBSを発行して）投資家に売却する。またSPCは、住宅ローン債権を売却して得た資金を、住宅ローン債権の元々の保有者であった銀行・住宅金融組合等へ戻す。これにより銀行・住宅金融組合等では、バランスシートの資産側にあった住宅ローンが準備（現金）に置き換わる。このようにして銀行・住宅金融組合等は資金調達が完了し、調達した資金で銀行・住宅金融組合等は新たな貸出を行うことが可能となるのである。

さらに銀行・住宅金融組合等は、債権をSPCへ譲渡したあとはそれらをバランスシートから外すことが可能となり、財務体質の強化を図ることができる[46]。また自己資本比率の向上および金利リスク・信用リスクの移転なども同時に行うことが可能となるのである。

なお、イギリスMBSの大部分はペイスルー型で、変動金利が主流となっている。そしてSPCの多くはマスター・トラスト型が主流で、ケイマン諸島・チャネル諸島・マン島等のオフショアのタックス・ヘイヴンに設立されており、親会社である銀行や住宅金融組合等の保有する住宅ローン債権を証券化すること、倒産隔離（Bankruptcy Remoteness）[47]を図ることを目的に設立されているものがほとんどである。このことは特に投資家保護の観点からも重要な形式である。

またイギリスMBSには、前述のとおりアメリカMBSの大部分に施されているような公的信用補完の枠組みが構築されていない。そのためイギリスMBSの発行体は、民間保険会社が提供するモーゲージ・プール・インシュアランスに加入したり、優先劣後構造等のトランシェ分けを行ったり、場合によっては超過担保の設定をするなど、完全な民間ベースでの信用補完や信用力強化を行っている[48]。なおモーゲージ・プール・インシュアランスは、MBSの原資産である住宅ローンのうちひとつでもデフォルトした場合に保険者が被保険者にたいしカバーするという形式が主流で、カバー範囲は格付機関と相談のうえで決定する場合が多い。この場合、損失が発生すると、まずSPC等の実際のMBS発行体が親会社より供給された資本金、つぎに劣後

第3章 イギリスにおける住宅ローン担保証券（MBS）市場の展開

債権、という順で対応することになる。[49]

なおMBS発行にあたり、担保資産である住宅ローンの借入者は、自らの債務が証券化されていても不利益を蒙ることはない。銀行・住宅金融組合等は、住宅ローン債権を売却したあともサービサーとしての役割を果たすため、借入者の手間が増えることもない。そもそも借入者の債務が証券化されていることに気付かない場合がほとんどである。

おわりに

本章では、イギリスMBS市場の形成と展開、2度のMBSブーム、そしてMBSとMBS市場の特殊性について考察してきた。

世界で初めてMBSが発行されたのはアメリカで、それは1970年のことであったが、イギリスでは1987年が最初であった。アメリカでは1970年代当時、住宅ローンの貸出原資不足への対応や金利リスクの回避等が重要な課題となっており、そのような住宅金融の困難性を解除するため、国策的にMBS発行が行われるようになった。そして公的機関によるMBS発行が順調に増加すると、その成功をみた民間の金融機関もMBS発行を行うようになった。こうしてアメリカで民間MBS市場が形成されたが、これが国内で一定程度拡大すると、アメリカ投資銀行は1987年、子会社のモーゲージ・カンパニーを設立してイギリスでもMBS発行を開始した。その後のイギリスでは、経済が不況に陥る1980年代末まで、MBS市場は拡大をつづけた。

そして1990年代後半、イギリスでは再びMBS発行が活発化した。この時期にMBSを積極的に発行したのは（住宅金融組合からの転換組を含む）銀行であった。銀行がMBS発行を積極的に行った目的は、資金調達手段の多様化や自己資本比率の向上などさまざまであったが、一部の銀行においてはこれに資金調達の大部分を依存する傾向がみられるようにもなり、それもあり2003年または2004年以降には著しく発行額が増加した。そしてその多くは、イギリス国外の投資家（主にアメリカのMMF）に販売された。

また、イギリス住宅金融市場では変動金利の住宅ローンが主流である。そ

れゆえモーゲージ・カンパニーには、保有する住宅ローン債権を証券化することにより金利リスクを移転する必要性は低かった。また当時のイギリス住宅市場は安定的であり、信用リスクも高くはなかった。したがって、この時点におけるモーゲージ・カンパニーによるイギリスでのMBS発行の目的は、アメリカでの目的とは異なり、証券化業務により収益をあげることや、将来的にイギリス住宅金融市場を収益獲得の場とするための実験という意味合いが強かったと考えられた。

このようにみてくると、イギリスにおけるMBS発行は、1980年代にアメリカの民間金融機関が証券化ビジネスを国外に拡大させていく過程で開始され、そして2000年代には住宅金融の困難性を解除する機構として利用されたことのほか、イギリスの金融機関がアメリカと同様に証券化ビジネスを強化させたこともあり拡大したものであったと考えても良いかもしれない。第1章に即して換言するならば、イギリスにおけるMBS市場は、住宅金融の困難性を解除する機構としてではなくアメリカ投資銀行の新たな増殖地盤として開拓され、その後イギリスの商業銀行も同様の目的でMBS発行を増加させたことにより展開したと考えることができるのではないだろうか。

注
1) Boléat[1988]p.22.
2) この表現は、後に出てくる「第2次MBSブーム」とともに、倉橋[2007]において規定された用語を参考としている。
3) 企業財務制度研究会編[1992]490頁。
4) 2010年現在において住宅金融組合に認められている市場性資金の調達比率の上限は50%であるが、実際に調達している市場性資金は全体の30%を若干上回る程度である。
5) BOEが1980年に公表した"The measurement of capital"を指す。
6) 例えばHolmans et al.[2003]p.9.や、Boléat[1988]p.22.
7) 社債にはMBSを含む。
8) 企業財務制度研究会編[1992]491頁。
9) 高橋[2006]34頁。
10) 高橋[2006]32頁、表1。なお高橋は、木下正俊『私の「資産流動化」教室

第3章　イギリスにおける住宅ローン担保証券（MBS）市場の展開

　　―健全な市場のための資産流動化論―』を参考としている。
11）詳しくは第4章で述べるが、カバードボンドはMBSと異なりオンバランス型の証券化商品である。そのため、これを発行することにより解除される困難性は、その種類と度合いが異なる。
12）2003年に発行されたのは「ストラクチャード・カバードボンド」であった。ヨーロッパ諸国と同様のカバードボンドが発行されたのは2008年になってからであった。
13）企業財務制度研究会編［1992］502頁。
14）企業財務制度研究会編［1992］502頁、Boléat［1988］p.51。
15）海外住宅金融研究会［2000］243頁。
16）HM Treasury［2008b］p.5。
17）スピーチ内の発言（McCarthy［2008］）。
18）HM Treasury［2008］p.5。
19）BOEの統計によれば約1,120億ポンド。
20）Karley and Whitehead［2002］p.31。
21）Holmans et al.［2003］p.52. Table 8 参照。
22）住宅金融組合からの転換組みの銀行は、転換後も貸出の中心が住宅ローンである場合が多い。そのため「モーゲージ・バンク」と呼ばれることもある。
23）Holmans et al.［2003］p.13。
24）Holmans et al.［2003］pp.9-11。
25）海外住宅金融研究会［2000］244-245頁。なお海外住宅金融研究会［2000］では、この出来事をイギリス住宅金融市場の「転換点」となった出来事であると述べている。
26）新形［2009］24-27頁。
27）イギリスで発行されているABSには、MBSやCMBSのほか、将来の事業収益、自動車ローン債権、クレジットカードローン債権、リース債権、無目的ローン債権等を証券化したものもある。ただし最も発行残高が大きいのはMBSであり、これにCMBSや、将来の事業収益を担保として発行された証券（Whole Business Securitization：WBS）がつづく。WBSは、イギリスではパブ・チェーン、老人ホーム、高速道路サービスエリア、水道事業、病院事業等の将来的な事業収益を担保に証券が発行されている。WBSという点では、イギリスは世界で最も進んでいる国のひとつである。
28）図表3－8のもととなったHM Treasury［2008b］p.9. chart 1.4には"Fund manager inc money market funds"と記載されている。しかし、HM Treasury［2008b］p.8.の本文中ではこれがMMFであることが明確に

書かれているため、本書でもこれをMMFとして考察を進める。
29) 2007年以降は市場が混乱して買い手がつかなくなっているため、ここでは2004年から2006年のデータを参照する。
30) 新形[2009]24-27頁、HM Treasury[2008b]p.8.
31) Financial Services Authority[2009]p.14.
32) European Securitisation Forumの発行するSecuritisation Data Report各号では、イギリス金融機関がユーロ市場でCDO等を発行していたことは記載しているが、規模は小さい。
33) 小林・安田[2008]15頁を参考にしている。
34) 金融情報サービス提供企業のMarkit日本法人への調査によると、ビッグ・フォーなど一部の大手銀行は、国際業務展開の都合もあってFICOスコアを利用しているが、アメリカほど一般化しているとはいえない、ということであった。
35) Markit社日本法人を通じて行ったMarkitイギリス本社への調査による。
36) 2007年時点でイギリスの住宅ローン貸出残高の12.3％を占めていた。ただし世界金融危機後は、2009年時点で5.9％にまで減少した。
37) Council of Mortgage Lenders[2006a]p.8.
38) 流通市場とはいっても、そのほとんどが相対取引である。
39) GSEについて整理するならば、GSEはファニー・メイとフレディ・マックおよび連邦住宅ローン貸付銀行（Federal Home Loan Banks：FHLB）からなる。現在は民間企業であり、各社はニューヨーク証券取引所への上場企業となっているが、一般的には政府系機関と認識されている。
40) エージェンシーとは本来は政府外局を指し、住宅金融に関連するエージェンシーは厳密にいえば現在ジニー・メイのみである。しかし一般的にはGSE（ファニー・メイとフレディ・マック）もエージェンシーであると認識されているため、本稿でもそのように表記する。
41) LTVの高い住宅ローンを借入れる場合には、MPPIに加入が義務付けられる場合もある。
42) 1981年にはファニー・メイもMBS発行を開始した。
43) ただし世界金融危機下で両社は危機に陥り、現在は両社とも政府管理下に置かれている。
44) 高橋[1998]における説明を要約したものである。
45) 商品によるが、固定の時期には2％から4％だった金利が、変動金利に以降後は10％を大きく越えることも珍しくない。なおイギリスは変動金利ではあるが、通常5％から8％の範囲内に収まっている。
46) ただし、実質支配力基準（連結決算の対象範囲となる企業の範囲を定義

する際、議決権保有比率だけではなく、実質的な支配状態を考慮する考え方）によりSPCも連結対象と判断されれば、親会社の連結バランスシートではオンバランスとなる。
47）ここでいう倒産隔離とは、親会社の倒産の影響を受けてSPCの保有する債権や資産の所有権が否認され、差し押さえられることを回避する手段である。
48) Holmans et al.[2003]pp.58-59.
49) Holmans et al.[2003]pp.58-59.

第4章　イギリスにおけるカバードボンド市場の展開

はじめに

　住宅金融には多くの困難性がともなう。そして困難性を解除する手段のひとつに、住宅ローン債権を証券化して投資家へ売却することを挙げた。具体的にいえば、MBSやカバードボンドを発行する、というものであった。

　MBSはアメリカをその起源とし、1970年代から発行が始まった。一方で、カバードボンドはそれより200年前の1770年にドイツ（プロイセン）で発行され、その後は現在に至るまでヨーロッパ諸国を中心に発行が行われてきた。[1] しかし同じヨーロッパでも、イギリスでカバードボンドが発行されるようになったのは2003年からであり、また本格的にカバードボンド市場が展開したのは2008年以降のことである。すなわち、イギリスのカバードボンド市場は、まだ始まったばかりの新しい市場なのである。

　しかし現在のイギリスでは、世界金融危機後の金融市場および住宅金融市場全体の安定化を意図し、カバードボンド市場の整備が政府の後押しを受けながら進んでいる。そして金融機関もこれに沿う形でカバードボンド発行額を増加させており、このような潮流は今後のイギリス住宅金融を大きく変化させる可能性もある。

　そこで本章では、カバードボンドが活発に発行されているドイツをはじめとするヨーロッパ諸国を中心に、世界のカバードボンド市場を概観する。そしてその後、イギリスのカバードボンド市場についてヨーロッパ諸国との比較により考察を行う。

第1節　ヨーロッパのカバードボンド市場

　イギリスのカバードボンド市場の考察を行う準備という位置付けで、河村[2009]、小林・石井[2008]、林[2008]、European Covered Bond Council[2009]・[2010]等を参考に、まずは世界のカバードボンド市場の中心であるヨーロッパの同市場について概観する。

1－1　カバードボンド市場の概要

　ヨーロッパ・カバードボンド協議会（European Covered Bond Council：ECBC）によると、カバードボンドとは「住宅ローン債権や公共セクター向けローン債権等のカバープールにより担保された負債債券」とされている。実際、各国で若干のばらつきはあるものの、そのほとんどは公共セクター向けローン債権と住宅ローン債権を担保に発行されている。また、カバードボンドの性質は各国で若干異なる部分があるが、それをカバーボンドとみなすための最低限の基準は、ECBCにより「必須事項（Essential Features）」という形で示されている。そしてこれに従い、ほとんどのカバードボンドはヨーロッパの大手銀行等により発行されている。またこれへの投資家は、主にヨーロッパの機関投資家となっている。

　カバードボンドは、金融市場では特に信用力が高い証券化商品と認識されている。その理由には、詳しくは後述するが、多くの発行国において定められている特別法のもとで、発行体が信用力の高い大手銀行等に限定されていることや、EU独自の自己資本比率規制である資本要求指令（Capital Requirements Directive：CRD）等により、担保資産の種類や質が厳格に規定されていることなどが挙げられる。そのためカバードボンドは、通常は投資家に国債並みの安全資産と認識されており、実際にそのほとんどが格付機関からAAAを取得している。European Covered Bond Council[2008]により具体的にみると、カバードボンドの90％以上は代表的な格付機関から

第4章　イギリスにおけるカバードボンド市場の形成と展開

図表4－1　格付機関によるカバードボンドのデフォルト率

(単位:%)

	S&P (1981-2009)	Moody's (1983-2009)	Fitch (1991-2009)
AAA/Aaa	0.00	0.00	0.01
AA/Aa	0.02	0.02	0.08
A/A	0.08	0.06	0.13
BBB/Baa	0.26	0.20	0.58
BB/Ba	0.97	1.21	1.49

〔出所〕European Covered Bond Council[2010]p.92.

AAAの格付を得ており、またEuropean Covered Bond Council[2010]によると、1980年代または1990年代から2009年までのデフォルト率は、投資適格債として最も格付けの低いBBBであっても0.20%〜0.58%であり、AAAであればほぼ0%となっている（図表4－1）。

　このようなカバードボンドの高い信用力は、発行体には低コストでの資金調達を可能とさせ、また投資家には国債並みの低リスク資産へ投資しながら国債よりも（若干ではあるが）高金利を得ることを可能とさせる。このような背景もあり、カバードボンド発行額は特に1990年代後半以降にヨーロッパを中心に増加し、2009年末までにヨーロッパ約30ヶ国から約2.4兆ユーロ[2]のカバードボンドが発行された（図表4－2）。この時期のヨーロッパにおけるMBS発行残高が約1兆ユーロ[3]であったことを考慮すると、カバードボンドはヨーロッパではMBSより一般化した証券化商品であったといえる。

　なお、カバードボンドは国ごとに呼称が異なるが、代表的なものとしてはドイツの「ファンドブリーフ」、スペインの「セデュラス・イポテカリアス」、フランスの「オブリガシオン・フォンシェール」等がある。

　ところで、ヨーロッパの金融機関等が積極的にカバードボンドを発行した目的には、資金調達以外にもさまざまに指摘されている。その主なものとしては、①資金調達手段の多様化、②負債の平均年限の長期化、③資産と負債のマッチングの最適化、④資金調達先の多様化、の4点である[4]。2000年代に

図表4－2　カバードボンド発行残高とシェア（2009年）

（単位　残高：100万ユーロ、シェア：%）

国　名	発行残高	シェア
ドイツ	719,460	30.1
スペイン	352,780	14.8
デンマーク	326,765	13.7
フランス	289,234	12.1
イギリス	204,535	8.6
スウェーデン	133,903	5.6
ノルウェー	52,291	2.2
スイス	46,283	1.9
ルクセンブルク	31,645	1.3
オランダ	28,367	1.2
その他	204,354	8.6
合　計	2,389,617	100.0

注）ECBE加盟国でシェア1％以上の国のみ抜粋。
〔出所〕European Covered Bond Council[2009].

はヨーロッパ各国で住宅ローン貸出額が増加し、一方でその資金調達源としてリテール預金以外に市場性資金の重要性も増していたことを考えると、上記の①資金調達手段の多様化と④資金調達先の多様化は、特に住宅ローンの貸出を行っていた金融機関において強い要因となったと考えられる。

　ヨーロッパのカバードボンド市場について、European Securitisation Forum[2009a]、European Covered Bond Council[2009]、河村[2009]を参考に詳しくみていくと、ヨーロッパ最大（世界最大）の発行残高を有する国はドイツである（図表4－2）。2008年末のドイツのファンドブリーフ発行残高は7,000億ユーロを超え、ヨーロッパ全体の発行残高の30.1％を占める。そしてスペインが約3,500億ユーロ（同14.8％）、デンマークが約3,300億ユーロ（同13.7％）、フランスが3,000億ユーロ（同12.1％）とつづく。これにたいしてイギリスは2,000億ユーロ（同8.6％）となっている。カバードボンド以

第4章　イギリスにおけるカバードボンド市場の形成と展開

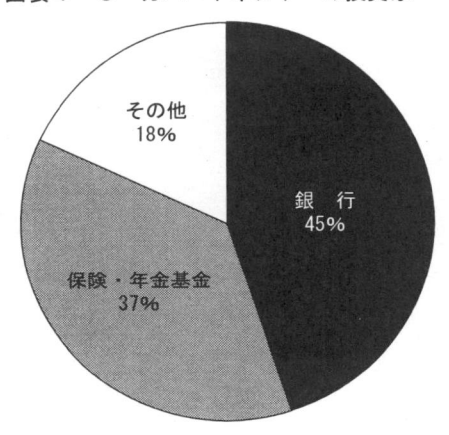

図表4－3　カバードボンドへの投資家

- その他 18%
- 銀行 45%
- 保険・年金基金 37%

〔出所〕Bank for International Settlements[2007]p.47.

外の証券化商品の発行残高約6,150億ユーロであり、ヨーロッパにおけるシェアが40.1%[5]と最も高いイギリスは、カバードボンド市場においては存在感がそれほど高くはないのである。

つぎにカバードボンドの発行体と投資家についてであるが、ほとんどのカバードボンドの発行体は、各国のカバードボンドに関する根拠法（カバードボンドに関する特別法、または一般法内の特別規定）により限定されている。大抵は大手銀行や専門金融機関で、しかも信用力の高い大手に限られていることが多い。またカバードボンドへの投資家についてみていくと、主な投資家は機関投資家である。Bank for International Settlement[2007]は、発行残高のうち45%が銀行、37%が保険・年金基金、18%がその他の保有としている（図表4－3）。なおその他に関しては、European Covered Bond Council[2009]において、一定以上の発行規模と条件をクリアしたベンチマーク・カバードボンドの39%が投資ファンドによる保有であることが明らかにされていることから、これも投資ファンドが中心と推測できよう。ベンチマーク・カバードボンドとは、①発行規模が10億ユーロ以上、②固定利付きのブレット債（満期一括償還方式の債権）、③ユーロ建て、④固定金利、などの条件を

満たすものである。

　ところで、カバードボンドといっても大きくは２種類に分けられる。ひとつは、各国のカバードボンドに関する根拠法にもとづき発行される伝統的なカバードボンドである。2010年７月時点において、ヨーロッパでは25ヶ国（周辺国も含めると約30ヶ国）で根拠法が整備されており（図表４－４）、カバードボンドといえば通常はこちらを指す。もうひとつは、根拠法なしに発行される非伝統的なカバードボンドである。これは、証券化スキームや個別契約等により伝統的なカバードボンドに近い性質を持たせて発行されていたもので、厳密にいうとカバードボンド類似の債権である。これをあえて伝統的なカバードボンドと区別する場合には「ストラクチャード・カバードボンド」と表現される。この分類は公式に定義されたものではないが、カバードボンド市場では必要に応じて用いられている。ただし特別な理由がない限り、両者は市場では区別なく扱われる。

　なお、ストラクチャード・カバードボンドはごく一部の国で発行されているにすぎず、カバードボンドに比べて発行残高もずっと少ない。ただしフランスなど一部の国では、根拠法にもとづく伝統的なカバードボンドとは別に、あえて根拠法にもとづかないストラクチャード・カバードボンドも発行されている。ちなみにアメリカでは2006年に初めてストラクチャード・カバードボンドが発行されたが、規模は少額であり、現在までの発行残高もそれほど増加していない。

　このようなカバードボンドの担保資産に関して、ECBC加盟国の2009年末時点における状況を詳しく分類したのが図表４－５である。これによると、カバードボンドのうち住宅ローン債権を担保とするもののシェアが67.3%と最も高い。つぎに高いのは公共セクター向けローン債権を担保とするもので29.1%である。なおこの２種類を合わせると96.4%となる。公共セクター向けローン債権を担保とするカバードボンドは、（フランスやアイルランド、ルクセンブルク等でも少額だが発行されているものの）ほとんどがドイツで発行されたものである。ちなみに2009年にドイツで発行されたカバードボンドは、その67.6%が公共セクター向けローン債権を担保としたものであった[7]。また、

第4章　イギリスにおけるカバードボンド市場の形成と展開

全体の0.6％ではあるが、ドイツとデンマークでは船舶向けローン債権を担保とするカバードボンドが発行されている[8]。ただし、イギリスも含め、船舶向けローン債権を担保とするカバードボンドの発行が法的に認められている国は多数存在する。

　ところで、2005年以降のヨーロッパのカバードボンド市場では、公共セクター向けローン債権を担保とするカバードボンドの発行額が急速に減少した。そしてこの傾向は2011年に入ってもつづいている。図表4－5より具体的にみると、2003年末にはヨーロッパのカバードボンドの約60％が公共セクター向けローン債権を担保としたものであったが、2008年末には約30％にまで減少した。これは、単純に住宅ローン債権を担保とするカバードボンドの発行額が増加したことにもよるが、より大きいのはドイツで公共セクター向けローン債権を担保とするカバードボンドの発行額が減少したことである。これは、2005年にそれまで公共セクター向けローン債権を担保にカバードボンドを発行していた州立銀行に与えられていた担保資産への州政府保証が廃止されたため、それまで州政府保証がなされていたことによってカバードボンドの適格担保とされていた債権そのものが減少したことが原因として大きい[9]。

　また、発行規模別にみるとジャンボ債の発行シェアが高い。ジャンボ債とは、カバードボンドのうち①発行規模が10億ユーロ以上、②取引所上場、③3つ以上の金融機関によりマーケット・メイクがなされている、等の条件を満たすものである。このようなジャンボ債は、規格化と大規模化により、特に流通市場における流動性向上や大口投資家の呼込みを意図し、1995年にドイツのファンドブリーフ法改正時に導入されたものである。導入以降、数年間はドイツでのみ発行されていたジャンボ債であったが、その後スペイン、ポルトガル、ノルウェー等でも発行されるようになった。そして、2005年以降は（件数ベースでは非ジャンボ債の方が多いが）新規発行額および残高ベースでは非ジャンボ債を上回り、（2008年のリーマン・ショック直後をのぞき）現在ではヨーロッパを中心に広く一般化している。

　つぎに発行通貨別にみると、ユーロ建ての発行が最も多い。これについては、主要発行国のほとんどがユーロ圏にあり、流通市場取引もユーロ圏内で

図表4-4 カバードボンドに関する特別法の例

概　要	ドイツ（Pfandbriefe）
発行者	特別な許可を受けた信用機関
債権保有者は信用機関にたいしリコースできるか	直接リコース可
カバー資産の保有者	発行者
発行者は原資産のオリジネーターか	Yes
フレームワーク	
特別なカバードボンドを管理する特別な法規制があるか	有　る
カバードボンド発行者の倒産に関する法的フレームワーク	一般破産法に代わる特別法的フレームワーク
カバー資産	
カバープールに含まれる資産の種類	公的セクター向けローン、住宅ローン、船舶ローン、航空機ローン、信用機関へのローン
公的部門資産の地理的範囲	国内、国際開発金融機関（Multilateral development banks）、EEA、スイス、アメリカ、カナダ、日本
住宅ローン資産の地理的範囲	国内、EEA、スイス、アメリカ、カナダ、日本
カバードボンドの特別な情報開示義務	有　り

〔出所〕 European Covered Bond Council[2009]，European Covered Bond Councilホ

第 4 章　イギリスにおけるカバードボンド市場の形成と展開

スペイン（Ceduras）	イギリス（Regulated Covered Bonds）
信用機関 特定の信用機関	信用機関
直接リコース可	直接リコース可
発行者	カバードボンドを保証する特別目的媒体（SPE）。しかしながら、カバー資産は国際会計基準に従い、発行者のバランスシートに計上される。
Yes	Yes
有　る	有　る
一般破産法、一般破産法に代わる特別法的フレームワーク。	一般破産法、一般破産法に代わる特別法的フレームワーク。
住宅ローン	公的セクター向けローン、住宅ローン、シニアMBSから組成されたグループ（RMBSは、AAAであり発行者の属するイギリス籍信用機関により発行されたもの）、船舶ローン、信用機関へのローン、住宅ローンを除く住宅協会へのローン、PPI、PFIへの貸出。
EEA（一部はEU加盟国に限る）	国内、EEA、スイス、アメリカ、カナダ、日本、ニュージーランド、オーストラリア、その他。
EEA（一部はEU加盟国に限る）	国内、EEA、スイス、アメリカ、カナダ、日本、ニュージーランド、オーストラリア、その他。
有　り	有　り

ームページより作成。

図表4-5　ヨーロッパの発行済みカバードボンドの分類

金　額　　　　（単位：100万ユーロ）

〈担保債権別〉	2003	2004	2005	2006	2007	2008	2009
公共セクター	869,714	858,645	869,924	884,038	858,947	774,670	691,430
住宅ローン	584,148	643,687	745,455	923,289	1,069,825	1,407,311	1,600,465
船舶	10,087	9,542	10,586	11,341	12,167	16,327	15,151
混合資産	34,530	41,350	50,040	61,930	80,097	80,631	72,572
〈規模別〉	2003	2004	2005	2006	2007	2008	2009
ジャンボ債	682,671	745,862	838,717	966,788	1,048,538	1,150,386	1,234,192
非ジャンボ債	805,112	796,612	837,289	913,810	972,497	1,128,552	1,155,426
〈募集方式別〉	2003	2004	2005	2006	2007	2008	2009
公募	1,000,452	987,572	1,137,239	1,218,626	1,476,274	1,698,874	1,769,705
私募	391,136	446,011	450,067	477,974	515,748	543,883	565,183
〈通貨別〉	2003	2004	2005	2006	2007	2008	2009
ユーロ建	1,212,927	1,252,336	1,336,544	1,326,319	1,556,014	1,650,815	1,670,832
自国通貨建	230,395	242,569	277,273	342,495	362,347	511,987	610,036
他通貨建	44,461	47,568	62,178	57,181	102,674	116,134	108,033
〈金利形態別〉	2003	2004	2005	2006	2007	2008	2009
固定金利	1,241,913	1,261,062	1,378,893	1,500,402	1,724,780	1,735,814	1,751,250
変動金利	155,423	177,148	177,237	201,488	251,701	498,935	512,796
その他	24,578	25,313	27,225	20,098	31,688	31,921	23,270
合計	1,498,533	1,553,224	1,676,006	1,880,598	2,021,035	2,278,938	2,389,618

〔出所〕European Covered Bond Council[2009]p.383.より作成。

行われることが多いのが理由としては最も大きいと考えられる。ただしEuropean Covered Bond Council[2007a]は[10]、ヨーロッパの金融機関は2000年前後よりドル建ての発行額を増加させており、ドルの大半はヨーロッパの銀行に預金されているユーロ・ダラーであるとしている。また、ユーロ・ダラー建てカバードボンドは、地理的にはアジア諸国に約40～50％、ヨーロッパ諸国には約30～50％保有されており、投資家別にみればその大部分（約70～90％）が各国中央銀行に保有されている。このような点は、各国中央銀行

第4章　イギリスにおけるカバードボンド市場の形成と展開

	シェア					（単位：％）
2003	2004	2005	2006	2007	2008	2009
58.0	55.3	51.9	47.0	42.5	34.0	29.1
39.0	41.4	44.5	49.1	52.9	61.8	67.3
0.7	0.6	0.6	0.6	0.6	0.7	0.6
2.3	2.7	3.0	3.3	4.0	3.5	3.0
2003	2004	2005	2006	2007	2008	2009
45.9	48.4	50.0	51.4	51.9	50.5	51.6
54.1	51.6	50.0	48.6	48.1	49.5	48.4
2003	2004	2005	2006	2007	2008	2009
71.9	68.9	71.6	71.8	74.1	75.7	75.8
28.1	31.1	28.4	28.2	25.9	24.3	24.2
2003	2004	2005	2006	2007	2008	2009
81.5	81.2	79.7	76.8	77.0	72.4	69.9
15.5	15.7	16.5	19.8	17.9	22.5	25.5
3.0	3.1	3.7	3.3	5.1	5.1	4.5
2003	2004	2005	2006	2007	2008	2009
87.3	86.2	87.1	87.1	85.9	76.6	76.9
10.9	12.1	11.2	11.7	12.5	22.0	22.4
1.7	1.7	1.7	1.2	1.6	1.4	1.0
100	100	100	100	100	100	100

が外貨準備の運用先としてドル建てカバードボンドへ投資している面をあらわしているとも指摘されている[11]。ちなみに、ヨーロッパの金融機関はドルに限らずスイス・フランやポンドおよび円建ての発行も行っており、これらもその多くが主に国内外の中央銀行等による保有となっている。

　そのほか募集方式では公募が全体の70％を大きく超えて主流となっており、また金利形態は固定金利が主流である。ちなみにカバードボンドの償還期間（満期）は、European Covered Bond Council[2007a]によればデンマークや

ルクセンブルクといった例外を除いて一般的には 6 年から10年が主流となっている[12]。ただし、最大発行国のドイツでは償還期間が比較的短いものが多く、発行済みカバードボンドの80％以上が満期 5 年以下となっている。

また、カバードボンドは現在は流通市場が整備されて活発に取引されているが、従来的には電話を利用した相対取引が主流であった。しかし2000年代には、市場流動性の高いジャンボ債の導入と発行額の増加、そしてITの発達もあり、マルチディーラー・プラットフォームのTrade web、Bloomberg Trading（ブルームバーグ提供）、Euro Credit MTS、Bond Vision、Eurex Bond、またはシングルディーラー・プラットフォームのBarx（バークレイズ提供）やAutobahn（ドイツ銀行提供）等を介して行われる取引も活発化した。Verband Deutscher Pfandbriefbanken[2006]は、2006年時点では相対取引が60％、プラットフォーム経由の取引が40％であったとしているが[13]、それ以前からプラットフォーム経由の取引量が急速に増えていることから、現在ではプラットフォーム取引の方が多くなった可能性が高い。

1－2　カバードボンドの特徴

カバードボンドをMBSと比較すると、つぎの 3 点が特徴的な違いとして挙げられる。すなわちカバードボンドは、①オンバランス型証券化商品であること、②二重リコース型証券であること、③一定条件を満たしたカバードボンドはEU独自の金融規制上で優遇措置が講じられていること、である。

まず①のオンバランス型である点について述べると、一般的なMBS発行の場合、金融機関はもともと自らのバランスシートの資産側にあった住宅ローン債権をオフバランスのSPC等に譲渡し、SPC等はそれらを担保にMBSを発行する。しかしカバードボンドの場合、一部の例外を除き、これを発行するのは担保資産を直接保有している金融機関である。またカバードボンドの場合、担保資産と発行されたカバードボンドの両方が発行体のバランスシート上に残ることになる（図表 4 － 6 ）。このような点が、カバードボンドがオンバランス型証券化商品とされる理由であり、MBSとの大きな相違点である。

このようなことは、リスク・マネジメントの観点から大変重要な意味を持

図表4-6　MBSとカバードボンドの発行イメージ

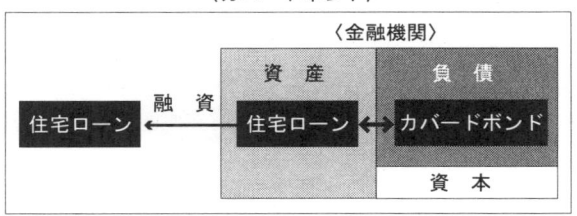

〔出所〕小林・石井[2009]43頁を一部変更。

つ。すなわち、カバードボンドもMBSも、証券化される前のローン債権段階では金利リスク、信用リスク、期限前償還リスク等の困難性がある。しかしそれがMBSの担保資産となる場合、それらリスクの多くは証券化される過程で投資家等に移転される。一方、住宅ローン債権がカバードボンドの担保資産となる場合、リスクの多くが他に移転されることはない。そのため、カバードボンドの発行体は担保資産の質を高く維持し、また積極的にリスクを管理する必要がある。加えて、各国のカバードボンドに関する根拠法では、担保資産にたいして専門機関による監査が必要とされたときには、いつでも監査を受けなければならないこととなっており、監督機関等は必要に応じて担保資産の入替えを指示する権限を付与されている場合が多い。このように、

カバードボンドがオンバランス型証券化商品であることによって、証券化商品に内在するリスクはさまざまな形で低減する方策が施されている。換言すれば、このような方策により、カバードボンドは投資家保護の色合いが濃く、それゆえ投資家から高い信用を得ているのである。ただし、これにより金融機関において、住宅金融の困難性を解除する機構としての証券化の働きが弱まることは否めない。

　なおカバードボンドにおいては、2007年夏以降の世界的な金融危機の背景にあったと指摘されているモラル・ハザードの発生は抑制されると考えられる。ここでいうモラル・ハザードとは、主にオフバランス型証券化商品において発生した、証券化およびその後の売却を前提とした証券化モデル（OTDモデル）や、それに起因するハイリスクのローン債権（サブプライムローン等）の過大な証券化等を指す。カバードボンドにおいてこのようなモラルハザードが抑制されるのは、カバードボンドはそもそもハイリスク債権を担保とする組成ができず、またたとえそのような債権を証券化してもオフバランス化できないため自らのバランスシート上に抱えることとなり、証券化してもメリットよりデメリットの方が大きくなるからである。

　つぎに②の二重リコース型であることについてみていくと、カバードボンドへの投資家は、万が一発行体の破綻やカバードボンドのデフォルトが発生した場合には、カバープールと発行体の双方にたいして遡及（リコース）ができる（Dual Recourse）。すなわちカバードボンドへの投資家は、カバープールにたいする優先弁済権と、残余資産にたいする一般債権者と同順位での請求権を有している[14]。これがMBSの場合であれば、現実的にはカバープールにしかリコースができない（Single Recourse）。このようなカバードボンドの二重のリコース権は、もしもの場合に投資家が負う損失をMBSと比べ軽いものにする。なお、カバードボンドはこのような二重リコース権が設定されているため、特に民間で発行されているMBSに施されているような優先劣後構造による信用補完構造にはなっていないことが一般的である。

　ところで上記の①および②は、主にカバードボンドへの投資家にたいするメリットである。しかし裏返せば、これは発行体にとって発行コストおよび

第4章 イギリスにおけるカバードボンド市場の形成と展開

その後の維持管理コストの上昇要因となり、結果として支払可能金利の低下を招き、それにより投資家の投資意欲を低下させる可能性もある。このように考えると、カバードボンドの発行は、発行時には低コストで有利な資金調達手段ではあるが、しかし発行後のコスト次第では一概に有利なものとは言い切れない部分もある。さらに、カバードボンドがオンバランス型証券化商品であることは、発行体からみればバーゼルⅡをクリアするという点においてはプラスに作用しない。このような点は、オンバランス型証券化商品の発行が進んでいたアメリカやイギリスで、カバードボンド市場がこれまで進展してこなかった最大の要因となっていた可能性がある。

そして③のEUにおける優遇措置についてであるが、European Covered Bond Council[2009]および林[2008]を参考にまとめると[15]、EUでは、カバードボンドの質に関する基準を「投資信託指令（Undertakings for Collective Investment in Transferable Securities Directive：UCITS指令）」で規定している。またUCITS指令では、これにおいて適格としている投資信託が単独発行体の発行する譲渡可能証券へ投資する場合、その上限を総資産の5％までと制限している（UCITS指令第22条1項）。しかし、その質を厳しく規制しているUCITS指令第22条4項を満たすカバードボンドに限り、投資上限は同25％に引き上げられる。実際に引上げを行うには当事国の金融監督当局が事前にEU当局へその旨を通知する必要があるが、同条項を満たすほとんどのEU加盟国はこの通知を行い引上げ措置を受けている。また保険会社も、UCITS指令第22条4項を満たすカバードボンドへ投資をする場合、「EU生命保険および損害保険指令（EU Directives on Life and Non-Life Insurance）」により、同条項を満たすカバードボンドに限り総資産の40％まで投資することが認められている。

さらにEU加盟国は、前述のCRDで規定されている条件を満たすカバードボンドを保有する場合、これを資産として保有する際のリスク・ウェイトを20％から10％に引き下げている。その条件とは、①UCITS指令第22条4項を満たし、②担保資産が明確に定義され、かつ質の高い資産プールで構成され、③ある種の担保資産に関しては別途の制約が確立されており、④（住宅

ローン債権が担保資産の場合）担保資産の評価やモニタリングにおいて一定条件を満たしている、の4点である[16]。このように、一定条件を満たしているカバードボンドの場合、EUでは優遇措置が複数設けられており、それにより発行体においてはカバードボンドを発行するメリットが高まり、また投資家においては投資意欲が高まるのである。なお、MBSにはEUによるこのような優遇措置は設けられていない。これは、ヨーロッパおよびその周辺国の金融市場ではMBSが一般化していないことを、逆にいえばカバードボンドが一般化していることを示していると考えられよう。

　ちなみにバーゼルIIの標準的手法では、銀行が資産側のバンキング・アカウントにカバードボンドを保有する場合、リスク・ウェイトは根拠法にもとづくものであれば10%に下げられており、そうでなければ20%とされている。ちなみにMBSの場合、アメリカのエージェンシーMBSは別として、民間金融機関発行のMBSであれば、シニア部分かメザニン部分のAA$^-$以上の格付けであれば20%である。また、住宅ローン債権をそのまま資産勘定に残している場合のリスク・ウェイトは35%である。

第2節　イギリスのカバードボンド市場

　ここからはイギリスのカバードボンド市場について考察するが、まずはイギリスにおいてカバードボンド市場が形成された2003年から、大きな変化が起きる前年の2007年までの展開を考察する。その後、2008年以降の変化について考察する。

2-1　カバードボンド市場の形成

　イギリスで初めてカバードボンドが発行されたのは2003年で、それはHBOS[17]が50億ユーロのストラクチャード・カバードボンドを発行したことによる[18]。それ以降、ノーザンロックとブラッドフォード・アンド・ビングレーが共同でストラクチャード・カバードボンドを発行するなど、ほかの一部の金融機

第 4 章　イギリスにおけるカバードボンド市場の形成と展開

関でもこれに追随する動きがあり、イギリスのストラクチャード・カバードボンド発行額はわずかではあったが増加した。

　European Covered Bond Council[2010]によると、2007年末時点のイギリスのカバードボンド発行残高は約820億ユーロ（約580億ポンド）であった（図表4－7）。このことから、イギリスのカバードボンド発行残高は、発行が開始されて以降4年間で11倍以上に増加したことがわかる。ただし前述のとおり、イギリスにおけるカバードボンド発行残高は、ヨーロッパ全体からみれば大きい方とはいえない。European Mortgage Federation[2009]によれば、カバードボンド発行残高の名目GDPに占める割合をみても、2007年末時点でドイツが約37％、スペインが約27％、フランスが約11％となっているが、イギリスは約4％である[19]。カバードボンドの発行が活発な諸国と比較するとイギリスの水準は低い。このようなことから、イギリスのカバードボンド市場は2007年末時点ではまだ発展の途上にあったことがわかる。

　一部確認になるが、イギリスのカバードボンド市場の発展が進まなかった主な要因にはつぎの2点が挙げられる。すなわち、①住宅ローン債権の証券化としてはMBSが主流となっていること、②カバードボンドに関する特別法が整備されていなかったこと、である。②の特別法については次節で詳しく述べることとし、ここでは①のMBSとの関連について詳しく検討する。

　イギリスで初めてMBSが発行されたのは1987年であった。一方、イギリスを除くヨーロッパ諸国では、イギリスでMBSが初めて発行された1987年の約200年前からカバードボンドが発行されていた。現代的なカバードボンドはドイツのファンドブリーフが起源とされるが、しかしドイツで本格的にファンドブリーフの発行額が増加し、それが世界的に認知されるようになったのは、1995年のジャンボ債の導入以降であった。すなわち、ジャンボ債の導入によりファンドブリーフは市場流動性が増し、投資家も多様化・多国籍化した。さらにこの時期のITの進歩により電子取引システムが構築され、取引に掛かる手間が減った。さらにユーロ導入以降を意識し、この時期にはファンドブリーフと同様の証券、すなわちカバードボンドを発行することができるよう、ヨーロッパ各国で根拠法の整備が進んだ[20]。こうして「ドイツのフ

図表4−7　イギリスのカバードボンド発行残高・新規発行額

金　額　　　　　（単位：100万ユーロ）

発行残高	2003	2004	2005	2006	2007	2008	2009
〈担保債権別〉							
公共セクター	0	0	0	0	0	0	3,439
住宅ローン	5,000	14,959	26,778	50,548	81,964	204,278	201,096
船　舶	0	0	0	0	0	0	0
混合資産	0	0	0	0	0	0	0
〈規模別〉							
ジャンボ債	5,000	14,250	23,250	43,750	61,000	60,689	60,750
非ジャンボ債	0	709	3,528	6,798	20,964	143,589	143,785
〈募集方式別〉							
公　募	5,000	14,959	26,778	50,548	81,964	204,278	204,535
私　募	0	0	0	0	0	0	0
〈通貨別〉							
ユーロ建	5,000	14,250	24,384	44,884	69,672	76,697	70,683
自国通貨建	0	0	2,335	3,127	4,704	118,937	125,491
他通貨建	0	0	0	2,536	7,588	8,664	8,361
〈金利形態別〉							
固定金利	5,000	14,959	24,689	48,467	76,515	78,613	71,668
変動金利	0	0	2,089	2,081	4,563	125,505	132,867
その他	0	0	0	0	886	160	0
新規発行額	2003	2004	2005	2006	2007	2008	2009
〈担保債権別〉							
公共セクター	0	0	0	0	0	0	3,439
住宅ローン	5,000	9,959	11,819	23,770	31,874	121,030	30,431
船　舶	0	0	0	0	0	0	0
混合資産	0	0	0	0	0	0	0
〈規模別〉							
ジャンボ債	5,000	9,250	9,000	20,500	17,250	0	3,750
非ジャンボ債	0	709	2,819	3,270	14,624	121,030	30,120
〈募集方式別〉							
公　募	5,000	9,959	11,819	23,770	31,874	121,030	33,870
私　募	0	0	0	0	0	0	0
〈通貨別〉							
ユーロ建	5,000	9,250	10,134	20,500	24,788	7,763	5,535
自国通貨建	0	709	1,626	745	1,841	113,267	28,335
他通貨建	0	0	60	2,525	5,245	0	0
〈金利形態別〉							
固定金利	5,000	9,959	9,730	23,770	28,424	2,618	3,750
変動金利	0	0	2,089	0	2,564	118,253	30,120
その他	0	0	0	0	886	159	0

〔出所〕European Covered Bond Council〔2010〕p.402.より作成。

第4章　イギリスにおけるカバードボンド市場の形成と展開

			シェア		(単位：%)	
2003	2004	2005	2006	2007	2008	2009
0.0	0.0	0.0	0.0	0.0	0.0	1.7
100.0	100.0	100.0	100.0	100.0	100.0	98.3
0.0	0.0	0.0	0.0	0.0	0.0	0.0
0.0	0.0	0.0	0.0	0.0	0.0	0.0
100.0	95.3	86.8	86.6	74.4	29.7	29.7
0.0	4.7	13.2	13.4	25.6	70.3	70.3
100.0	100.0	100.0	100.0	100.0	100.0	100.0
0.0	0.0	0.0	0.0	0.0	0.0	0.0
100.0	95.3	91.1	88.8	85.0	37.5	34.6
0.0	4.7	8.7	6.2	5.7	58.2	61.4
0.0	0.0	0.2	5.0	9.3	4.2	4.1
100.0	100.0	92.2	95.9	93.4	38.5	35.0
0.0	0.0	7.8	4.1	5.6	61.4	65.0
0.0	0.0	0.0	0.0	1.1	0.1	0.0
2003	2004	2005	2006	2007	2008	2009
0.0	0.0	0.0	0.0	0.0	0.0	10.2
100.0	100.0	100.0	100.0	100.0	100.0	89.8
0.0	0.0	0.0	0.0	0.0	0.0	0.0
0.0	0.0	0.0	0.0	0.0	0.0	0.0
100.0	92.9	76.1	86.2	54.1	0.0	11.1
0.0	7.1	23.9	13.8	45.9	100.0	88.9
100.0	100.0	100.0	100.0	100.0	100.0	100.0
0.0	0.0	0.0	0.0	0.0	0.0	0.0
100.0	92.9	85.7	86.2	77.8	6.4	16.3
0.0	7.1	13.8	3.1	5.8	93.6	83.7
0.0	0.0	0.5	10.6	16.5	0.0	0.0
100.0	100.0	82.3	100.0	89.2	2.2	11.1
0.0	0.0	17.7	0.0	8.0	97.7	88.9
0.0	0.0	0.0	0.0	2.8	0.1	0.0

133

ァンドブリーフ」は、1990年代後半には「ヨーロッパのカバードボンド」へと一般化し、また市場も急速に拡大した。

ただし、ヨーロッパでカバードボンド市場が展開した時期は、イギリスMBS市場の展開した時期でもあった。換言すれば、イギリスにおける住宅ローン債権の証券化手段としては、1987年以降はカバードボンドとMBSというふたつがあったのである。しかし現実からみれば、イギリスでは多くの金融機関がMBS発行を選好したため、MBS市場については拡大したものの、カバードボンドについては発行額の増加と市場の拡大は限定的だった。

ところでこの時期のイギリスでは、金融機関側からのカバードボンドに関する特別法の整備に関する要請も強いものではなかった。これは、イギリスの法体系が慣習法体系であることも一因であると考えられる。これについては第3章で詳しく述べたが、新種の金融商品を開発・販売する際に新たに立法を必要とする大陸法体系と異なり、イギリス法が属する慣習法体系にはそれが必要とされない。そのためイギリスでは、根拠法がなくともストラクチャード・カバードボンドという形での発行が可能であった。このようなことからも、イギリスでは法整備への要請は強くはならなかったと考えられる。

なお第3章でも述べたとおり、高橋[2006]によれば、カバードボンド市場が拡大しているフランスで1991年に、ドイツでは1995年にMBS発行が開始された[21]。またAdams[2004]によれば、1991年にはこちらもカバードボンド市場が拡大しているスペインにおいて、MBS発行が開始された[22]。しかし、2010年6月時点におけるドイツおよびフランスのMBS市場は依然として小さく、スペインは一定程度MBS市場が拡大しているが、それでもイギリスと比較すればずっと小さい。このようなことは他のヨーロッパの諸国にも当てはまる。この理由については、各国の貯蓄率や住宅ローンの金利形態により説明されることもあるが、現実的には経路依存性（Path Dependency）による部分が大きいと考えられる。

イギリスのストラクチャード・カバードボンドについてより詳しく述べると、通常のカバードボンド発行のスキームでは担保資産は発行後も発行体のバランスシート上に残る。しかし、このようにバランスシート上に担保資産

を計上したまま担保権を設定するには、発行体の破綻（破産）時には別除権を確保されるスキーム（資産分離）が必要となり、そのため通常はカバードボンドに関する特別法を設け、別除権が破産法に優越するスキームを形成する。いわばこれがカバードボンドに関する特別法が必要な理由でもあるのだが、しかしイギリスで初めて発行されたHBOSによるストラクチャード・カバードボンドは特別法にもとづくものではなく、イギリス契約法を基礎とした通常とは異なるスキームで発行された。これは大陸法体系のヨーロッパ諸国では不可能なことであったが、慣習法体系のイギリスでは可能であった。そしてHBOSの発行したこのストラクチャード・カバードボンドが格付機関から高格付けを得たこともあり、特別法にもとづかないストラクチャード・カバードボンドであっても金融商品としての信頼感が高まり、イギリス以外の国（例えばオーストリア）でも発行されるようになった。ただし前述のとおり、ストラクチャード・カバードボンドは現在においても一部の国でのみ発行されているにすぎず、発行残高も少ない。

なお、イギリスでは2007年末までストラクチャード・カバードボンドが発行されていたが、そのスキームおよび特徴はHBOSの発行以後は徐々に変化し、つぎのようなものが一般的となっていた。すなわち、住宅ローン債権の保有者（住宅ローンを貸出した金融機関）がストラクチャード・カバードボンドの発行体となる一方、担保資産は住宅ローン債権の保有者が設立した有限責任事業組合（Limited Liability Partnership：LLP）形態のSPCに譲渡し、LLPは万が一の場合にはストラクチャード・カバードボンドを保証するという形式であった[24]（図表4－8）。ちなみにLLPは発行体の100％子会社であるため、担保資産は発行体のバランスシート上に残る。このようなスキームは現在も一定程度引き継がれており、そのためイギリスのカバードボンドは、つぎにみるように根拠法が整備された現在においても新種のカバードボンドとみられている。

図表4－8　イギリスの代表的なカバードボンド発行スキーム

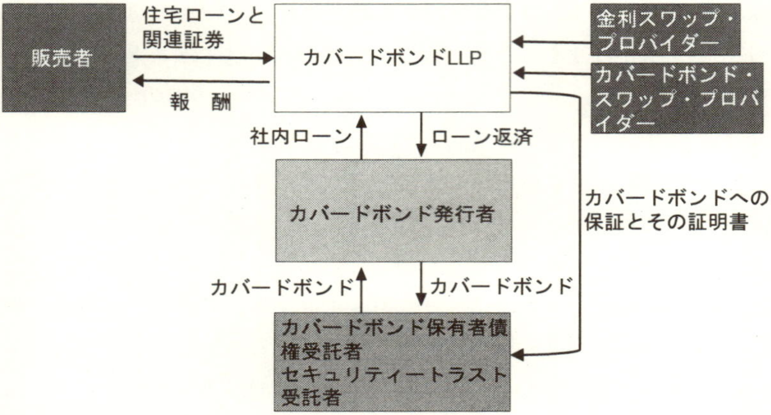

[出所] European Covered Bond Council [2010] p.338.

2－2　2008年カバードボンド規制法の成立

　イギリスでカバードボンドに関する法整備について具体的な動きがあったのは、2004年からのことであった。すなわち、2003年（中間報告）と2004年（最終報告）に発表された前述のマイルズ・レポートにおいて、イギリスでもカバードボンドに関する法整備を行うことの必要性が勧告され、以後イギリスでも議論が行われるようになったのである。

　マイルズ・レポートの調査対象はカバードボンド市場ではなく住宅金融市場全般で、特に住宅ローンの金利形態に関する内容であったため、カバードボンドについての言及は限定的であった。しかしマイルズ教授は最終報告のなかで、イギリスで長期固定金利の住宅ローンが一般的でない理由のひとつに、イギリスではカバードボンド市場が活発でなく、これに関する法整備が進んでいないことを指摘した。すなわち、イギリスの住宅ローンの貸手は長期資金の調達困難により長期固定金利住宅ローンの貸出を拡大させることが難しくなっており、このような困難性を解決するにはドイツのような長期債（ここではカバードボンドを指す）の市場を拡大するための法整備がなされる

第４章　イギリスにおけるカバードボンド市場の形成と展開

べきである、という指摘であった。さらにマイルズ教授は、つぎの２点も勧告した。ひとつは、「勧告：FSAは現在のイギリス破産法制がUCITS指令にもとづくカバードボンドを認めるかどうか見解を表明すべきである」、もうひとつは「勧告：政府は、バーゼルにもとづくEU指令（The New Capital Adequacy Directive：CAD３）においてカバードボンドに関する特別法は必要ないと保証すべきである」、というものであった。いずれの勧告も、カバードボンド発行に関する障壁や制限を取り除くべきである、というものであった。

そして2006年２月、FSAは財務省や関係機関とそれまで行ってきた議論をもとに、イギリスにおいてもEU指令等の順守が可能なカバードボンドを発行するための特別法を整備する方針を発表した。そして2007年７月、財務省とFSAは共同で「イギリス公認カバードボンドの法的枠組みに関する提案（Proposals for a UK Recognized Covered Bonds Legislative Framework）」を発表した。この提案は事実上の法案で、一部修正のあと「2008年カバードボンド規制（The Regulated Covered Bonds Regulations 2008）」（以下、2008年法）として正式に法制化され、2008年１月１日に発効することが決定された。同法は、その後の世界的な金融市場の混乱等もあって、発効が同年３月６日に延期されたが、いずれにしても同法の発効により、イギリスでも根拠法にもとづくカバードボンドが発行されることとなった。[26]

なお2008年法は、これまでイギリスでストラクチャード・カバードボンドを発行していた金融機関等がとってきた発行スキームを、特別法によりあらためて根拠付けただけのものであった。そのため、すでにストラクチャード・カバードボンドの発行を行っていた発行体は、それまでの発行スキームを大きく変更する必要はなかった。また2008年法の成立により、イギリスのカバードボンドも前述のEU独自の金融規制等における優遇措置を受けることが可能となった。その結果、イギリスのカバードボンド発行残高は2008年に急速に増加し（図表４－９）、また投資家も機関投資家を中心に多様化し多国籍化した。

ちなみに、この時期にカバードボンド発行額が急速に増加した要因には、

137

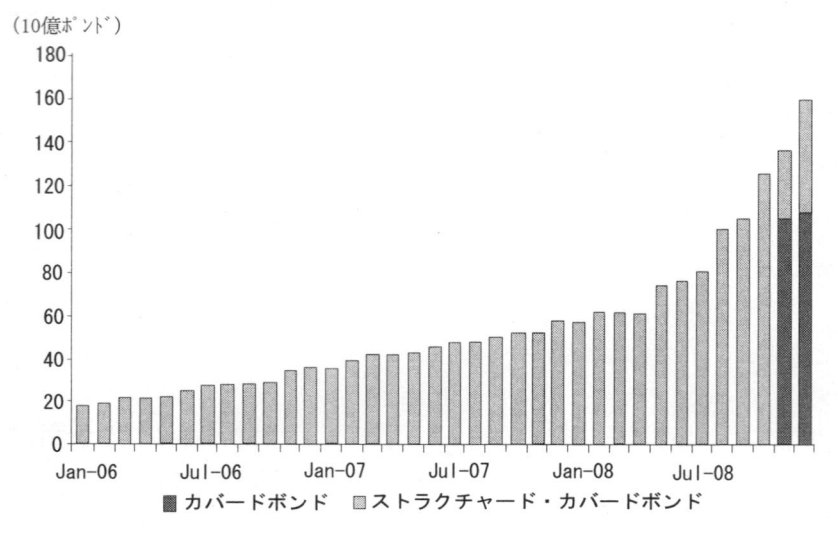

図表4－9　イギリスにおけるカバードボンド新規発行額

(10億ポンド)

〔出所〕European Covered Bond Council[2009]p.323.

　2007年夏以降の金融市場の混乱への対応の一環としてイングランド銀行が設立した特別流動性スキーム（Special Liquidity Scheme：SLS）のもとで、カバードボンドもイギリス国債とのスワップが可能とされたこともある。実際にイングランド銀行の資料では、2007年1月から10月までで50億ポンドだったカバードボンド新規発行額は、2007年11月から2008年末までに1,550億ポンドとなった。[27]

　以上述べてきたように、イギリスのカバードボンド市場は2008年法の成立を境に大きく変化した。ただしその歴史は、ストラクチャード・カバードボンドが発行されていた時期を含めても市場形成から10年未満の比較的新しい市場なのである。

第3節　イギリスのカバードボンド市場の新展開

　2007年夏以降、世界の金融市場は異常なまでの混乱に陥り、カバードボンド市場にもその影響は及んだ。当然イギリスでも大きな混乱が生じたが、しかしその点を考慮しても、イギリスのカバードボンド市場は拡大を続け、特に2008年法が成立した後は新展開をみせている。

　European Covered Bond Council[2009]によると、2008年末のイギリスのカバードボンド発行残高は約1,800億ポンド（約2,000億ユーロ）で（前掲図表4－7）、この規模は2007年末の発行残高の2倍を大きく超える規模であった。また新規発行額をみても、2008年は1,200億ユーロを超え、2007年（約320億ユーロ）の4倍近くとなった。そしてイギリスのGDPと比較したカバードボンド発行残高の割合も2008年末には10％を超え、2007年より大きく増加した。[28]さらに、2009年上半期には過去最大件数である26件のカバードボンド発行が行われたとされている。[29]

　このようなカバードボンド市場の拡大には、当然ながら2008年法が大きく影響したと考えられる。つまり、イギリスで発行されたカバードボンドのうち、2008年法を順守するものにはEU独自の金融規制下において優遇措置が適用されるようになった。そのため、UCITS適格投資信託や保険会社において、イギリスのカバードボンドへの投資上限を5％から25％へと大幅に拡大することが可能となり、これにより発行額の増加が進んだ側面がある、ということである。さらに2008年法により、CRDにおけるイギリスのカバードボンドのリスク・ウェイトが20％から10％へと引き下げられ、これも投資家のイギリスのカバードボンド保有を積極化させたと考えられる。

　また外部要因としては、サブプライムローン問題が2007年夏に顕在化して金融市場に混乱が生じ、その混乱が2008年後半以降には世界的な金融危機へと深刻化したなかで、オフバランス型であったこともあり実態が分かり難くなっていたMBSやCDOの市場は著しく混乱し、投資家がこれらへの投資を

控える傾向にあったことが指摘できる。しかし一方で、(具体的には第5章で検討するが) オンバランス型証券化商品のカバードボンド市場では、一時的な混乱は生じたもののMBS市場と比較すればずっと堅調であり、そのため投資家はカバードボンドへの投資に関してはまだ好意的であった。このようにイギリスのカバードボンド市場は、内部要因としては2008年法の発効、外部要因としてはオフバランス型証券化商品市場の縮小および不信感を背景に拡大した。

　2008年以降のイギリスのカバードボンド市場の概要について前掲の図表4－7により具体的にみると、発行通貨別ではポンド建ての新規発行額が急速に増加した。そして2007年までイギリスでも主流であったユーロ建ての発行額は、一定程度は行われたものの、新規発行額に占める割合でみると大きく減少した。また金利形態に関しては、2007年までは他のヨーロッパ諸国に合わせた固定金利が主流であったが、2008年以降は変動金利での発行が中心となっている。これは、カバードボンドの担保資産である住宅ローンのほとんどが変動金利であることと関連していると考えられる。

　ただし、発行総額に占めるジャンボ債の割合は減少した。2003年以降、2006年まではジャンボ債の発行額は増加をつづけていた。これはイギリスのカバードボンドへの投資額が大規模化したことや、また流通市場における流通性を意識してのことであったと考えられる。しかし2007年からは減少に転じ、2008年においてはまったく発行が行われなかった。これは、(第5章で詳しく述べるように) この時期に生じていた世界金融市場の混乱の影響で、発行規模の大きいジャンボ債よりも発行規模の小さな非ジャンボ債の方が買手があらわれやすいと発行体が判断したことが背景にあったと考えられる。ただし金融市場の混乱が落ち着きつつあった2009年以降は、再びジャンボ債の発行も行われるようになった。

　さらに2008年法では、カバードボンドの発行体は、①イギリス国内の規制のもとで業務を行っており、②イギリス国内に登記上の事務所があり、③FSAが設定した追加要件を満たす公認金融機関に限定されている[30]。現実的には、HBOS、ブラッドフォード・アンド・ビングレー、アビー・ナショナ

図表4-10 イギリスのカバードボンドへの投資家

①業種別

投資家	割合
銀行	41.1%
投資ファンド	23.6%
中央銀行	14.1%
年金基金	7.5%
保険会社	5.3%
ヘッジファンド	0.7%
エージェンシー	0.4%
個人	0.4%
企業	0.2%
その他	6.7%

②国籍別

投資家	割合
北欧諸国	23.7%
ドイツ/オーストリア	23.6%
フランス	14.7%
イギリス/アイルランド	12.5%
ベネルクス	9.1%
アジア	2.9%
イタリア	2.3%
スイス	1.8%
アメリカ	1.1%
その他	8.0%

〔出所〕HM Treasury[2008b]p.11.に掲載されたデータより作成。

ル、バークレイズ、HSBC、ロイズTSB、ネーションワイド住宅金融組合、ヨークシャー住宅金融組合が主な発行体となっている。ちなみに2007年まではノーザンロックも主な発行体のひとつであったが、2008年2月に経営破綻して国有化されたため、現在は発行を行っていない。

またイギリスのカバードボンドへの主な投資家は、HM Treasury[2008b]によれば銀行である（図表4-10①）。銀行の保有割合は全体の41.1%と最も高くなっており、投資ファンドが23.6%、中央銀行が14.1%とつづく[31]。ヨーロッパ全体でみればカバードボンドへの投資家として大きなプレゼンスを示していた年金基金および保険会社は（前掲図表4-3）、イギリスにおいては年金基金が7.5%、保険会社が5.3%と低い。そして投資家を国籍別（地域別）にみるならば、北欧諸国が全体の23.7%と最も多く、ドイツ/オーストリアが23.6%、フランスが14.7%、イギリス/アイルランドが12.5%とつづく（図表4-10②）。このように、イギリスのカバードボンドへの投資家としては、主にイギリス外のヨーロッパ系銀行や投資ファンドのプレゼンスが高い。

ちなみに、北欧諸国とはHM Treasury［2008b］において"Nordics"と表記されている地域で、これらについては具体的な国名までは示されていない。ただし一般的にはデンマーク、ノルウェー、フィンランド、アイスランド、スウェーデンを指す。そのため、ここでもこの5ヶ国を指すと考えられる。
　このようなイギリスのカバードボンドと投資家との関係は、同じ住宅ローン債権の証券化商品であるMBSとの関係と比較すると大きく異なっている。すなわち、第3章で述べたとおり、イギリスMBSへの投資家としてプレゼンスが高いのは主にアメリカ系と思われるMMFで、その保有割合は全体の42.0％であった（前掲図表3－8）。それにつづくのは銀行で、同35.0％であった。しかしイギリスのカバードボンドへの投資家の国籍としては、アメリカは全体の1.1％と非常に少ない。これは、アメリカでカバードボンドが一般化していないことが要因として大きいと考えられる。つまり、アメリカではカバードボンドが一般化していないため、カバードボンドへの投資国としてもプレゼンスが低いのではないか、ということである。具体的にみると、アメリカのカバードボンド発行残高は2008年末時点で130億ユーロ未満で、GDPにたいする割合も0.1％でしかない[32]。このことは、カバードボンドが一般化しているヨーロッパの多くの国が、イギリスのカバードボンドへの投資家の国籍と一致していることからも判断できる。
　さらにアメリカの投資家がカバードボンドへの投資に積極的でなかった理由として、カバードボンドの利回りの低さも関係していると考えられる。すなわちMBSもカバードボンドも、住宅ローン債権が担保資産である点は同じであり、高格付けを得ている商品は双方とも多数存在していた。しかしカバードボンドは安全性がより高く、そのため利回りは国債より若干良い程度の水準であった。そのため、同じ住宅ローン債権の証券化商品であり、また同様に高格付けを有しているのであれば、投資家としては利回りのより良いMBSへの投資を選択するのが妥当である。そのためアメリカの投資家は、カバードボンドへの投資には積極的にならなかったと考えられる。このような傾向は、イギリスの投資家においてもある程度当てはまるといえよう。
　なおイギリスのカバードボンド流通市場についてであるが、一般的には電

話を介した相対取引が中心となっている。他のヨーロッパ諸国と同様に電子取引システム（プラットフォーム）を介した取引も行われているが、ただし流通市場での取引額はそれほど大きくない。

おわりに

　本章では、ヨーロッパおよびイギリスのカバードボンド市場について考察した。カバードボンドは、ヨーロッパを中心に発行されている、国債に準ずる安全性と信用力を有するオンバランス型証券化商品であった。またカバードボンドは、住宅ローン債権を担保に発行されているものの割合が高く、ヨーロッパではMBSよりも一般的な住宅ローン債権の証券化手段であった。

　カバードボンドがイギリスで初めて発行されたのは2003年であった。しかしこの時期のイギリスでは、カバードボンドに関する法整備がなされていなかったことや、またMBS市場が急速に拡大していたこともあり、カバードボンド市場はそれほど拡大しなかった。しかし、2003年から2004年にかけてのマイルズ・レポートにおいて、イギリスでもカバードボンド市場の拡大によって金融機関における住宅金融の困難性が解除される面があることが指摘され、そしてそのための法整備を行うことが促されると、その後はゆっくりながら具体化が進み、2008年には根拠法が整備され、以降は政策的な意図もあって発行額は急速に増加した。

　ただし、このようなカバードボンド市場の（政策的な）急速な拡大には問題がないとはいえない。カバードボンドはオンバランス型の証券化商品であるため、今後イギリスでカバードボンドの発行額を無理に拡大させていこうとすれば、金融機関はそれに見合う自己資本を積む必要性が生じる。そうなると金融機関は増資や保有資産の売却等により準備を増やす必要が生じる可能性もある。しかし2007年以降の金融危機を経て、金融機関の保有資産には損失が発生している場合が多い。そのような資産の売却が必要になるような事態が生じると、金融機関の損失にもつながる。そしてこれが新たな金融不安の火種になる可能性もある。

また2011年春時点において、イギリスのカバードボンド発行はある程度活発化しているものの、しかしこの傾向が今後MBS市場が信用を取り戻した後にもつづくかどうかは疑問である。特にバーゼルⅡのもとでは、金融機関には自己資本比率を向上させる動機が強く、イギリスでもこの傾向は同様である。さらにバーゼルⅢにおいては、金融機関は従来より自己資本比率を高くすることが求められる方向にある。そのため今後これらの市場が安定を取り戻した際、金融機関はオンバランス型のカバードボンドの発行を減らし、オフバランス型のMBSの発行を増加させる可能性もある。これにともない、投資家が利回りのより高いオフバランス型証券化商品へ資金をシフトさせることになると、カバードボンドにおいては急激な価格低下が生じる可能性もある。

　今後、イギリスも含めヨーロッパやアメリカにおいて、カバードボンド市場の拡大が継続するかどうかは現在のところ判断が難しい。とはいえ上記の問題点等をクリアしながら市場の拡大が継続するのであれば、住宅金融市場の安定化にとってはプラスに作用する面が多いであろう。その意味でも、今後のカバードボンド市場の動向には注目すべきである。

注
1) 小林[2010]167頁、注1)によれば、ドイツ（プロイセン）では1770年、デンマークでは1797年、フランスでは1852年とされている。
2) European Covered Bond Council[2010]p.378.
3) European Securitization Forum[2009]p.6. なおこの大半がイギリスで発行されたものである。
4) 林[2008]110頁を要約。
5) European Securitization Forum[2009]p.7.より算出。なお基礎となるデータの性質上、証券化商品にはABS（自動車ローン、クレジットカードローン、無目的ローン、学生ローン等）、CDO (Collateralized Debt Obligations)、CMBS、RMBS、WBS (Whole Business Securitization) が含まれる。
6) European Covered Bond Council[2009]p.95.
7) European Covered Bond Council[2010]p.386.より算出。
8) European Covered Bond Council[2010]p.383.とp.386.より算出。

第 4 章　イギリスにおけるカバードボンド市場の形成と展開

9）林［2008］106頁。
10）European Covered Bond Council［2007a］pp.49-59.
11）林［2008］117-118頁。
12）European Covered Bond Council［2010］の各国データより。デンマークやルクセンブルクは、満期が30年の長期のカバードボンドも発行されている。
13）Verband Deutscher Pfandbriefbanken［2006］p.25.
14）小林・石井［2008］43頁、注5。
15）European Covered Bond Council［2009］pp.88-90.および林［2008］121-123頁。
16）林［2008］123頁。
17）より正確には、HBOSグループのHBOS Treasury Servicesにより、2回のカバードボンド発行が行われ、発行額はそれぞれ20億ポンド、30億ポンドであった。
18）ストラクチャード・カバードボンドの発行自体もこれが世界初であった。
19）European Mortgage Federation［2009］p.61.
20）河村［2008］45頁。
21）高橋［2006］32頁、表1。
22）Adams［2004］p.413.
23）小林・石井［2008］43頁、図表1。
24）林［2008］112-115頁。
25）Miles［2004］p.78. 訳文は筆者による。
26）イギリス公共セクター情報局より（http://www.opsi.gov.uk/si/si2008/uksi_20080346_en_1）。
27）Bank of Englandのホームページより。
28）European Mortgage Federation［2009］p.61.
29）European Covered Bond Council［2009］p.315.
30）European Covered Bond Council［2009］p.316.
31）各部門の国籍に関しては明らかにされていないものの、後に述べるようにドイツ、フランス、イギリス、北欧諸国が大部分を占めていたと考えられる。
32）European Covered Bond Council［2009］のデータより算出

第5章　世界金融危機下のイギリス住宅金融市場

はじめに

　イギリス金融市場および住宅金融市場は、2000年代も順調であったイギリス経済の成長にも支えられ、2007年前半まで長期にわたる成長をつづけた。しかし2007年夏にサブプライムローン問題が顕在化して世界の金融市場が混乱し、さらにこの危機が2008年9月のリーマン・ブラザーズの破綻以降には世界金融危機と呼ばれる状況へと深刻化すると、イギリス金融市場も大きく動揺した。この影響は住宅金融市場も直撃し、市場は一気に縮小した。そして金融機関の資金調達手段、投資家の新たな収益獲得手段としての面を強めて近年急速に拡大していたイギリスMBS市場は、特に強い影響を受けて停滞した。さらにカバードボンド市場にもこの影響は及んだ。

　本章では、世界金融危機下のイギリス住宅金融市場、MBS市場、カバードボンド市場を中心に考察を行う。そこでまず考察の準備として、2000年代のイギリスの経済および金融市場の拡大について考察する。その後、世界金融危機下のイギリスMBS市場やカバードボンド市場の状況、そしてそれらにたいする監督機関の対応や、この時期に生じた金融業界の再編等についても検討する。

第1節　2000年以降のイギリス住宅金融市場

1-1　イギリス経済と金融市場の急速な拡大

　イギリス経済は1980年代末から1990年代初めにかけてリセッションに陥っていたが、1990年代半ば以降に回復傾向が顕著になると、その後は順調な成

図表5－1　1990年代以降のイギリス経済

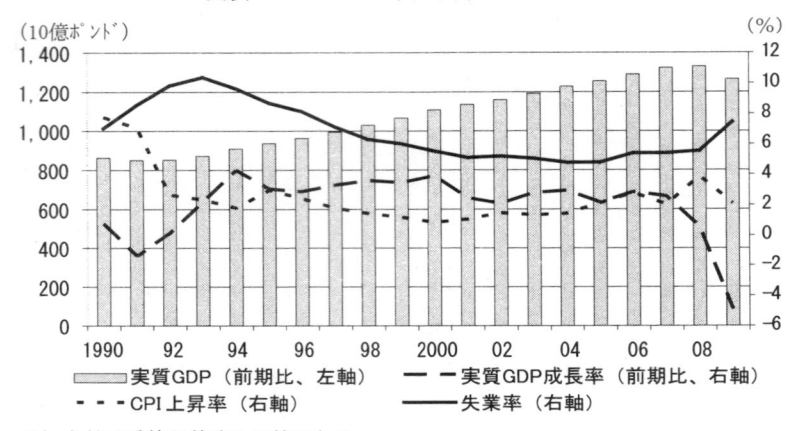

注）各値は季節調整済みの値である。
〔出所〕Office for National Statistics.

長をつづけた。それに支えられて、2000年以降のイギリス住宅金融市場も順調に拡大をつづけた。

　イギリス経済の全体像から具体的にみていくと、1980年代末からのリセッションにより1991年のGDP成長率はマイナスであったが、1992年に同成長率がプラスに転じて以降は順調に拡大をつづけ、2000年代に入っても順調に成長した（図表5－1）。2007年は、同年夏以降に生じた世界的な金融市場の混乱がイギリスにも波及して経済成長が減速したものの、それでも前年比で3.1％のプラスとなった。

　ただし失業率は、1990年代初めよりは低いものの、2004年以降は若干の上昇傾向となっていた。このことは外国人労働者の増加（前掲図表1－4）や、ジニ係数・90：10レシオの拡大（前掲図表1－8）がみられた時期と重なっていることと無関係ではないだろう。すなわち、2000年以降のイギリス経済は成長をつづけ、平均的には所得が上昇していたことは事実だが、その影では雇用が不安定化し格差の拡大が進んでいたのである。

　イギリス経済の高成長を支えた要因はさまざまであるが、ここでは①個人消費の拡大、②金融市場の拡大、の2点に注目したい。まず①の個人消費の

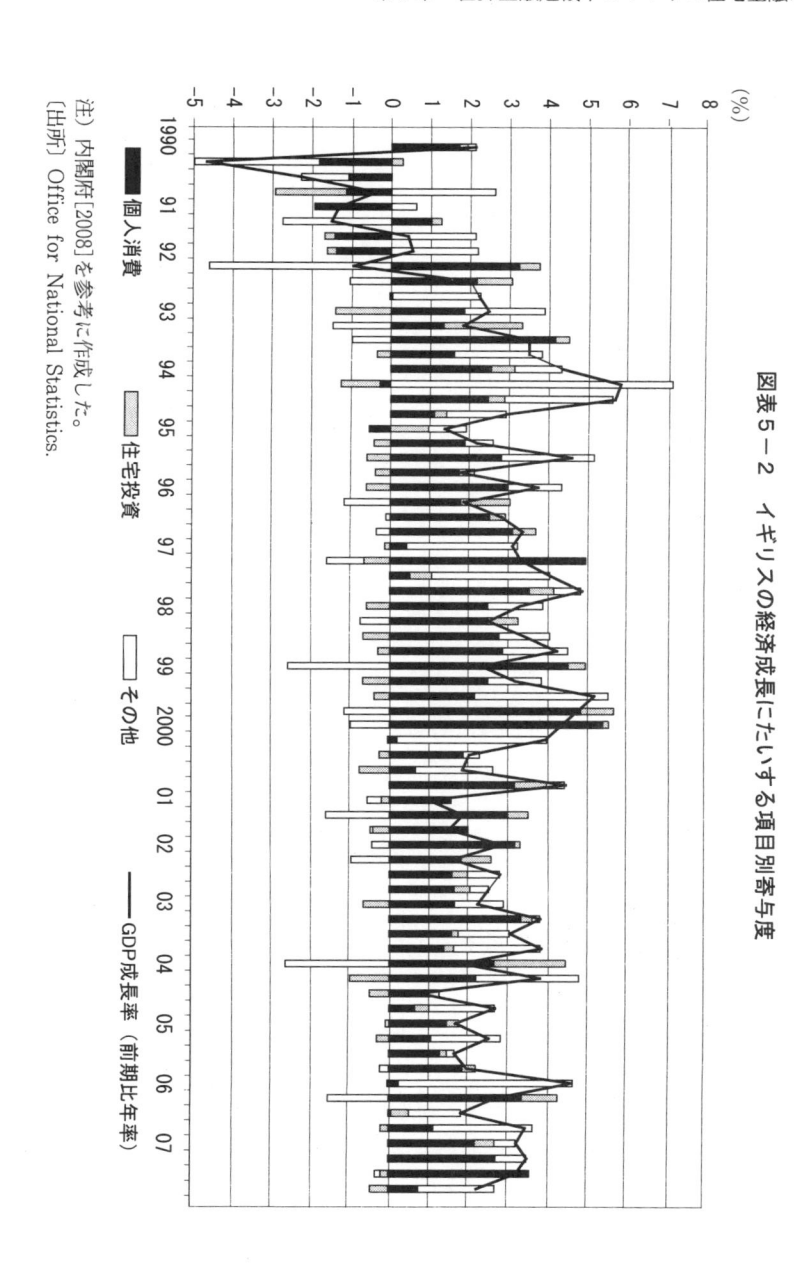

第5章 世界金融危機下のイギリス住宅金融市場

図表5-2 イギリスの経済成長にたいする項目別寄与度

注) 内閣府[2008]を参考に作成した。
(出所) Office for National Statistics.

■ 個人消費　□ 住宅投資　□ その他　── GDP成長率（前期比年率）

図表５－３　HEW推計額の推移

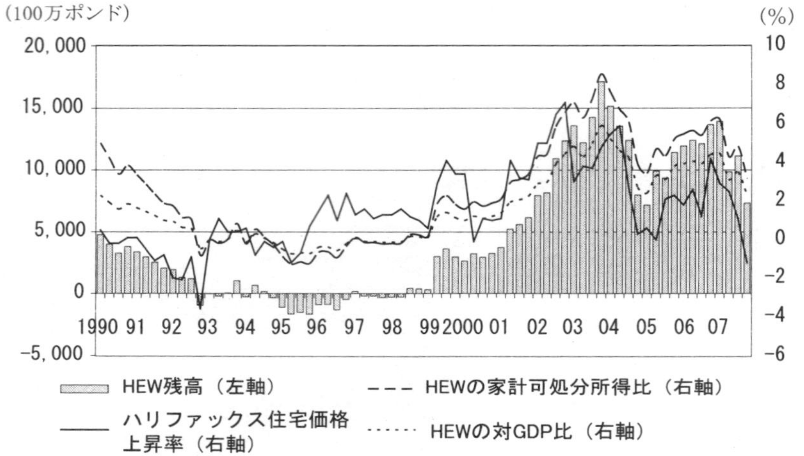

(100万ポンド)
(%)
20,000
15,000
10,000
5,000
0
-5,000
10
8
6
4
2
0
-2
-4
-6
1990 91 92 93 94 95 96 97 98 99 2000 01 02 03 04 05 06 07
HEW残高（左軸）
HEWの家計可処分所得比（右軸）
ハリファックス住宅価格上昇率（右軸）
HEWの対GDP比（右軸）

〔出所〕Bank of England, Office for National Statistics, Halifax.

拡大についてであるが、個人消費の拡大はイギリス経済の成長に最も寄与したと考えられる（図表５－２）。すなわち、1990年代半ば以降の好調な経済のもとで平均個人所得は増加し（前掲図表１－６）、一方でBOEによるインフレ・ターゲティングの導入もあって消費者物価（CPI）上昇は限定的であったが、こうした状況のもと個人の可処分所得が増加し、それが個人消費の拡大につながって経済成長を後押ししたと考えられるのである。

しかし個人消費の拡大という点では、Housing Equity Withdrawal（以下、HEW）の残高が増加したことも大きく関係している。HEWとは、住宅ローンの借手が借り入れた資金のうち、実際には住宅取得以外の消費に振り分けられた資金である。Smith and Searle[2010]により具体的にみていくと、HEWを借り入れる目的として従来から最も多かったのは住宅改築費用であった[1]。これは、中古住宅の購入が新築住宅購入よりもずっと多いイギリスでは、住宅取得費用と同時に改築（改修）費用も住宅ローンに含めて借り入れるのが一般的であったことに関係がある[2]と考えられる。ただしHEWが改築費用として利用される割合は1996年をピークに減少しており、2000年以

第5章　世界金融危機下のイギリス住宅金融市場

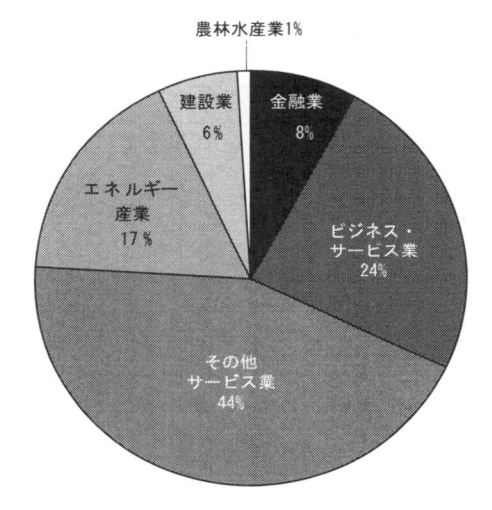

図表5－4　イギリスGDPの産業別内訳（2007年）

- 農林水産業 1%
- 建設業 6%
- 金融業 8%
- エネルギー産業 17%
- ビジネス・サービス業 24%
- その他サービス業 44%

〔出所〕Office for National Stastistics.

降は車や家具等の耐久消費財購入のために利用される割合が増加し、2006年以降は利用目的を特定しない借入が最も多くなった[3]。またこのような借入は、住宅購入者としては比較的若い35歳未満の層に多い傾向があることも示されている。利用目的を特定しない資金は、文字どおり何に利用されたかは特定できないものの、Smith and Searle[2010]は単純に非耐久消費財や旅行等に「浪費」された可能性が高いとしている[4]。

HEWについて具体的にみていくと、HEW残高は2000年以降に急速に拡大し、2003年のピーク時には可処分所得比で8％強、実質GDP比で7％強となった（図表5－3）。このようなHEWの拡大は、個人消費を活発化させた点では経済の拡大に貢献したが、一方で2008年時点において180％近い家計債務可処分所得比を生じさせることになった[5]。ヨーロッパにおける同比率の平均は90％で、国別ではドイツが100％、フランスが72％、スペインが111％であり、イギリスの同比率の高さは際立っている[6]。

つぎに②の金融市場の拡大についてであるが、イギリスの経済および金融

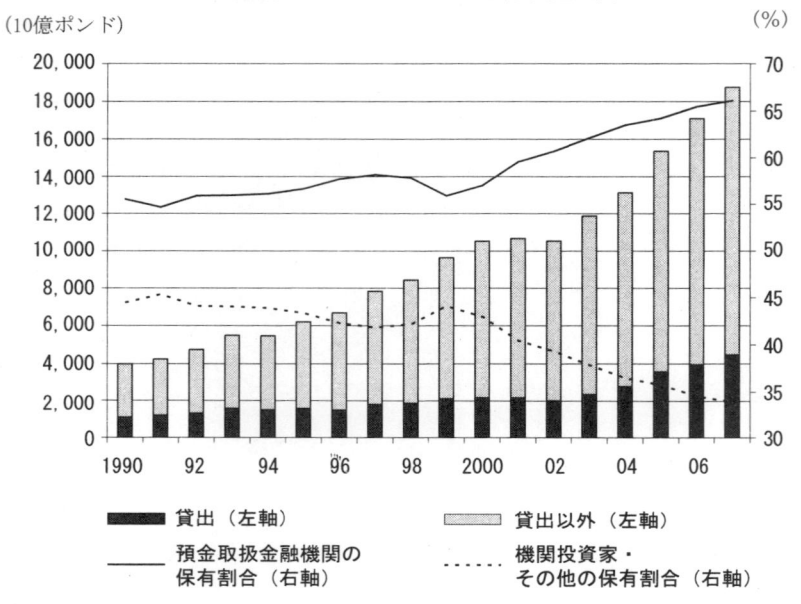

図表5−5　イギリスの金融資産残高

（10億ポンド）／（％）

凡例：
- 貸出（左軸）
- 貸出以外（左軸）
- 預金取扱金融機関の保有割合（右軸）
- 機関投資家・その他の保有割合（右軸）

〔出所〕Office for National Statistics.

　市場が大きく混乱する前の2007年のGDPを産業部門別に分類すると、金融業の占める割合は8％であった（図表5−4）。さらに金融業等に付随するビジネス・サービス業も含めれば30％超となり、この割合は他の諸国と比較しても高い。このことは、イギリスでは金融市場の状況が国内経済に与える影響力が強いことを示しており、したがって1990年代半ば以降の金融市場の拡大は、イギリス経済の成長に大きく影響したと考えられる。

　これについてより詳細にみていくと、イギリスの金融資産残高は他国と比較して従来から高水準であったが、1990年代になると増加傾向は顕著となり、イギリス統計局（Office for National Statistics：ONS）によれば1990年から2007年までの17年間で5倍近くになった（図表5−5）。特に預金取扱金融機関（主に銀行）の金融資産が大きく増加しており、また増加したのが貸出以外の資産であったことは注目すべきことである。さらにInternational

第5章　世界金融危機下のイギリス住宅金融市場

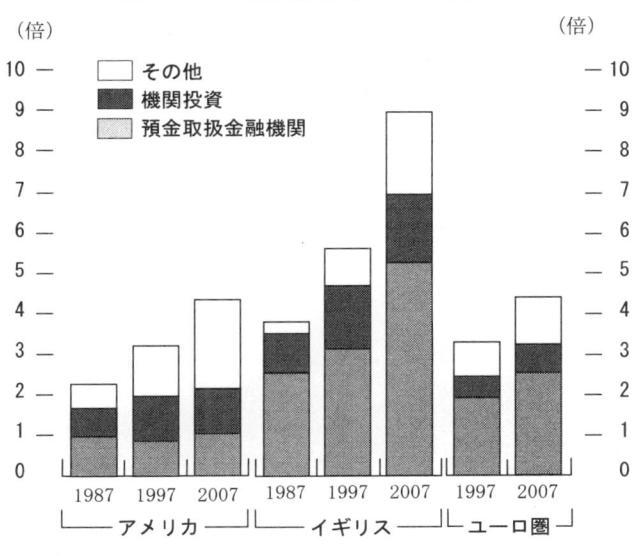

図表5−6　金融資産総額の名目GDP比

凡例：その他／機関投資／預金取扱金融機関

アメリカ　1987、1997、2007
イギリス　1987、1997、2007
ユーロ圏　1997、2007

〔出所〕International Monetary Fund[2008b]p.87.

Monetary Fund（以下IMF）によれば、1987年の金融資産規模は名目GDPの4倍未満であったが、その後の金融自由化の影響も受けて金融資産規模は急速に拡大し、2007年には9倍を超えた（図表5−6）。同年のアメリカとユーロ圏がともに約4倍であったことと比較すると、イギリスの水準は際立って高い。

このようにイギリスの金融資産規模が拡大した要因としては、2000年代以降、イギリス金融機関がアメリカで組成された証券化商品へ積極的に投資するようになったこと、イギリス国内でもMBS等の証券化商品が発行されるようになったことなどが挙げられる。さらにInternational Monetary Fund[2008b]は、イギリスへの資金流入額は2000年以降に急速に増加し、2005年と2007年にはアメリカへの流入額を超え、ユーロ圏全体への投資額に近い水準にまで達したとしている。これらの資金は、主に拡大をつづけるEUへの新規加盟国や中東の産油国および新興国から流入したもので、多くはドル建

153

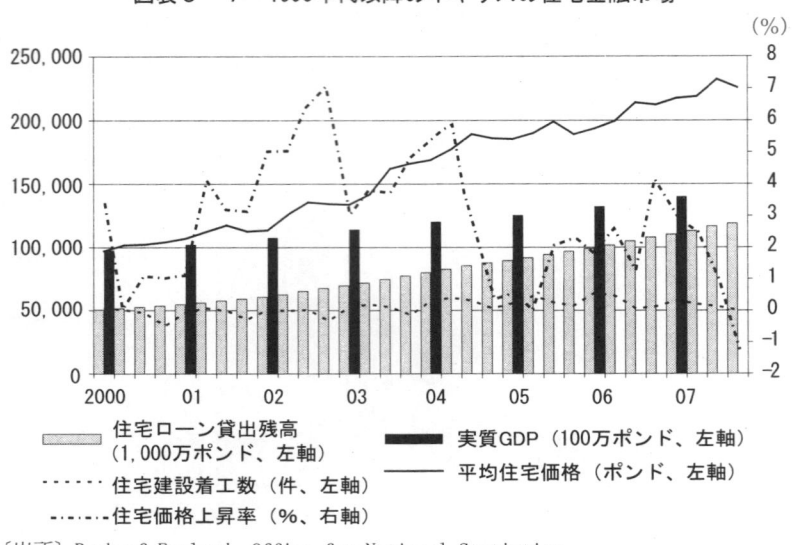

図表5－7　1990年代以降のイギリスの住宅金融市場

住宅ローン貸出残高（1,000万ポンド、左軸）
実質GDP（100万ポンド、左軸）
住宅建設着工数（件、左軸）
平均住宅価格（ポンド、左軸）
住宅価格上昇率（％、右軸）

〔出所〕Bank of England, Office for National Statistics.

てのバンク・ローンという形で流入した。そしてそれらの資金は、イギリス国内の金融商品やアメリカのドル建て金融商品へ投じられたと考えられる。このように、イギリス金融市場の急速な拡大は、海外からの巨額な流入資金が国内外で運用されたことに支えられたものであり、そしてそれがイギリス経済を好調なものにしていたと考えられるのである。

1－2　イギリス住宅金融市場の急速な拡大

1990年代以降、イギリス住宅金融市場は経済の拡大とともに急速に拡大した。1990年の住宅ローン貸出残高は3,000億ポンドに満たなかったが、2007年末には1.2兆ポンドを超える水準となった（図表5－7）。このような住宅金融市場の規模は、2007年のイギリスの実質GDPが約1.4兆ポンド、金融資産総額が約18兆ポンドだったことを考えると、イギリスの経済および金融資産において一定の存在感を示すものとなった。

またこの時期、イギリスの平均住宅価格も長期にわたり上昇し、かつ上昇

第5章 世界金融危機下のイギリス住宅金融市場

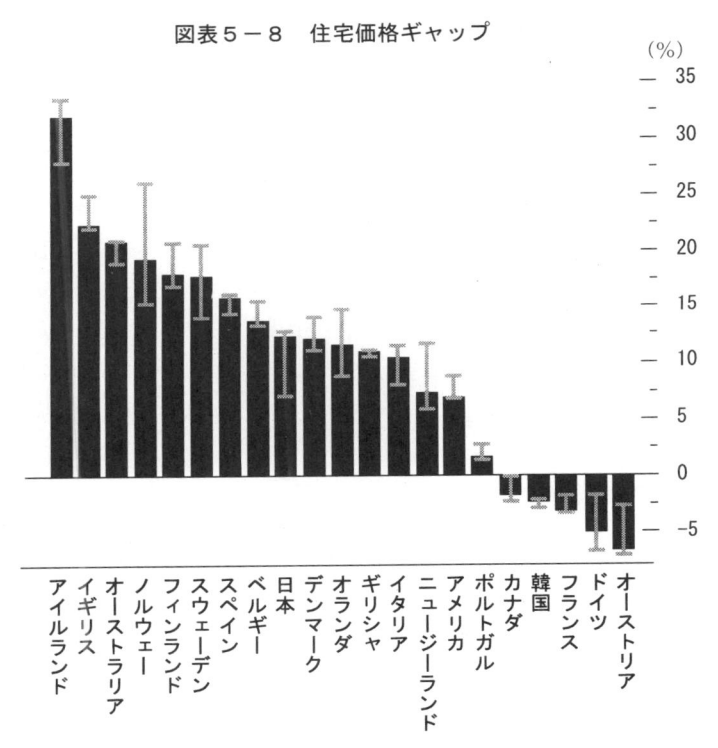

図表5－8 住宅価格ギャップ

(%)

国名（左から）：アイルランド、イギリス、オーストラリア、ノルウェー、フィンランド、スウェーデン、スペイン、ベルギー、日本、デンマーク、オランダ、ギリシャ、イタリア、ニュージーランド、アメリカ、ポルトガル、カナダ、韓国、フランス、ドイツ、オーストリア

注）ファンダメンタルズからみた、適正住宅価格と実際の住宅価格との乖離幅。
〔出所〕International Monetary Fund [2008c] p.7.

率も非常に高かった。1990年代初めには約6万ポンドであった平均住宅価格は、2000年には10万ポンドを超え、2007年には22万ポンドを超えるなど17年間で4倍近くに膨れ上がった。これは同時期のGDP成長率を大きく上回っている（図表5－7）。またハリファックスの統計によると、イギリスの平均所得にたいする住宅価格の倍率（Price Earnings Ratio）も、2007年第2四半期には約6倍となり、1990年代半ばの約3倍から大きく膨れ上がった。このような価格上昇率は、International Monetary Fund[2008c]によれば、ファンダメンタルズからみた適正住宅価格より20％以上も高く乖離しており、乖離幅も主要国で上位2番目、先進国では最も高かったとされている（図表

155

5-8)。また住宅新規建設着工件数も1990年には約17万戸であったが、2007年には22万戸を超えた。このように、この時期のイギリスでは住宅バブルが生じていたのである。

ところで、なぜイギリスでは住宅バブルが生じたのであろうか。その理由として、一般的には1990年代から2000年代にかけての金融政策が緩和基調にあったことや所得水準が上昇したことが挙げられる。低金利政策は、住宅ローンの借手には低金利での借入を可能とさせ、金融機関には貸出利鞘の縮小と、それに起因する貸出件数の増加の必要性を認識させた。また所得の上昇は住宅購入意欲を強めた点で大きな要因であるが、そのほかにも①住宅需給のアンバランス、②投機的住宅需要、③MBS市場の拡大も住宅バブルの発生に影響していたと考えられる。

まず①の住宅需給のアンバランスについてであるが、これはバブル発生に特に大きな影響を与えた可能性がある。イギリスでは、2000年代の好調な経済のもとで住宅需要が増大した。従来からイギリスの持家比率は約70％と高水準であったが（前掲図表1-3）、1990年代以降の好調な国内経済のもとで個人所得が増加すると、ホワイトカラー労働者等の中間所得層に加え、それまで住宅購入を希望することのなかった、信用力が必ずしも高いとはいえない層においても購入希望者が増加した。そして金融機関は、顧客基盤を拡大させる意図もあり、このような層からの住宅ローン借入要請にも可能な限り応じた。しかしこのような住宅需要の増加にたいし、イギリスではある理由により供給が追い付かず、そのため住宅需給にアンバランスが生じて住宅価格が上昇することとなった。

その理由とは、イギリスにおける住宅建設や増改築等が、都市計画の一環である開発規制の対象になっていることに起因する。この規制のもとでは、住宅の新規建築や改築において地方政府への申請が必要とされ、しかも申請してから許可が下りるまでに長期間を要する場合もある。その結果、住宅需要の増加に供給が追い付かず、住宅需給のアンバランスが生じて住宅価格の上昇を招くことになったのである。

つぎに②の投機的住宅需要についてであるが、これにはBuy-to-letローン

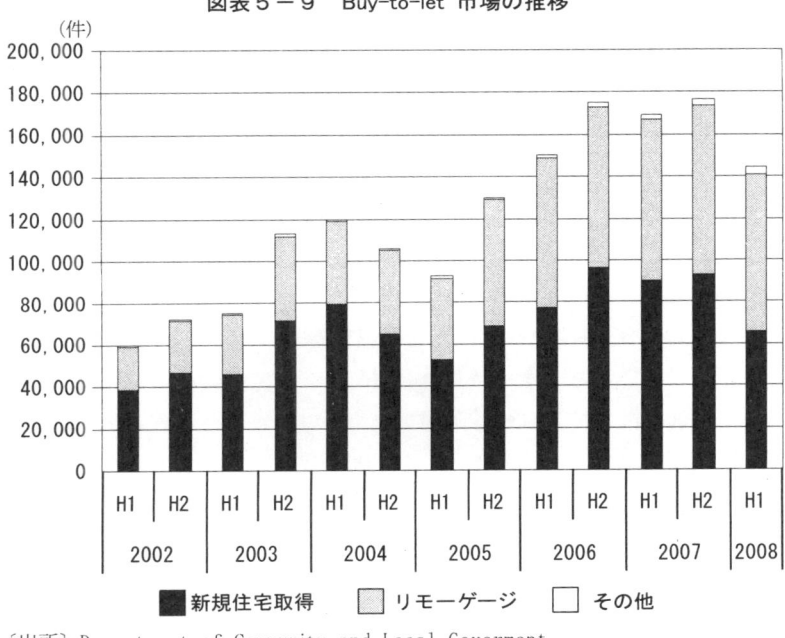

第5章　世界金融危機下のイギリス住宅金融市場

図表5－9　Buy-to-let 市場の推移

■ 新規住宅取得　▨ リモーゲージ　□ その他

〔出所〕Department of Community and Local Goverment.

市場の拡大が関係している。Buy-to-letローンとは、文字どおり主に貸家経営用の住宅ローンであるが、リモーゲージ[12]も多かった。いずれにしても、このようなBuy-to-letローン市場の拡大が住宅需要の増大につながり、その結果として住宅価格の上昇が生じたと考えられるのである。

具体的にみるならば、Buy-to-letローンの新規貸出件数は2002年時点では13万件前後だったものの、2007年になると35万件以上に増加した（図表5－9）。このうちリモーゲージは、2002年時点では5万件以下であったが、2007年には15万件以上に増加した。また、Buy-to-letローンは貸家経営のみならず、住宅転売益を得る目的の住宅購入にも利用された。このようにBuy-to-letローンは投機的な住宅投資に利用された側面があり、このような投機的住宅需要の増大も住宅価格の上昇を後押ししたと考えられる。

最後に③のMBS市場の拡大についてであるが、イギリスでは特に2004年

以降にMBS発行額が増加した。この時期のイギリスMBSは、（第1章と第3章でみたように）住宅金融の困難性を解除することのみならず金融機関による資金調達手段として発行され、それを投資家が収益獲得手段として保有するという構図が強まっていた。また、この時期のMBSは銀行や大手住宅金融組合が中心となってこれを発行していたため信用力が高く、格付け機関から高格付けを得ているものも多かった。さらに投資利回りも他の有価証券に比べて高かったため、好調な金融市場を背景に機関投資家等はMBSの保有に積極的となり、発行額および市場規模は拡大していた。

　このようなMBS市場の拡大は、金融機関等の住宅ローン貸出意欲を積極化させたと考えられる。すなわち金融機関は、住宅金融の困難性を解除する意味でも顧客基盤を拡大させる動機を強めていたと考えられるが、持家比率がすでに高水準であった1990年代から2000年代のイギリスで顧客基盤を拡大させるには、これまで信用貸付の対象外であった信用力の高くない層（サブプライム層）も取り込む必要性が生じた。しかしそのような層への貸出額の増加は、バランスシートを拡大させると同時に潜在的なリスクを抱え込むことにもなった。だがそのような層への貸出であっても、貸出債権を証券化すれば住宅ローンをバランスシートから切り離すことができ、またリスクの多くを投資家に移転することもできた。このような要因もあって、特に2000年以降は銀行がMBSを積極的に発行し、機関投資家を中心とする国内外の投資家の保有意欲も高かったことからMBS市場は急速に拡大した。そしてMBS市場が活発であったことが銀行における困難性の解除を促し、結果的に住宅需要を増大させて住宅価格の上昇を後押ししたのである[14]。

第2節　サブプライムローン問題の顕在化

　ここからは、2007年夏のパリバ・ショックをきっかけとして顕在化したサブプライムローン問題が、イギリス住宅市場および住宅金融市場に与えた影響と、それによる市場の停滞について考察する。

第5章　世界金融危機下のイギリス住宅金融市場

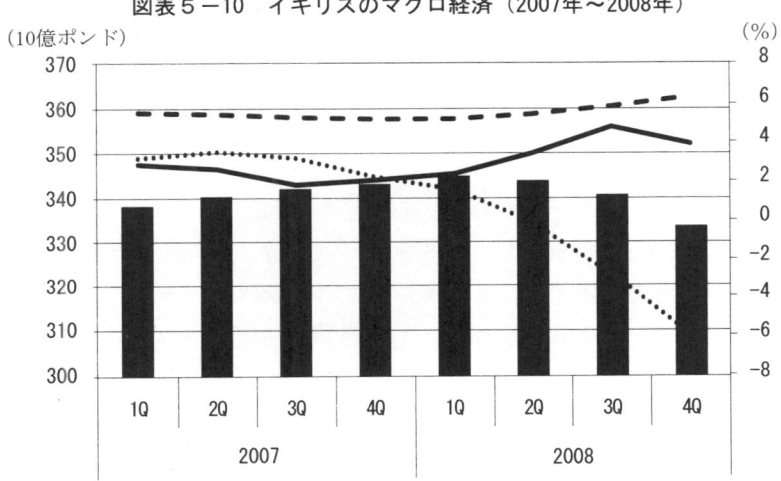

図表5−10　イギリスのマクロ経済（2007年〜2008年）

■ 実質GDP（季節調整済、左軸）　　― CPI上昇率（季節調整済、前年同期比、右軸）
－ － 失業率（季節調整済、右軸）　　‥‥ 実質GDP成長率（前年同期比、右軸）

〔出所〕Office for National Statistics.

2−1　サブプライムローン問題の顕在化と住宅金融市場

　2007年夏、アメリカでサブプライムローン問題が顕在化すると、これによる金融市場の混乱は世界的に波及した。そして好調であったイギリスの経済および金融市場もこの影響を受けて減速し、さらに2008年秋にリーマン・ブラザーズが破綻して状況が一層深刻化すると、以降のイギリス経済は停滞を余儀なくされた（図表5−10）。そしてGDP成長率は、前年比で14年ぶりのマイナスとなった。

　まず問題が顕在化した経緯を概観すると、アメリカのサブプライムローン問題が顕在化するまでは、世界の金融市場は一見好調であった。しかしこの問題の深刻さについては一部では認識されており、金融機関によってはアメリカのサブプライムローン関連の仕組債への投資額を減らすなど、ポートフォリオのリバランスを行っていた。

　そして2007年8月9日、フランスの大手投資銀行であるBNPパリバが、

サブプライムローン関連商品への投資による損失もあり、傘下の3つのミューチュアル・ファンドの解約を一時的に停止すると発表した。これはいわゆるパリバ・ショックとして金融市場に大きな衝撃を与え、世界の金融市場は大きく混乱し、短期金融市場では金利が一急に上昇した。また取引期間の超短期化も起こり、流動性は急速に悪化して信用収縮は厳しいものとなった。

さらにアメリカの仕組債への不信感が他国の金融市場へも波及し、世界各国で証券化商品市場が麻痺し、価格の下落も生じた。そのためアメリカの仕組債へ多額の投資をしていた金融機関および機関投資家のみならず、自国の証券化商品への投資を主に行っていた金融機関や機関投資家においても大きな損失が発生した。加えてアメリカではモノライン危機や、クレジット・デフォルト・スワップ（Credit Default Swap：CDS）危機も発生し、各国の金融機関では新規の資金調達が困難となるものもあらわれた。

サブプライムローン問題は、顕在化前からイギリスでも強く問題視されていた。その理由のひとつには、2000年代のイギリスでもサブプライムローンの貸出額が増加し、その返済率が悪化していたことがあった。また倉橋［2007］によると、イギリスでは2005年と2006年に、サブプライムローンとBuy-to-letローンから400億ポンド近くのMBSが組成されており[15]、そのためアメリカのような住宅金融市場および金融市場の混乱がイギリスでも発生する可能性が懸念されていたこともあった。さらに、イギリスではアメリカのサブプライムローン関連商品への投資を積極的に行っていた金融機関が多かったことも理由にあった。そのためサブプライムローン問題が拡大すると、イギリスでも多くの金融機関が影響を受けるリスクが認識されていたのである。加えて、イギリスでも多くのシャドー・バンキング・システムを取り入れる金融機関が増加していたが、この問題の顕在化により金融市場が混乱して同システムが継続できなくなると、シャドー（影）であったはずのバンキング・システム（銀行制度）を本体に抱えざるを得なくなり、それにより本体が大きな損失を出す可能性が指摘されていたこともあった。

パリバ・ショックを引き金に、現実にアメリカのサブプライムローン問題が顕在化すると、イギリスの金融市場および住宅金融市場も大きく混乱した。

第 5 章　世界金融危機下のイギリス住宅金融市場

　まず、アメリカの仕組債を積極的に保有していたイギリスの金融機関に大きな損失が発生した。つぎに、アメリカの仕組債への不信感がイギリスにも連鎖し、イギリスMBSへ大規模に投資していた同国の機関投資家が新規保有に消極的になった。さらに通常から低かったMBSの流動性がより低下し、新規発行も行われなくなり、市場は停止状態となった（前掲図表3－4）。

　また、イギリスでも2000年代には資金調達の大部分をMBS等の債券（社債）発行で賄う金融機関が増加していたが、この時期には金融市場の混乱でそのような資金調達が困難となり、流動性危機に陥る金融機関もあらわれた。その代表的な金融機関が、2007年9月に流動性危機に陥ってBOEの支援を受け、その後の2008年2月に国有化されたノーザンロックであった。イギリスではノーザンロック危機によって140年ぶりといわれる取付けが発生し、そのため監督機関等は超法規的措置を講じるなどして対応に当たることとなった。

　当然ながら、こうした住宅金融市場の混乱は住宅市場にも及んだ。住宅価格についてハリファックス住宅価格指数を参考に具体的にみると、2007年前半までは前期比約3％の上昇をつづけていた住宅価格は、2007年第3四半期以降は上昇率が鈍化し、第4四半期に入るとマイナス1.2％となり、2008年第2四半期にはマイナス5％を超えた[16]。このような住宅価格の下落の要因には、金融市場の混乱で金融機関が住宅ローンの貸出に慎重になったこと、経済見通しの悪化で個人が消費を控えるようになったこと等が挙げられる。さらに、住宅価格の下落が継続する可能性から、住宅購入希望者のうち購入を先延ばしした者がいた可能性も高く、それも住宅価格の低下を招いたと考えられる。こうして、住宅需要が供給を下回って価格がさらに下落する悪循環が発生し、大幅な価格の下落が生じたと考えられる。

　また、住宅価格の下落によりネガティブ・エクイティも発生した。特にロンドンやイングランド南東部などの住宅価格上昇率が高かった地域においては発生率が高く、その影響も大きかった。このようないわゆる逆資産効果は、イギリスの経済成長を支えてきた個人消費を停滞させ、イギリス経済全体に悪影響を与えた。また、イギリスでは住宅金融市場への公的介入（借入者へ

の補助金や税制優遇、保険の付与等）が限定的にしか行われていないこともあり、住宅ローン返済の延滞・差押え率は急速に上昇した。

　以上のように、イギリスの金融市場および住宅市場は、アメリカに端を発するサブプライムローン問題の顕在化の影響を大きく受けて停滞した。具体的には、直接的にはアメリカの仕組債への投資において大きな損失が発生し、また間接的には国内の金融市場、特にMBS市場において大きな混乱が発生し、一部の金融機関が流動性危機に陥った。また住宅市場ではバブルが崩壊し、それにより経済成長を支えてきた個人消費の停滞も起こり、イギリス経済は大きく減速することとなった。

2－2　住宅市場と住宅金融市場への監督機関の対応

　サブプライムローン問題の顕在化で金融市場が混乱するなか、イギリスの監督機関は住宅市場と住宅金融市場にたいしてどのような対応を行ったのだろうか。

　サブプライムローン問題の影響を受けてイギリスの住宅バブルは崩壊したが、この問題が顕在化した直後はこれによるイギリスの経済および金融市場への影響は限定的だった。詳しくみていくと、問題が顕在化した直後から住宅価格の上昇率は鈍化したものの、しかし2007年を通してみれば前年比で約10％上昇した。具体的には、ネーションワイドでは住宅価格指数が9.6％、HBOSでは6.7％、コミュニティー・地方自治省（Department of Community and Local Government：DCLG）では11.3％上昇したとしている[17]。また、2007年の住宅ローン新規貸出額も、総額では前年を上回った[18]。イギリスにおいて住宅市場と住宅金融市場が本格的に深刻化し、住宅価格の下落も顕著となったのは、サブプライムローン問題の顕在化から時間が少々経過した2007年第4四半期以降、特に2008年に入ってからであった。

　このようにみると、アメリカとイギリスでは問題が深刻化した過程が若干異なることがわかる。アメリカでは、住宅価格の下落や、サブプライムローンを中心とする住宅ローン返済の延滞・差押え率の上昇など住宅市場の混乱が先に起こり、それを受けて先に住宅金融市場が混乱し、その後に金融市場

第5章　世界金融危機下のイギリス住宅金融市場

が混乱した。しかしイギリスでは、アメリカのサブプライムローン問題の波及で先に金融市場が混乱し、それを受けて住宅金融市場が混乱し、その後に住宅市場が混乱した。

　この点は、イギリスの監督機関の対応を理解するうえでも注目すべきことである。すなわち、サブプライムローン問題が顕在化した直後のイギリスでは、混乱した金融市場への監督機関の対応は積極的に行われたが、混乱がまだ波及していなかった住宅市場と住宅金融市場への対応は積極的に行われなかった。住宅市場と住宅金融市場への対応が積極的に行われるようになったのは、後述するように、サブプライムローン問題がリーマン・ショックを経て世界金融危機と呼ばれる状況へと深刻化し、それにともないイギリスの実体経済も悪化し、その後に住宅市場と住宅金融市場の停滞が鮮明になってからであった。

　つぎに、サブプライムローン問題が顕在化した後の住宅市場と住宅金融市場への監督機関の対応についてみていく。まずは2008年4月21日に発表された特別流動性スキーム（SLS）が挙げられる。これはBOEによって発表された金融市場への流動性支援策で、BOEが公開市場操作（Open Market Operation：OMO）に参加可能な相手（金融機関および住宅金融組合等）の保有する金融資産の一部を、イギリス国債とスワップするというものである。スワップ可能な金融資産とは、イギリスとEEA（ヨーロッパ経済領域）で組成されたAAA格のMBSおよびカバードボンドが中心で、2007年末時点で金融機関が保有していたものとされた[19]。また、これにたいする申込み期限は6ヶ月間で、スワップ期間は1年間（ただし最長3年まで更新可能）とされた。このようにSLSは、金融機関の流動性確保を支援するという点では、それまでのものとは異なった形の資金供給策であった。BOEのマーヴィン・キング総裁は、SLSが発表された時点では「500億ポンド規模の経済対策」としていたが[20]、その後の2008年10月にはCMBSもスワップの対象に加えられ、その規模は2,000億ポンドに拡大された。さらに、これを利用する金融機関の増加を見込んで、申込み期限も2009年1月まで延長された。最終的にSLSはほとんどの対象金融機関に利用され、BOEによれば総額2,870億ポンドのMBS等が

図表5−11　イギリスMBSの新規発行額（2007年以降）

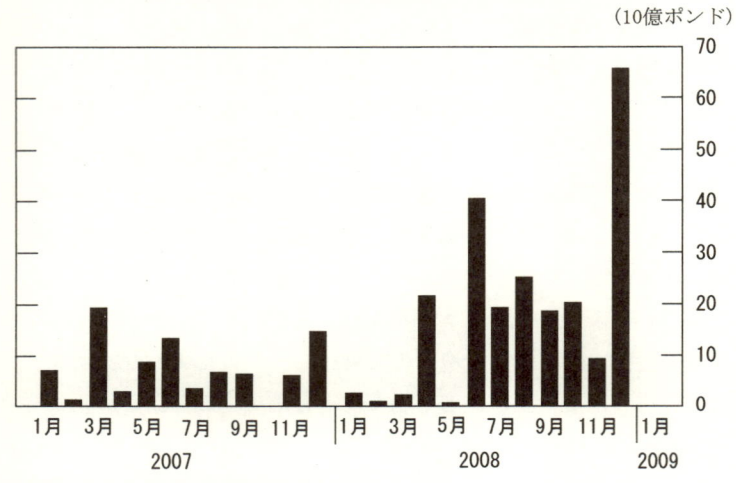

〔出所〕Bank of England[2009]p.137.

約1,850億ポンドのイギリス国債とスワップされた。[21]

　SLSが発表されて以降、イギリスMBS市場は回復傾向となった（図表5−11）。MBS発行額は、サブプライムローン問題が認識され始めた2007年には減少していたが、SLSが発表された2008年4月以降には、私募を中心に増加した。

　このように、サブプライムローン問題が顕在化した直後においては、BOE等の監督機関は金融市場への対応については積極的に行った。しかし、住宅市場と住宅金融市場への対応は積極的には行わなかった。SLSも住宅金融市場に関連するものではあったが、その主な目的はMBS市場やカバードボンド市場の停滞を緩和することにより金融市場全体の流動性と金融機関の資金調達難を改善することであった。結果として住宅市場と住宅金融市場への支援になった面はあったものの、しかし本来的な目的はやはり金融市場全体への対応策であり、住宅金融市場への直接の対応策ではなかった。

　ただし、2008年秋以降に世界金融危機と呼ばれる状況へと事態が深刻化すると、イギリスの金融市場はさらに混乱して実体経済も大きく悪化した。そ

して住宅市場および住宅金融市場の深刻化もより厳しいものとなった。その結果、政府や監督機関等は、それまで限定的にしか行ってこなかった住宅市場と住宅金融市場への対応を、以後はさまざまな形で打ち出さざるをえなくなった。

第3節　世界金融危機とイギリス住宅金融市場

3-1　リーマン・ショックとイギリス住宅金融市場

　2008年9月15日、アメリカの大手投資銀行であったリーマン・ブラザーズが破綻した。いわゆるリーマン・ショックであるが、これをきっかけに金融市場の混乱は世界金融危機と呼ばれる状況へと陥り、その影響を受けてイギリスの経済および金融市場は深刻化の度を増した。またリーマン・ショックをきっかけに世界金融市場の混乱が深刻化すると、それまで悪いながらも経営を維持してきた金融機関等にも危機が頻発した。

　これに対応すべく、各国の中央銀行は通常オペの増額に加えリスク資産の吸収も行うなど、中央銀行としては異例の対策を打ち出した。そしてアメリカの連邦準備制度理事会（Federal Reserve Board：FRB）は、世界中にドルを供給しつづけた。しかし危機の深刻化はそれでも収束せず、結局アメリカではベアースターンズがJPモルガン・チェースに、メリルリンチがバンク・オブ・アメリカにそれぞれ救済合併され、完全破綻したリーマン・ブラザーズのほかゴールドマン・サックスとモルガン・スタンレーは銀行持ち株会社となって投資銀行が消滅し、金融再編は決定的となった。またシティ・グループや大手保険会社のAIGも危機に陥って政府管理下に置かれた。

　このような危機の深刻化による金融再編はイギリスにおいても例外ではなく、すでに2007年に流動性危機に陥っていたノーザンロックが2008年2月に国有化され、9月18日にはHBOSがロイズTSBにより救済買収されてロイズBG傘下となった。またアライアンス・アンド・レスターも7月14日にスペインのサンタンデールに救済買収され、そしてブラッドフォード・アンド・

ビングレーも9月29日に国有化されたのち、リテール部門と支店網はスペインのサンタンデール傘下のアビーに移管された。またこの間、経営破綻ではないものの、9月8日にネーションワイド住宅金融組合がダービーシャー住宅金融組合とチェシャー住宅金融組合を吸収合併し、10月22日にヨークシャー住宅金融組合がバーンズレー住宅金融組合と合併し、11月4日にスキップトン住宅金融組合がスカボロー住宅金融組合と合併するなど住宅金融組合業界においても再編が起こった。さらに2009年に入ると、ビッグ・フォーのうちRBSとロイズTSBが経営難に陥り実質的に国有化され、住宅金融組合業界ではダンファームリン住宅金融組合が危機に陥って政府支援付きでネーションワイドに吸収された。
　リーマン・ショック後のイギリス金融市場について具体的にみていくと、サブプライムローン問題が顕在化した時点でイギリス金融市場では混乱が生じていたが、リーマン・ショック後には状況は一層深刻化した。そして信用リスクやカウンターパーティー・リスク等も大きく懸念されるようになり、流動性は一段と悪化して信用収縮はきわめて厳しいものとなった。流動性の悪化に関しては、イギリスでもドル資金の不足が顕著であった。なぜなら、他の諸国と同様にイギリスの金融機関も、インターバンクでドルを調達し、それをアメリカで組成されたドル建て金融商品に投資するケースが増加していたからである。そのためBOEは、9月18日にFRBとの間で為替スワップ協定を締結して400億ドルのドル資金を受け入れ、それを国内の金融機関に供給した。またFSAは10月3日に預金保護の上限を3万5,000ポンドから5万ポンドへ引き上げると発表し、金融機関にたいする預金者の信頼感の維持をはかった。さらにBOEは10月8日、主要国中央銀行の協調利下げに参加して政策金利を0.5％引下げ4.5％とした[22]。また利下げに先立ち、BOEはSLSの申込期間を2009年1月まで延長した。
　さらに同日、財務省は「政府支援資本増強スキーム（Government-Supported Recapitalization Scheme）」を発表し、外国籍銀行も含めた大手8金融機関への公的資金注入枠を準備した。具体的には、アビー、バークレイズ、HSBC、HBOS、ロイズTSB、ネーションワイド住宅金融組合、RBS、スタンダー

第 5 章　世界金融危機下のイギリス住宅金融市場

ド・アンド・チャータードの 8 つの金融機関に総額250億ポンドの注入枠を準備した。また、その他の金融機関にも資本注入の必要性が生じることへの備えとして250億ポンドを準備し、この時点で総額500億ポンド規模の対応策（救済策）となった。それと同時に、金融機関間の資金繰り支援のため、最大2,500億ポンドの銀行間取引の政府保証策（銀行発行の短・中期債への政府保証）を発表した[23]。このときの通貨はポンドに加え、ユーロとドルも認められた。そしてこれにもとづき財務省は10月13日、RBS、ロイズTSB、HBOSの 3 行に総額370億ポンド[24]の資本注入を行った。

　ところが、これらの対策を行っても金融市場の混乱は収まらなかった。そのため、2009年に入ると各監督機関はさらなる対応策を打ち出した。まず 1 月14日に、政府は総額213億ポンドの中小企業向け銀行融資の政府保証を打ち出し、同月19日には政府資本支援増強スキームにつづく金融安定化対策パッケージを発表した。このパッケージでは、①資産買取りファシリティ（Asset Purchase Facility：APF）を創設して500億ポンドまでの資産を金融機関から買い取ること、②金融機関の資産保護スキーム（Asset Protection Scheme：APS）を創設して特定の資産から生じる超過損失を財務省が負担すること、③ABSへ政府保証を行うこと、の 3 点が主要なものであった[25]。APSの発表直後はこれを利用する金融機関はあらわれなかったが、 2 月26日にRBSが、 3 月 7 日にロイズTSBがAPSを利用した。その後に両行は、さらなる経営状況の悪化もあって前述のように事実上の政府管理下に置かれた。なお、APFの規模は2009年 3 月に1,500億ポンド、 8 月に1,750億ポンド、11月に2,000億ポンドと拡大されていった。

　このように、この時期のイギリスの監督機関はアメリカでリーマン・ブラザーズが破綻した後と同様の事態をイギリスでは発生させないよう、大規模な支援策を緊急に打ち出した。しかもそれら支援策は、以前までのような金融市場全体に向けた支援策ではなく、各金融機関のバランスシートの健全化を主要な目的とする、より本格的な支援策であった。

　リーマン・ブラザーズの破綻を機に深刻化した金融市場の混乱のもとでは、住宅市場と住宅金融市場も大きな影響を受けた。2007年の夏以降には住宅バ

ブルは崩壊したが、2008年秋のリーマン・ブラザーズ破綻後から2009年にかけて、住宅市場の状況は一層厳しいものとなった。平均住宅価格は2007年のピーク時からおよそ20％も下落し（前掲図表3－3）、ネガティブ・エクイティに陥る住宅ローン借入者は増加した。このような逆資産効果は個人消費をさらに低下させ、これが個人消費を成長の大きな要因としていたイギリス経済の悪化をさらに促したと考えられる。またネーションワイド住宅金融組合のデータ[26]によれば、イギリスの住宅価格は2009年末においても年間所得倍率が約4.7倍で、2000年時点では3倍強であったことを考えると依然割高であり、住宅価格がさらに低下する余地はまだ大きい。2010年末時点の住宅価格は前年比では上昇傾向となったが、イギリス経済が不安定であることもあって不透明な様相は継続しており、場合によっては再び下落傾向となる可能性もある。また住宅ローン承認件数や住宅建設着工数も大幅に減少しており、金融機関による住宅ローン貸出姿勢の悪化とも重ね合わせると、当面は住宅市場と住宅金融市場の停滞はつづく可能性が高い。

　以上のように、リーマン・ブラザーズが破綻して世界の金融市場およびイギリス金融市場が深刻化するなかで、潜在的リスクが増大していたイギリスの住宅市場と住宅金融市場は状況が急速に悪化した。そのため政府や監督機関は、金融市場全体への対策にとどまらず、つぎにみるような住宅市場および住宅金融市場への直接的な対応策を打ち出すこととなった。

3－2　住宅市場と住宅金融市場への監督機関の対応

　2008年から2009年にかけて、イギリス住宅市場と住宅金融市場は日を追うごとに悪化した。そのため監督機関は早急な支援策の必要性を認識し、2008年9月2日、まず政府が10億ポンド規模の支援策として住宅所有者支援パッケージ（Homeowners Support Package：HSP）を発表した。この発表にはブラウン首相（当時）に加え、HSPの実施機関であるコミュニティー・地方自治省（Department of Communities and Local Government：DCLG）のブリアーズ大臣（当時）も同席した。自治体国際化協会[2008]のまとめによると、このパッケージの主な目的は住宅ローン借入者への支援で、具体的には以下

第5章　世界金融危機下のイギリス住宅金融市場

のような内容である。
① 現時点で自家保有をしておらず、経済的な理由で住宅購入が困難な者の初回住宅購入にたいして、3億ポンド規模の住宅取得支援対策である「ホーム・バイ・ダイレクト（Home Buy Direct）」を実施する。これにより最高で1万人が初回の住宅購入が可能となることを目指す。
② 住宅ローン借入者のうち返済に問題が生じている者が住宅差押えに陥らないよう、2億ポンド規模の「住宅ローン返済支援スキーム（Mortgage Rescue Scheme：MRS）」を実施する。これにより、最高で6,000人の住宅ローン借入者の保護を目指す。
③ 住宅ローン返済支援スキームに関連して、1億ポンド規模の住宅ローン利子所得補助制度（ISMI）の改革を行う。
④ 公営住宅建設向け予算の4億ポンド増額を前倒しで行い、早急に5,500戸の公営住宅の建設に取り掛かる。
⑤ 地域開発公社（Regional Development Agency：RDA）は、住宅市場の停滞で最も大きな影響を受けた地域の再開発を優先して行う。

このうち、①のホーム・バイ・ダイレクトとは、年収が6万ポンド以下の初回住宅購入者（First Time Buyer）にたいし、住宅価格の30％を上限として当初5年間は無利子の優遇ローン（エクイティ・ローン）を提供するというものである。また②のMRSとは、住宅ローン返済を行っている者で、急な事故・病気・失業等により収入が減少して住宅ローン返済に困難が生じた場合、地方政府が一定の保護を与えるというものである。一定の保護とは、具体的にはMRS利用者は以下の3つの選択肢から自分にあったものを選択する権利が与えられるというものである。
① 住宅組合（Housing Association：HA）が住宅の一部を住宅ローン借入者から買い取って共同所有とし、その部分を住宅ローン返済者に賃貸する。残りの部分は住宅ローン借入者がローン返済をつづける。
② HAが住宅ローン返済者に優遇エクイティ・ローンを提供し、住宅ローン返済額が減額されるようにする。
③ HAが住宅ローンを代理返済し、その物件を元の所有者（住宅ローン借

入者）に適正価格で賃貸する。
　HSPにおける③のISMI改革とは、それまでのISMIには受給申請から実際に支給されるまでに39週間の待機期間が設けられていたが、2009年４月からこの待機期間を13週間に短縮するものであった。このISMIの改革実施日は、その後の同年１月５日に前倒しされた。さらにISMIにおける一人当たりの住宅ローン利子所得の補助可能限度額が拡大され、2009年４月以降は現行の10万ポンドから17万5,000ポンドに引き上げられた。これについても同年１月５日に前倒しされた。なお17万5,001ポンド以上の住宅については、住宅の17万5,000ポンドまでの価値にたいする利子を労働・年金省が支払うものとされた。
　HSPの発表当日、これとは別に新規住宅購入における印紙税非課税限度額の引上げが発表された。これは2008年９月３日から2009年９月２日までの１年間に限り、居住用不動産取得の際に納める土地印紙税の非課税限度額を12万5,000ポンドから17万5,000ポンドに引き上げるとの内容であった。つまり、17万5,000ポンド未満の住宅購入にたいしては印紙税が免除されることになったのである。ただしこの時期のイギリスの平均住宅価格は20万ポンドを越えていたため、この減税効果は限定的とも思われる。しかしイギリスの平均住宅価格は地域間で格差があり、地方で17万5,000ポンドを超える住宅は多くない。それゆえ地方の新規住宅購入者は減税の恩恵を受けるであろう。ただし住宅バブル崩壊の影響が大きかったのはロンドンやイングランド南東部等の、住宅価格上昇率の高い大都市圏であった。そのためイギリス住宅市場全体を回復させるという意味では、そのような大都市圏の状況を改善することが望ましい。そう考えると、減税が住宅市場全体にもたらす効果は限定的となろう。
　現実にこれらの対策が発表された後も住宅市場の停滞はつづいた。そこで2008年12月３日、ブラウン首相（当時）は新たな対策である「住宅ローン借入者支援スキーム（Homeowner Mortgage Support Scheme：HMSS）」について言及した。このスキームは同月10日に詳細が発表されたが、その重要な点は、イギリスの住宅金融市場の約70％を占める８金融機関（HBOS、ネー

第5章　世界金融危機下のイギリス住宅金融市場

ションワイド住宅金融組合、アビー、ロイズTSB、ノーザンロック、バークレイズ、RBS、HSBC）から住宅ローン借入をしている者に返済困難が生じた場合、住宅ローンの利子支払いを最長2年間延期できるようにする、というものであった。なお政府はこれに先立ち上記8行との間にHMSSに関する合意を取り付けていたため、HMSSの発表後に金融機関から不満が出たり混乱が生じるといったことはなかった。

　以上のように、2008年秋のリーマン・ブラザーズ破綻を機に一層深刻化したイギリスの住宅市場と住宅金融市場にたいし、政府や監督機関は迅速かつ大規模な支援を実施した。具体的には住宅ローン返済が困難に陥った者への支援や、新規住宅購入の促進といった直接的な介入であった。これらの支援策がどの程度住宅ローン借入者に利用され、どのような効果を挙げたかは今後明らかになる。しかしその規模からみれば、市場回復に貢献できる範囲は限定的に留まると考えられる。

第4節　世界金融危機とイギリスのMBS市場・カバードボンド市場

4－1　危機が深刻であったMBS市場

　世界金融危機下の世界金融市場およびイギリス金融市場については、前述のとおり大きく停滞した。そしてこの時期は、イギリスMBS市場も、発行市場・流通市場ともに大きく停滞した。発行市場では、2007年上半期には約550億ポンドのMBSが発行されていたものの、同年第3四半期以降は急速に落ち込み、下半期の発行額は約150億ポンドとなった。そして2008年の上半期には（特に公募では）ほとんど発行されなくなった（前掲図表3－4）。

　このようなMBS発行額の急速な減少は、投資家の投資意欲の低下が強く関連している。通常、ひとつのMBSが発行されるまでには、およそ3ヶ月から4ヶ月の準備期間を要する。そのため、発行額が急速に落ち込んだ2007年第3四半期以降に発行されたMBSは、2007年第1四半期末頃から発行準備が進められていたものと考えられる。また2007年前半のMBS市場が安定

図表5−12　発行済みイギリスMBS（AAA格、期間3−5年）スプレッド推移

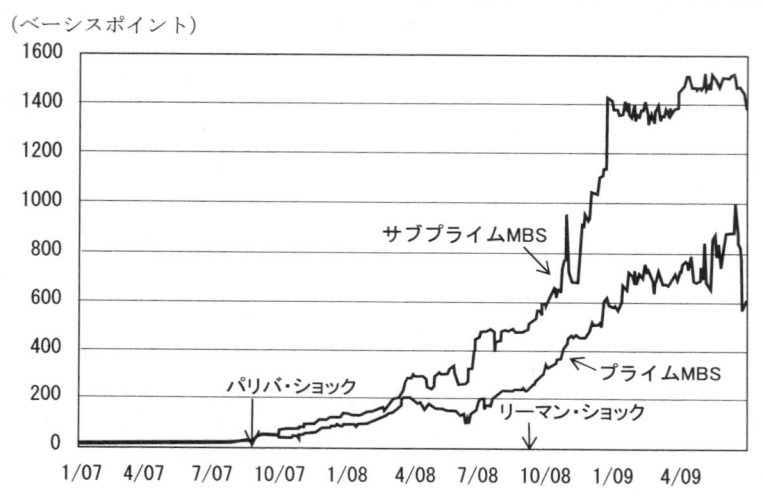

（ベーシスポイント）

注）プライムMBSはプライムローンから組成したMBS、サブプライムMBSはサブプライムローンから組成したMBS。
〔出所〕Markit, European Securitisation Forumより作成。

していたことや、それまでのトレンドからみても、各金融機関では2007年後半も多額のMBSの発行準備を進めていたはずである。しかし現実的には、この時期にはほとんど発行されなかった。これは、発行体が発行を控えたと考えるよりも、投資家の投資意欲の低下で発行できなかった、換言すれば、発行しても買手があらわれないだろうと考えた発行体が発行を控えた、と考える方が事実に近いであろう。発行体は計画どおり発行し投資家へ売却し、それによる資金調達ができることを望んでいたであろうが、投資家はMBS市場を含め証券化商品市場全体の不透明感を嫌い、また自らも投資余力が低下したため投資を控えた、ということである。

つぎに流通市場の状況をみると、ここにおいても大きな停滞が生じた（図表5−12）。2007年7月までの流通市場では、イギリスのプライムMBSおよびサブプライムMBSはLIBORと15bp程度の信用スプレッドで取引されていたが、8月のパリバ・ショックを境にスプレッドは上昇を始め、2008年9月

第5章　世界金融危機下のイギリス住宅金融市場

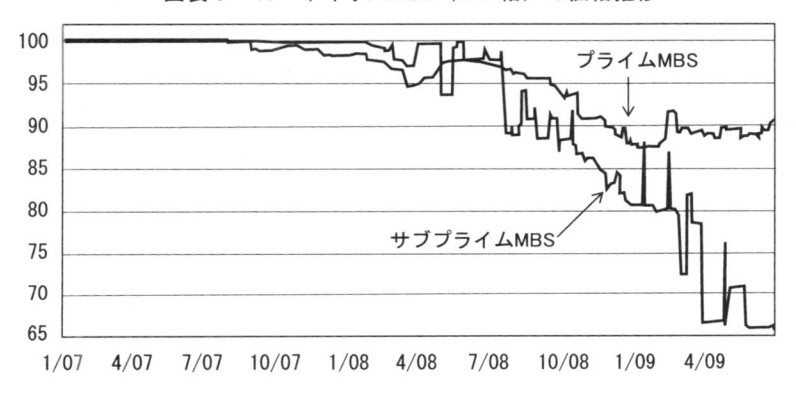

図表5-13　イギリスMBS（AAA格）の価格推移

注1）2007年の年初価格を100とした場合の価格推移。
　2）プライムMBSはプライムローンから組成したMBS、サブプライムMBSは
　　サブプライムローンから組成したMBS。
〔出所〕Markit, European Securitisation Forumより作成。

のリーマン・ショックまでにはプライムMBSであっても200bpを超え、さらにリーマン・ショック後には300bpを超えて一層上昇をつづけ、2009年4月のピーク時になると1,000bpを超えた。サブプライムMBSのスプレッドについてはプライムMBSよりはるかに高い水準となり、ピーク時には1,500bpを超えた。また発行済みMBS価格も、金融危機発生等が懸念され始めていた2007年以降に下落が明確になり、2009年第2四半期までに、プライムローンから組成されたMBSでさえ10％以上下落した（図表5-13）。

ところでこのような市場の停滞は、イギリスMBS全体の42％を保有するなど、イギリスMBS市場における主要な投資家であったアメリカMMFの動向も関係していると考えられる。米倉［2009］は、アメリカMMFは2007年前半まではSIV等が発行するABCPへ投資していたが、2007年後半以降はこれらが抱えるサブプライムローン関連証券の価格暴落への不安感から、主な投資対象を譲渡性預金（Certificate of Deposit：CD）へと変化させたことを[27]明らかにしている。また前述のように、証券化商品そのものへの不信感からイギリスMBS市場でも価格の下落が生じ、さらにイギリスではMBSやその

173

原債権の住宅ローン債権に公的信用補完等が施されていないこと等もあり、アメリカMMFはイギリスMBSへの投資についても慎重になった可能性が大きい。加えてアメリカMMFがSIV等からのABCP購入に慎重になったことで、イギリスMBSの10％を購入し、それを再証券化してアメリカMMFに販売していたSIVやConduitにおけるイギリスMBSへの需要も、その大部分が失われた可能性がある。このように考えると、アメリカMMFの投資行動の変化により、イギリスMBSへの需要も最大50％以上失われた可能性がある。これがイギリスMBS市場の停滞要因のひとつになったとも考えられる。

　なおここであらためて注意すべきは、この時期のアメリカMBS市場とイギリスMBS市場では、停滞に至る経緯が異なることである。アメリカでは住宅市場の問題が引き金となって住宅金融市場およびMBS市場の縮小が起こったが、イギリスではMBS市場の停滞が始まった2007年第3四半期においても住宅市場は持ちこたえていた。住宅価格は前年同月比でおよそ10％上昇し、住宅ローン返済の延滞・差押え率も、上昇はしているもののアメリカよりはずっと低率であった。また、2007年の住宅ローン新規貸出額も前年を超えた。このような点から、イギリスのMBS市場の停滞は、あくまでアメリカのMBSおよび証券化商品市場の混乱が波及して起こった停滞であったと考えることもできる。

　ただしこれについては、イギリスMBS市場の停滞の初期に限ったことである点に注意する必要があろう。その後の2008年以降に発生したイギリス金融市場全体の停滞や金融機関の危機の多くは、アメリカの仕組債への過大な投資が巨額の損失を出したことによるものであり、金融機関の行動に起因する内的な要因によるものである。

　またアメリカMBS市場の停滞に関しても注意すべき点がある。アメリカMBS市場はたしかに停滞したが、しかし停滞といっても、それは民間金融機関が発行した、サブプライムローンを原資とするMBSの市場に顕著だったという点である。事実、アメリカの民間MBS市場は著しく停滞し、2007年後半以降はほとんど発行されなくなった。また発行済みのMBS価格もほ

ぼ半額となるなど崩壊状態に陥ったが、エージェンシーの発行したMBSには大きな変化は起こらず、少なくとも停滞と呼べるような状況は発生しなかった。[28]

4-2　ノーザンロック危機の発生

　イギリスMBS市場の停滞は、イギリスの金融機関にも大きな影響を与えた。具体的には、これにより2007年9月にノーザンロックが流動性危機に陥り、BOEの支援を受けるという事態が生じた。ここからはノーザンロック危機を分析しながら、同時に他の金融機関や住宅金融組合等の状況にも触れ、イギリスMBS市場の停滞が金融市場および金融機関に与えた影響について考察していく。

　まずノーザンロックについて確認する。ノーザンロックは危機に陥った2007年時点では銀行であったが、もともとはイングランド北部のニューカッスルを起源とする住宅金融組合で、1997年に銀行へ転換した金融機関であった。危機に陥る前年である2006年末の住宅ローン貸出残高は770億ポンドでイギリス第5位（シェア7.2%）、年間融資額は29億ポンドで同3位（同8.4%）であり、イギリス住宅金融市場においては大手であった（図表5-14）。また銀行へ転換した1997年の残高シェアが2.1%であったことを考えると、短期間で急速に規模を拡大させたことがわかる。[29]

　ノーザンロックは1997年の銀行転換以降、主な資金調達方法をリテール預金の吸収から市場性資金の吸収へと変化させた。なかでもMBS発行による資金調達額は年々増加し、Northern Rock[2008]によれば、これによる調達額は資金調達総額において最も大きな割合を占めるようになった（図表5-15）。またNorthern Rock[2008]には、ノーザンロックが2007年の前半だけで107億ポンドのMBSを発行していたことが示されているが、この金額はノーザンロックの資金調達総額の約40%を占め、しかもこの時期のイギリスMBS発行総額の約20%を占めていた。一方、銀行において本来的に重要とされてきたリテール預金吸収による資金調達額の割合は、住宅金融市場でプレゼンスの高い他の銀行や住宅金融組合と比較して低く、2007年6月末時点

図表5-14 住宅ローン市場大手10社

住宅ローン融資残高ランキング

2006	(2005)	金融機関名	£bn	シェア
1	(1)	HBOS	220.0	20.4%
2	(3)	アビー	101.7	9.4%
3	(2)	ロイズTSB	95.3	8.8%
4	(4)	ネーションワイド住宅金融組合	89.6	8.3%
5	(5)	ノーザンロック	77.3	7.2%
6	(6)	ロイヤルバンク・オブ・スコットランド	67.4	6.2%
7	(7)	バークレーズ	61.6	5.7%
8	(8)	HSBC	39.1	3.6%
9	(9)	アライアンス・アンド・レスター	38.0	3.5%
10	(10)	ブラッドフォード・アンド・ビングレー	31.1	2.9%

住宅ローン年間融資額ランキング

2006	(2005)	金融機関名	£bn	シェア
1	(1)	HBOS	73.2	21.2%
2	(2)	アビー	32.6	9.4%
3	(4)	ノーザンロック	29.0	8.4%
4	(3)	ロイズTSB	27.6	8.0%
5	(5)	ネーションワイド住宅金融組合	21.1	6.1%
6	(6)	ロイヤルバンク・オブ・スコットランド	20.0	5.8%
7	(8)	バークレーズ	18.4	5.3%
8	(9)	アライアンス・アンド・レスター	12.6	3.7%
9	(7)	HSBC	12.4	3.6%
10	(11)	GMAC-RFC	12.1	3.5%

〔出所〕Council of Mortgage Lenders[2007a]p.6.

第5章 世界金融危機下のイギリス住宅金融市場

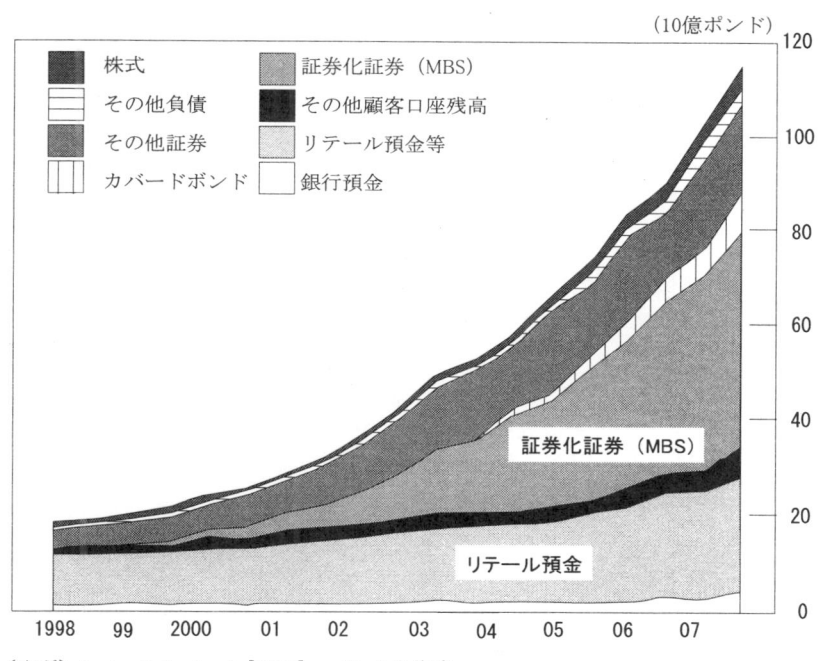

図表5−15 ノーザンロックの資金調達構成の推移

（10億ポンド）

凡例：株式／その他負債／その他証券／カバードボンド／証券化証券（MBS）／その他顧客口座残高／リテール預金等／銀行預金

〔出所〕Bank of England［2007］p.10.より作成。

で約30％であった（図表5−15）。このように、特に銀行転換後のノーザンロックにとってMBS発行は、住宅金融の困難性の解除というよりは資金調達や事業拡大において非常に大きな意味を持つものであった。

ノーザンロック危機の経過であるが、パリバ・ショック直後の2007年8月14日、ノーザンロックは、MBS市場の停滞により新規発行が事実上不可能となったことで資金調達が困難化したため、これをBOEへ相談した。それを受けてまずFSAがノーザンロックの検査に入ったが、この時点ではノーザンロックの業務継続には問題がないと判断され、BOEは具体的な支援等を行わなかった。しかし同月10日、ノーザンロックはMBS市場の一層の停滞もあり資金繰りが本格的に悪化し、BOEへ正式に緊急支援を要請した。そして9月13日、イギリス政府はBOEによる支援を承認し、BOEは翌14日に

図表 5 －16　Granite発行済みMBSのスプレッド推移（2007年）

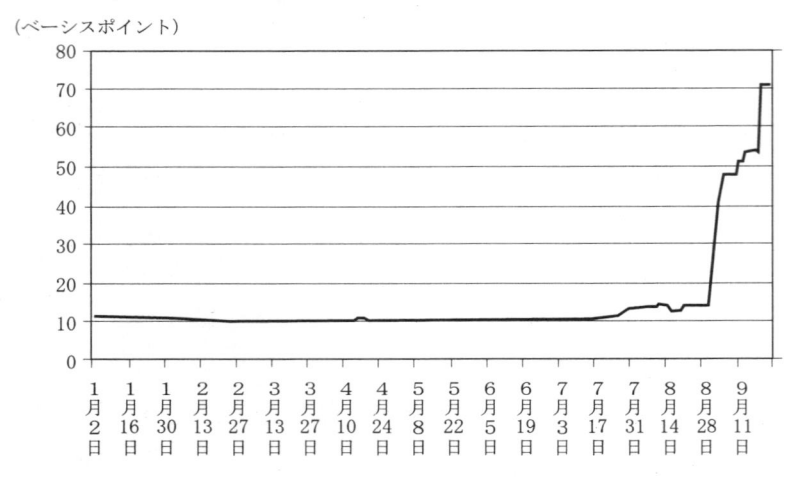

（ベーシスポイント）

[出所] Markit[2007] p. 2.

ノーザンロックからの要請を受け入れる公式声明を出した。これによりノーザンロック危機は人々の知るところとなり、ノーザンロックの支店前ではイギリスにおいて取り付けが発生した。

　ノーザンロック危機とイギリスMBS市場の関連性について具体的にみていくと、ノーザンロックはSPCの"Granite Master Issuer plc.（以下Granite）"を通してMBSを発行していた。そしてノーザンロック危機が明るみになると、発行市場ではGraniteが2007年第 3 四半期に発行したMBSに高い信用スプレッドが発生した。通常時であれば、GraniteがAAAのMBSを発行する際の信用スプレッドは10bp程度であったが、2007年 9 月にGraniteが発行した"Granite Master Issuer 2007-03"では、AAAでもおよそ40bpとなった[30]。これはノーザンロック・プレミアムの発生により、Granite発行のMBSに買手があらわれなくなったことを示すものである。[31]

　さらに流通市場でも、Granite発行済みMBSに高い信用スプレッドが発生した。金融情報提供会社のMarkitによると、市場が安定していた2006年には、流通市場でのGraniteの発行済みMBS（AAA）の信用スプレッドは10bp

第5章　世界金融危機下のイギリス住宅金融市場

程度で安定していたが、2007年7月から8月にかけて上昇を始め、パリバ・ショックが起こった8月末にはおよそ50bpへと大幅に上昇し、さらにノーザンロックがBOEへ流動性支援を正式に要請した9月10日以降には70bpを超えた（図表5－16）。このような状況は、流通市場においてもGraniteが発行したMBSを買う投資家があらわれなくなったことを示している。

　Graniteにおけるこのような状況は、ノーザンロックが資金調達を十分に行うことが不可能となったことをあらわしている。当然ながらノーザンロックは、MBSを発行する代わりに短期金融市場からの資金調達も試みたであろうが、短期金利の高騰やノーザンロックのリスク・プレミアムの代替指標でもあるCDSのプレミアムが上昇しており、これによる調達も不可能であった。こうしてノーザンロックは、結果的にBOEからの流動性供給に頼らざるをえない状況となったのである。

　ノーザンロック危機にたいしては、BOE・財務省・FSAの3者が、1997年10月に発表した覚書[32]に沿って協力して対応に当たった。具体的には、BOEはノーザンロックへの流動性供給等を行い、財務省はノーザンロックに預けられている預金の全額保護等を行い、そしてFSAはアナウンスメント効果を意図してノーザンロックへの預金者にたいし安全性の呼び掛け等を行った。しかしそれでも危機は回避されず、最終的に政府は2008年2月にノーザンロックを国有化することを発表した。

　ノーザンロックの国有化後、政府はその処理について多くの議論を行った。そして政府は、EUの執行機関であるヨーロッパ委員会（European Union）の独占禁止規制当局に、ノーザンロックを「グッド・バンク」と「バッド・バンク」に分割して処理することを提案した。この提案は2009年10月28日に承認され[33]、同時にグッド・バンクはノーザンロックの商号を継続し、バッド・バンクはノーザンロック・アセット・マネジメント（Northern Rock Asset Management：NRAM）として別会社となることも決定した。しかし、この決定にたいしイギリス住宅金融組合協会（Building Society Association：BSA）は、ノーザンロックのグッド・バンク部分がイギリスの住宅金融市場で過度に強い地位を占めることになると強い不満を示し、これを受け入れるのと引

179

換えにグッド・バンク部分が欧州委員会へ保証料を支払うこと、また同行の預金への政府保証を撤廃することを主張したが、結局この提案は受け入れられなかった。

その後の2010年3月24日、ノーザンロックを国有化した後の親会社（公社）となったUKファイナンシャル・インベストメント（UK Financial Investments：UKFI）[34]は、財務省のサポートのもと、NRAMとブラッドフォード・アンド・ビングレーの残余部分を統合してひとつの精算会社を設立することを発表[35]し、これにもとづき同年10月1日にUKアセット・リゾリューション（UK Asset Resolution Limited：UKARL）を創設した[36]。ここにおいてNRAMは、ブラッドフォード・アンド・ビングレーの残余部分とともに、残余資産の精算を政府管理下で行うこととなった。

また、ノーザンロックと同様に資金調達を市場性資金の吸収に大きく依存していた他の金融機関においても、2008年から2009年にかけて経営危機が頻発した（前掲図表3-7）。アライアンス・アンド・レスターは資金調達コストの上昇が利益率を圧迫したことで経営難に陥り、同年7月にスペインのサンタンデールに買収された。ブラッドフォード・アンド・ビングレーも2008年9月に流動性危機に陥り国有化された後、リテール部門がサンタンデールに売却された。同年9月に実質的に経営破綻してロイズTSBに救済合併されたHBOSも、調達資金総額の50％以上が市場性資金の吸収によるものであった。ちなみにこれらの金融機関の負債におけるリテール預金の割合は、他と比較しても低いものであった。

もちろんこれら金融機関の危機のすべてがMBS市場の縮小と強く関係していたという根拠は無い。しかし、それらがイギリスMBSの発行市場で2000年以降にプレゼンスを高めていた金融機関であったことは事実であった。なお、ネーションワイド住宅金融組合やヨークシャー住宅金融組合など、リテール預金の吸収を中心に資金調達を行っていた金融機関のなかではMBS発行も積極的に行っていたものもあったが、これらにおいては世界金融危機下でも危機に陥ったとの事実はない。

4-3 イギリスMBS市場への監督機関の対応

イギリスMBS市場は2007年後半以降著しく停滞したが、これにたいして監督機関はどのような対応を行ったのだろうか。

イギリスでは従来からMBS市場への公的介入が強くは行われていなかったこともあり、この時期の金融市場の混乱のなかにあってもMBS市場への対応は直接的には行われず、むしろイギリス金融市場全体への対応策の一部に含める形で行われた。

具体的にみるならば、2008年4月21日にBOEが発表した特別流動性スキーム（SLS）が挙げられる。SLSの内容についてはすでに述べたとおりであるが、イギリス金融市場全体にたいする流動性供給を目的に行われたSLSにおいて、MBSはイギリス国債とのスワップ対象資産となり、またスワップで取得しイギリス国債はOMOの担保とすることも可能とされた。このSLSが発表されて以降、イギリスMBSの発行額は、SLSの利用を前提とした私募発行を中心に急増した（図表5-11）。そして同5月には約400億ポンドのMBSが発行され、その後も同9月まで月平均で200億ポンド程度発行された。

またSLSの発表にともない、MBSの流通市場においても改善傾向がみられ、スワップ対象となるAAAのプライムMBSの信用スプレッドは低下を始めた。具体的にみるならば、プライムMBSの2008年4月時点のスプレッドは200bp前後であり、それ以前と比べるとかなり高い水準となっていた。しかしSLSが発表された4月以降は低下傾向となり、同7月までには100bpと、4月時点の約半分にまで低下した（図表5-12）。SLS対象外であったサブプライムMBS（AAA格）の同期間のスプレッドがほぼ横這いかむしろ若干上昇傾向であったことと比較すれば、SLSの発表によりプライムMBSの発行市場および流通市場の停滞は明らかに以前とは異なる動きを示すようになった。

ただしSLSの申込み期限を迎えた2009年1月になると、MBSの発行市場は再び停止状態となった（図表5-11）。また流通市場の回復傾向も長続きせず、2008年8月以降は再びスプレッドが上昇し、むしろ以前に比べて著しく高い上昇率を示した（図表5-12）。このような点から、SLS発表後のMBS

発行市場と流通市場の（一時的な）改善は、SLSの直接的な効果による市場回復ととらえることは正確ではないと判断できよう。正確には、この時期のMBS発行体は、MBS市場の停滞により証券化できなかった住宅ローン債権をSLSの利用により手放し、その代わりに取得した国債を担保にOMOに参加して流動性を確保することを目的にMBS発行を行ったと考えるべきである[37]。また流通市場に関しても、SLSの実施期間中は万が一の場合でもMBSを国債とスワップできるため、投資家におけるMBS保有意欲もある程度回復し、そのためスプレッドが低下した面があったと考えるべきではないか。

　ところで、2008年秋以降の世界金融危機下のイギリスMBS市場の停滞や、またこれによりイギリスの金融機関が大きな影響を受けたことを危惧し、財務省は新たなMBS規制について言及した。具体的には、EEAにおける証券化商品市場の自主規制機関であり、FSAも金融サービス・市場法において公認しているヨーロッパ証券化フォーラム（European Securitisation Forum：ESF）が、これもヨーロッパの証券化商品市場の自主規制機関である証券業・金融市場協会（Securities Industry and Financial Market Association：SIFMA）と共同で2009年2月に発表した「RMBS発行体の透明性および情報開示に関する原則（RMBS Issuer Principles for Transparency and Disclosure）」（以下「原則」[38]）の内容を、イギリス財務省も支持すると発表したのである。そして財務省は、これに沿う形でMBS市場参加者にたいして一貫性と透明性、および市場へのアクセシビリティを求めることとを関係機関に通知した（HM Treasury[2009]）。この「原則」は、法律や条約ではないため強制力を有するものではない。しかしMBSを発行する多くの金融機関がこれに賛同した[39]。具体的にはバークレイズ、ロイズTSB、RBS、ネーションワイド住宅金融組合、GMAC－REF等であり、これはすなわち、イギリス住宅金融市場とMBS市場のメインプレーヤーがこの原則に賛同したということである。

4－4　安定的であったカバードボンド市場
　2007年8月に顕在化したサブプライムローン問題、およびその後のリーマ

第5章　世界金融危機下のイギリス住宅金融市場

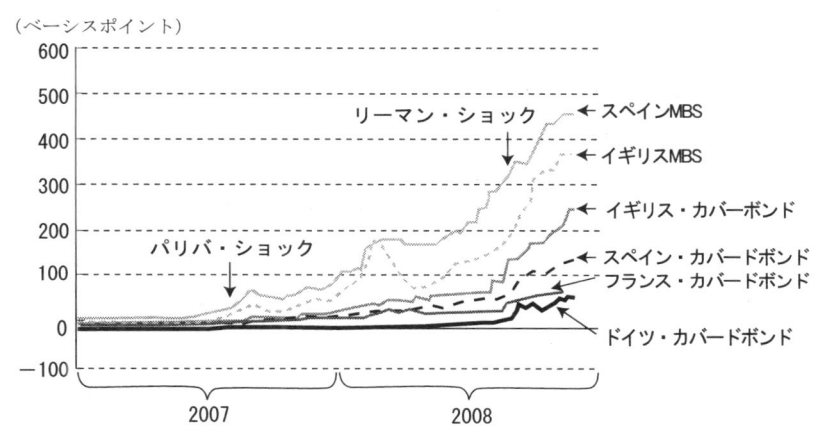

図表5－17　カバードボンドとMBSのアセット・スワップ・スプレッドの国際比較

(ベーシスポイント)

グラフ内ラベル：リーマン・ショック、パリバ・ショック、スペインMBS、イギリスMBS、イギリス・カバードボンド、スペイン・カバードボンド、フランス・カバードボンド、ドイツ・カバードボンド

注）カバードボンドはすべて住宅ローン債権を担保としたもの。
〔出所〕河村[2009]p.61.をもとに作成。

ン・ショック後の金融危機下では、ヨーロッパの多くの国で住宅市場および住宅金融市場が停滞した。そのような状況下でMBS市場は機能がほぼ麻痺したが、それではこの時期のカバードボンド市場はどうだったのだろうか。

　この時期のヨーロッパ主要国のカバードボンド市場およびMBS市場におけるアセット・スワップ・スプレッドを比較すると、パリバ・ショック以前のカバードボンドおよびMBSのスプレッドはともに低い水準で推移していた（図表5－17）。しかし、パリバ・ショックを機に両者のスプレッドは異なる動きを示すようになった。すなわち、両市場ともスプレッドは上昇したものの、カバードボンドのスプレッドはMBSのそれよりも上昇幅がずっと小さかったのである。ドイツで発行されたものに限ってみれば、むしろスプレッドの拡大はほとんどみられなかった。一方でMBSのスプレッドは、たとえプライムMBSであってもパリバ・ショック以降は急速に上昇し、リーマン・ショックの時期までに発行されたスペインMBSで300bp、イギリスMBSで100bp代後半にまで広がった。このように、パリバ・ショックからリーマン・ショック前までのカバードボンド市場の状況は、決して良いとはいえないも

183

ののMBSと比較すればずっと落ちつきをみせていた。

　カバードボンド市場がリーマン・ショック前は安定していたこともあり、同市場への政府等による対応はそれほど大きくなく、少なくともイギリスにおいては対応策が打ち出されることはなかった。2007年11月21日、ECBCがカバードボンド市場のボラティリティーの高さを危惧し、ヨーロッパにおける銀行間のマーケット・メイクを同月26日まで停止することをマーケットメーカーに勧告したということもあったが、これはあくまで他の証券化商品市場に生じていた投売り等を発端とする価格の急速な下落などがカバードボンド市場でも生じることを事前に防止するのが目的であり、カバードボンド市場に混乱が生じたために行われた対応というわけではなかった。

　ただし、イギリスのカバードボンド市場では他国の同市場よりもスプレッドが拡大した。これは、2007年9月14日にノーザンロックが流動性危機に陥りBOEから緊急支援を受けたことが関連していると考えられる。すなわち、ノーザンロックが流動性危機に陥ったことを受け、同日に大手格付け機関のフィッチとスタンダード・アンド・プアーズ（S&P）がノーザンロックの信用格付けを1ノッチ引き下げた。しかし、ノーザンロックはイギリスのカバードボンド市場では一定のプレゼンスを示していたため、これによるカバードボンド市場の混乱発生を危惧したマーケットメーカーは、イギリスにおけるカバードボンド取引を一時的に停止した。またこの時期には、ムーディーズもノーザンロック発行のカバードボンドの格下げを検討していると報道されていた（翌年2月にノーザンロックが国有化されると、実際に格下げが行われた）。さらにそれ以前から、イギリスでは多くの金融機関でサブプライムローン問題に関連する損失が拡大しており、通常時から低いMBS等の証券化商品の流動性がさらに低下していた。そのため投資家は、混乱が生じるリスクは少なからずあったものの、まだ機能していたカバードボンドの流通市場でこれを売却して準備を増やす等の行動を取っていた。結果として、イギリスのカバードボンド市場は売り注文主導の取引が活発化し、ボラティリティーも高まったのである。このように、イギリスのカバードボンド市場に限っては2007年時点で混乱が生じていたこともあり、スプレッドの拡大は他国よ

しかし、リーマン・ショック以降は様相が異なる。すなわち、MBSのみならず、カバードボンドのスプレッドもヨーロッパ全体で急速に上昇したのである。これは当然ながら金融市場全体が混乱したからであるが、しかしこの時点のカバードボンド市場においてはデフォルトなどは生じていなかったことから、カバードボンドというよりもむしろ証券化商品そのものに不信感が高まったことにより生じたと考えられる。とはいえヨーロッパの多くの金融機関にとって、カバードボンドは資金調達手段および投資対象として大きな位置付けにあった。そのため、ヨーロッパの金融市場を安定させるという意味ではカバードボンド市場を安定させることも重要なことであった。そのようなことから、ヨーロッパ中央銀行（European Central Bank：ECB）は、2009年5月に「カバードボンド買取りプログラム（Purchase programme for covered bonds）」の実施を発表し、翌6月4日にはこのプログラムの詳細を発表した。概要としては、格付機関よりAAかそれと同等格付けを得ているユーロ建てカバードボンドを、ECBが2010年6月までに市場から600億ユーロ買い取るというものであった。ただし、600億ユーロという規模はヨーロッパのカバードボンド発行残高の4％程度で、また（名目）GDPの1％以下であった[41]。アメリカやイギリスの資金供給プログラムの規模（資産買取り額）が、（名目）GDP比で10％前後であったことと比較すると、この金額はずっと小規模であった。いずれにしてもこのプログラムにより、当初の予定どおり600億ユーロ（422件）のカバードボンドが、発行市場から162億ユーロ（全体の27％）、流通市場から438億ユーロ（同73％）買い取られた[42]。

なおこの時期にカバードボンド市場が停滞した要因には、各国政府が"異例の危機対応"の一環として、銀行負債に政府保証を付与したことも指摘されている[43]。すなわち、カバードボンドが国債並みの安全性を有していたがために投資していた投資家が、これによりさらに安全な政府保証付き銀行負債へ投資先を変化させたためにカバードボンドの流通取引が停滞した、という指摘である。この指摘が当てはまる部分もあるとは考えられるが、しかし世界金融危機が深刻化する過程において生じた住宅ローン返済の延滞・差押え

率の上昇や住宅価格の大幅な下落等により新規発行が事実上不可能となったMBSとは異なり、カバードボンドにおいてはデフォルトは発生せず、危機以前よりは小規模ながらも、一定の規模で新規発行が継続されていた。その点では、結果論であるが、カバードボンドは安全性の高いものであることが証明されたとみることもできる。

　このようなこともあって、イギリス政府ではカバードボンド市場を拡大させ、それにより金融市場、特に住宅金融市場の回復を後押ししようとする動きが生じた。第4章で詳しく述べたように、イギリスでは2008年3月6日にカバードボンドに関する特別法として「2008年カバードボンド規制法（The Regulated Covered Bonds Regulations 2008）」が施行され[44]、カバードボンド市場の拡大に大きく影響する国内法の整備がすでに行われていたが、その後もカバードボンド市場の拡大を意図した施策の策定が議論されているのである。

第5節　イギリス金融機関の変化

　イギリスでは、2007年夏以降の金融市場の混乱とともに金融業界の再編が起こった。ここからはその再編の過程と、再編が起こった主な要因についてみていきたい。

　イギリスの金融機関を大きく分類すると、預金取扱金融機関、証券会社（投資銀行）、機関投資家に分けられる。このうち金融市場の中心をなしているのは預金取扱金融機関であるが、預金取扱金融機関をさらに分けるならば商業銀行と貯蓄金融機関（住宅金融組合等）に分けられる。商業銀行においては、特にビッグ・フォーと呼ばれるHSBC、RBS、ロイズTSB、バークレイズの4行が存在感を示してきた。そしてこれらビッグ・フォーを含め、ビッグ・バン以降の商業銀行は対個人信用（リテール・バンキング）を中心に経営を行い、資金調達においてもリテール預金の吸収による調達を重視しているものと考えられていた[45]。

第5章　世界金融危機下のイギリス住宅金融市場

　ところが特に2000年以降、ビッグ・フォーも含めイギリスの商業銀行は大きく変化した。そのもっとも顕著なあらわれがバランスシート構造の変化であり、またそれにともなうバランスシート規模の急速な拡大である。

　まずバランスシート構造についてみていくと、前述のとおり従来のイギリスの商業銀行はリテール預金の吸収を中心に資金調達を行っていたため、バランスシートの負債側においてもリテール預金の占める割合が大きかった。ところが2000年代に入ると負債側におけるリテール預金の割合は低下し、代わって短期金融市場からの借入れや債券発行等の市場性資金の割合が増加した。また海外からのバンク・ローンも増加し、負債構造は急激に変化して負債総額も急速に増加した。

　一方でバランスシートの資産側では、顧客貸出額は総額ベースでは増加をつづけてきたものの、それが総資産に占める割合は減少傾向となっており、逆に有価証券やデリバティブの占める割合は急速に増加をつづけてきた。このように、2000年以降の商業銀行ではバランスシートの資産側の構造も急激に変化し、また資産規模も拡大した。その結果、バランスシート規模そのものも急速に拡大したのである。

　この傾向はビッグ・フォーにおいても同様となっており、近年のバランスシートの負債構造からは、資金調達を債券発行やバンク・ローンなどの市場性資金に大きく依存していることがわかる[46]。また資産側にはデリバティブや有価証券の占める割合が大きく、顧客貸出の割合は以前と比べ減少している。そしてこのようななかでバランスシートの規模自体も大きく拡大している。さらにSIVやコンデュイットを利用してオフバランスで証券化商品や非市場性商品を大規模に保有したり、SPCを利用してMBS等の証券化商品を大規模に発行したりしていたことも明らかになっている。

　このような変化を預貸率という切り口からみるならば、2007年にはバークレイズ、RBS、ロイズTSBの3行が100%を大きく超え、HSBCもそれに近い値となった[47]。また、分母を自己資本、分子を純資産として算出した値であるレバレッジ・レシオも高水準となり、2007年時点ではHSBCが22.4倍、RBSが42.8倍、ロイズTSBが25.3倍、バークレイズが44.8倍であった。アメ

リカではJPモルガン・チェースが17.0倍、バンク・オブ・アメリカが20.6倍、シティが24.5倍であったことと比較すると、イギリスのビッグ・フォーはアメリカの代表的な金融機関と同等かそれ以上に高いレバレッジ・レシオで経営を行っていたのである[48]。このようなことは以前のビッグ・フォーにはみられなかったことである。

　ところが、パリバ・ショック以降の金融市場の混乱により、ビッグ・フォーのうちRBSとロイズTSBの2行が事実上の政府管理下に置かれ、またその他2行も大きな損失を計上して経営は厳しいものとなった。そしてこれ以外の銀行でも、同様のバランスシート構造で経営を行っていた金融機関においては大きな損失が発生して経営危機や救済合併に陥り、なかには国有化されるケースも発生した。前節において考察したノーザンロック危機がその典型例といえよう。これはすなわち、従来型の商業銀行とは異なるバランスシート構成による経営が、サブプライムローン問題を契機として発生したようなグローバルな金融市場の混乱や危機、それにともなう資産の劣化等には耐えることができなかったということを示している。これは逆も然りで、このような金融機関の増加が、危機をさらに拡大させる原因となったと考えることもできる。

　このようなこともあり、イギリスでは2009年銀行法によりこれまでの金融機関規制の枠組みが見直され、規制強化が明確に示された。この新たな枠組みは、今後の金融市場の動向次第で変更されることもありえる。また、現時点では詳細が発表されていないバーゼルⅢも、規制強化方針のもとで議論が行われており、自己資本比率の見直しなどが行われる可能性も示唆されている。いずれにしても以前のような規制緩和の方向性は改められることは確実である。今後のイギリス国内の銀行規制の枠組の構築と同時に、国際的な銀行規制がどのように行われるのかも注目される。

第5章　世界金融危機下のイギリス住宅金融市場

おわりに

　本章では、2007年夏にサブプライムローン問題が顕在化し、2008年秋のリーマン・ショック後には世界的な金融危機へと深刻化した状況下における、イギリスの金融市場、住宅市場、住宅金融市場、MBS市場、カバードボンド市場について考察を行った。

　イギリス住宅金融市場の拡大は、イギリス経済の拡大と相互関係にあった。すなわち、1990年代から2007年前半までのイギリス経済は順調に成長し、それに支えられるように住宅市場および住宅金融市場も急速に拡大した。しかしそのような拡大は、不安定な層を顧客に取り込むことで可能となっていた側面があり、それを可能にさせたもののひとつが証券化であった。証券化は、最終的には住宅バブルの形成と崩壊を引き起こした。より具体的に述べるならば、2007年の夏に顕在化したサブプライムローン問題を契機に、イギリスの住宅バブルも崩壊を始め、2008年秋に世界金融危機と呼ばれる状況へと問題が深刻化すると、住宅金融市場は大きく停滞し、実体経済も大きく悪化した。そのためイギリス政府やBOE等の監督機関は、2008年以降は住宅市場・住宅金融市場への積極的な支援（介入）を行わざるをえなくなった。また危機が拡大する過程でイギリスの金融機関の危機や破綻等が発生し、結果としてイギリス金融業界は大きく動揺することなった。

　イギリスMBS市場に関して述べると、2007年後半以降の世界金融市場には大きな混乱が生じ、この危機下ではまずアメリカの特に民間MBS市場が大きく停滞した。この影響によりイギリスMBS市場も停滞し、またそれを主な要因とする金融機関の危機、すなわちノーザンロック危機も発生した。住宅金融市場の混乱は、MBSやその原資産である住宅ローンへの公的信用補完などが行われていないイギリスでは特に深刻なものであった。

　この点についてアメリカでは、そもそもエージェンシーが発行するMBSは公的信用補完が強力に施されていること等もあり、世界金融危機下においても停滞はほとんど起こらなかった。もちろんアメリカの公的MBS市場に強くかかわっているファニー・メイとフレディ・マックが、世界金融市場の

混乱のなかで信用補完コストの上昇等もあって危機に陥り、2008年9月7日には国有化された事実をみれば、アメリカにおけるMBS市場や住宅金融市場への公的信用補完の枠組みは不完全であったといわざるをえない。またそもそも、アメリカのようなMBSや住宅ローンへの手厚い公的信用補完の枠組みが、FRBをはじめとする多くの各国中央銀行がこの時期まで採っていた金融緩和政策とも相俟って、アメリカの住宅市場をバブル化させた側面も否定できない。さらに、このようなアメリカ住宅市場のバブルやMBS市場の急速な拡大が、金融市場のグローバル化もあり、世界の投資家をアメリカのMBSやそれを組み込んだ仕組債への過大な投資へ向かわせたことも事実である。しかし世界金融危機が現実に深刻化したなかでは、そのような手厚い公的信用補完の枠組みが市場混乱の拡大を抑制したことも、イギリスの例とアメリカの例をみればまた事実であるといえる。

このように考えると、MBS市場が急速に拡大し、アメリカに次ぐ規模となったイギリスにおいても、アメリカの反省点を十分に踏まえたうえで、住宅ローンおよびMBSにたいする公的信用補完の枠組みを構築することに一定の意義があると考えられる。また、従来からイギリスには整備されてこなかった住宅金融に関する公的金融システムに関しても、今後は整備の是非を議論する必要があるのかも知れない。

最後にカバードボンド市場に関して述べると、2007年夏以降に世界の金融市場が混乱するなか、カバードボンド市場に関しては、良いとはいえないながらも一定の安定を維持していた。イギリスのカバードボンド市場では、ノーザンロック危機が発生したこともあり一時的な混乱が生じたが、その後は安定を取り戻した。そして今後は、カバードボンド市場を拡大させることにより、住宅金融市場の回復を後押ししようとする動きがみられる。しかしカバードボンドが一般化する過程で、金融機関は従来とは異なる形態のカバードボンドを発行し始ている。ストラクチャード・カバードボンドの発行額が増加している国があることも、これを示しているといえよう。この点は、カバーボンドの本質に変化が生じるという意味でも今後の懸念材料となりうる。

以上のように、2007年のサブプライムローン問題の顕在化以降、世界の住

第5章　世界金融危機下のイギリス住宅金融市場

宅金融市場は大きな転換点に立たされており、このことはイギリスにおいても同様なのである。

注
1) Smith and Searle[2010]p.344. Figure 15.2.
2) Smith and Searle[2010]pp.344-345.
3) Smith and Searle[2010]p.344. Figure 15.2.
4) Smith and Searle[2010]pp.342-435.
5) 牧田[2008]64頁。家計債務可処分所得比とは、家計の金融債務残高の対可処分所得比率。
6) 牧田[2008]64頁。
7) International Monetary Fund[2008a]p.182.
8) 実質GDP、金融資産総額は、ONSの統計データによる。
9) ハリファックスのホームページに掲載されているデータである"Historical House Price Data"より（http://www.lloydsbankinggroup.com/media1/research/halifax_hpi.asp）。
10) 22万戸という住宅着工数は人口数（約6,000万人）からみても少ない。例えば人口がイギリスの約2倍の日本では、年間の住宅建設新規着工件数は80万戸程度で、イギリスの約4倍である。このように、イギリスは住宅建設新規着工件数が少ないという特徴がある。
11) 若年単身者や低所得の移民には住宅購入は困難であったため、賃貸住宅の需要も上昇して貸家賃料の上昇もみられた。
12) リモーゲージとは、所有する住宅の資産価値の増加を担保にさらなるローン借入を行うこと。内閣府[2008]2章26頁の説明による。
13) 例えばネーションワイドである。Council of Mortgage Lenders[2010]p.12.より。
14) ここでは、証券化の本来的な機能である「住宅金融の困難性を解除する役割」を果たした、と述べているわけではない。むしろMBS市場の拡大がハイリスクな貸出を助長したことを意味している。
15) 倉橋[2007]95頁、表4より筆者計算。倉橋はムーディーズによるデータを参考にしている。
16) ハリファックスのホームページに掲載されているデータである"Historical House Price Data"より（http://www.lloydsbankinggroup.com/media1/research/halifax_hpi.asp）による。

17）各機関のホームページで提供されているデータによる。
18）Bank of Englandの統計による。
19）そのほか、AAA格の消費者ローン債権（国籍はイギリス、アメリカ、EEAのもの）、G10政府保証債、アメリカエージェンシー債、AAAのG10国債も対象とされた。ただ、ローン原債権やデリバティブ債権は除かれた。
20）ロイター通信イギリス電子版による。記事IDは[nLAK000251]。
21）イギリス金融政策委員会メンバーである、ポール・フィッシャーのスピーチ（Fisher[2010]）より。
22）なお、政策金利はその後も段階的に引き下げられ、2011年3月時点でも0.5％である。
23）受付は10月13日からで、期限は最初の段階では2012年までとされていたが、12月15日には2015年まで延長された。
24）具体的にはRBSに200億ポンド、HBOSに115億ポンド、ロイズTSBに55億ポンド。
25）中村[2009] 1頁。
26）ネーションワイド住宅金融組合のホームページ内でダウンロード可能な下記のデータより "First Time Buyer House Price to Earnings Ratios (FTB HPER.xls)"。
27）特に民間短期債へ投資するプライム・ファンドに強い傾向であった（米倉[2009]）。
28）小林[2008]50頁の図2、小林・安田[2008]83頁、図1－39より。
29）データは2006年のものを利用している。これは、2007年夏以降の金融市場の混乱により住宅金融市場は状況が一変したため、2007年以降のデータは参考にできないと判断したためである。
30）2007年9月17日に発行された50億ポンド規模のMBS。Northen Rock[2007] p.73.より。
31）Granite[2007] pp.2-3.
32）1997年の「財務省、BOE、FSAの関係についての覚書（Memorandum of Understanding between HM Treasury, the Bank of England and the Financial Services Authority）」を意味する。
33）ロイター通信電子版、2009年10月28日の記事による。
34）通常は、政府が保有する銀行株の管理を行う機関である。
35）ブラッドフォード・アンド・ビングレーは、国有化ののち、リテール部門がサンタンデールへ売却されていた。
36）UKファイナンシャル・インベストメントのホームページ内に掲載されている2010年3月24日付けプレスリリース "Bradford & Bingley plc and

Northern Rock（Asset Management）plc"より。
37) SLSが、金融市場と金融機関等への流動性供給を意図して行われたものであり、投資家がMBS投資を再び活発化させることを意図してはいないことを考えれば、当然ともいえる。
38) 具体的には同「原則」を参照（http://www.afme.eu/document.aspx?id=2868）。
39) 以下に全リストが掲載されている（http://www.afme.eu/dynamic.aspx?id=1672）。
40) ロイター通信イギリス電子版より（http://uk.reuters.com/article/idUKL1472911720070914?sp=true）。
41) 中村［2009］2-3頁。
42) European Securitization Forum［2010］p.27.
43) 河村［2009］69頁。
44) イギリス財務省のホームページを参照（http://www.hm-treasury.gov.uk/d/si_coveredbonds_030708.pdf）。
45) なおイギリスでは1986年のビッグバン以降、投資銀行のほとんどは欧米の金融機関に買収されて外国籍となり「ウィンブルドン現象」と揶揄されている状況となっている。
46) ビッグ・フォーの年報に掲載されているバランスシートより。
47) 各行の2007年のバランスシートより筆者計算。
48) 岩田［2009］37頁。

第6章　イギリス住宅金融市場への公的信用補完制度

はじめに

　イギリスの住宅金融市場では、住宅金融の困難性を解除する機構としての公的介入がアメリカなどと比べると限定的な構造となっている。具体的に述べるならば、イギリスでは住宅ローンを貸し出す公的金融機関は存在せず、また住宅ローン債権への公的な信用保証も行われていない。住宅ローンの借手に返済困難が生じた場合にその利払いをサポートする「住宅ローン利子所得補助制度（Income Support for Mortgage Interest：ISMI）」があるだけで、ISMIがカバーできない部分については、住宅ローンの借手が任意で加入する民間保険である「住宅ローン返済保証保険（Mortgage Payment Protection Insurance：MPPI）」により加入者だけがカバーされる仕組みとなっている。

　本章では、まず1980年代以降の住宅ローン返済問題の発生状況をまとめ、その後にISMIとMPPIの展開および概要について考察する。

第1節　イギリスにおける住宅ローン返済問題

1-1　1980年代から1990年代までの住宅ローン返済問題

　イギリスの住宅ローン返済に関する問題発生状況は、当然ながら景気の影響を大きく受けてきた。すなわち好況期には住宅ローン返済の延滞・差押え率は低く、不況期には高く推移してきた。1980年代後半までの好況期について具体的にみていくと、延滞率（6－12ヶ月）は1980年時点では0.25%、1988年時点では0.5%となっており、上昇はしたものの低率であった（図表6-1）。また住宅差押え率も1980年時点では0.06%、1988年時点では0.22%となって

図表6−1　住宅ローン返済の延滞・差押え状況

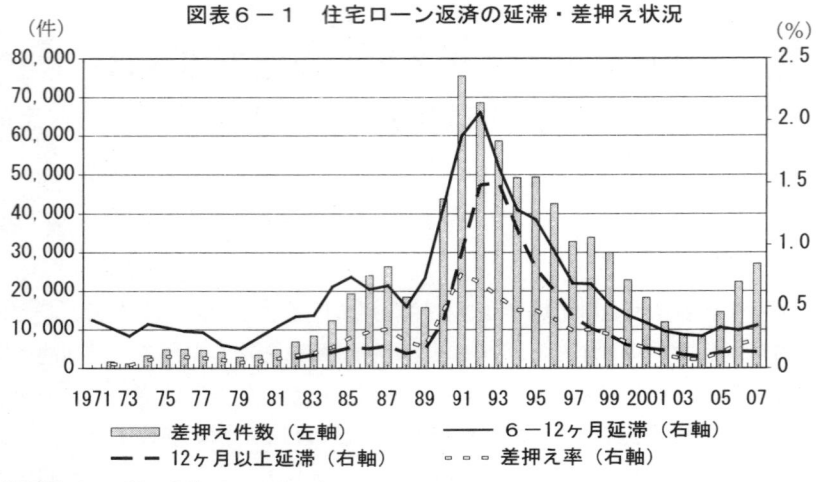

〔出所〕Council of Mortgage Lenders.

おり、上昇はしたものの低率であった。

　しかし、1980年代末から1990年代前半にかけてイギリス経済が不況に陥ると様相は一変した。1980年代末からの不況は、この時期に懸念されていたイギリス経済および住宅市場のバブルを抑制するために行われた政策金利の引上げが、かえってバブルをオーバーキルしてしまったことによるものであった。しかし変動金利が主流のイギリスでは、政策金利の引上げを機に住宅ローン金利も上昇し、これにより住宅ローン返済の延滞・差押え率が急上昇した。延滞率は1992年には2.07％、差押え率も1991年には0.77％となり、1980年と比べると延滞率は8倍以上、差押え率は12倍以上となった。そしてこの時期の不況の最悪期であった1991年の差押え件数は、7万5,500件と過去最悪となった。

　このように市場の状況が悪化した理由のひとつに、イギリスの住宅ローンのほとんどが変動金利であることが挙げられる。変動金利が主流のイギリスでは、政策金利の変更が住宅ローン借入者に直接影響を及ぼす。この時期でいえば、政策金利の引上げによる影響が予想以上に大きかったことで景気後退が生じ、そのため住宅ローン借入者の多くに失業や所得減少が生じた。し

図表6−2　平均住宅価格の推移（調整値）

（ポンド）

〔出所〕Department of Communities and Local Government.

かし景気後退当初の住宅ローン金利は政策金利の引上げを受けて上昇傾向となっていた。その後の不況の深刻化とともに政策金利も引き下げられ、それにつれて住宅ローン金利も低下傾向となったが、それも十分ではなく住宅ローン返済の延滞・差押え率は上昇した。このように、住宅ローンが変動金利を主流としていたことも、この時期に住宅ローン返済問題を深刻化させた面があったと考えられる。

　さらに、イギリスの住宅ローンは一般的にリコースローンであることも市場が悪化した理由に挙げられる。リコースローンを契約した借入者は、住宅価格が住宅ローン残高より低くなる、いわゆるネガティブ・エクイティに陥った場合でも、担保資産（住宅）を売却しただけでは返済は終わりにならない。イギリスでも、アメリカのように、リコースローンではあるものの返済が不能になった場合、担保（住宅）を引き渡せばそれ以上遡及されない場合もあるが、それが一般化しているわけでもない。1980年代末から1990年代前半にかけて住宅価格は下落しており（図表6−2）、イングランド銀行の推計によれば、1989年頃にロンドンで住宅を購入した人の30％以上がネガティブ・

エクイティに陥ったとされている[1]。このことは、逆資産効果となって実体経済を一層悪化させ、住宅ローン返済が困難化する借手をさらに増加させたとも考えられる。このようにイギリスでは、住宅ローン返済の延滞・差押え率は、1980年代半ばまでの好況期には低率であったが、80年代末期以降の不況にともない急速に上昇した。

　しかしこの不況が1990年代初めに底を打つと、その後は景気の回復にともない延滞・差押え率は低下を始めた。そして景気回復が顕著となった1996年以降にはさらに低下し、その結果2000年前後には不況前の水準となった。

1－2　2000年以降の住宅ローン返済問題

　イギリスの住宅金融市場では、2000年代になってからも順調な経済のもとで大きな問題は生じることはなかった。しかし2005年以降、住宅ローン返済の延滞・差押え率は再び上昇傾向となった（前掲図表6－1）。CMLの統計データによれば、差押え件数も2004年の8,200件から2007年には2万7,100件にまで増加した。この傾向は金融市場が混乱した2008年以降にはさらに顕著となっており、低金利であった2003年前後に組成された短期固定金利住宅ローンの金利が再設定された2008年末以降は一段と上昇した。

　しかし1990年代初めと比較すれば、2008年時点でも延滞・差押え率はまだ低水準にあり、問題とされる水準ではなかった。そのため、2008年以降に見込まれていたさらなる悪化も、2009年末頃には落ち着くものと楽観視されていた[2]。また2005年以降の延滞・差押え率の上昇は、イギリスにおいてもサブプライムローンの貸出残高が増加し、それらに延滞や差押えが増加したことも一因にあると認識されていた。しかし、イギリスにおけるサブプライムローン貸出残高および貸出件数はアメリカと比較すればずっと少ないため、サブプライムローンの延滞・差押え率がきわめて高く上昇したことがその後の混乱の発端となったアメリカとは異なり、イギリスの住宅ローン返済問題との関連は限定的であった。

　なおこの時期は、住宅ローン金利も低下傾向にあったこともあり（図表6－3）、延滞・差押え率がさらに上昇しても、各金融機関の努力と社会保障お

図表6-3　住宅ローン金利推移（全期間変動型）

〔出所〕Bank of England.

よび民間住宅ローン保険の枠組みのなかで十分に対応できると考えられていた。

第2節　イギリスにおける住宅ローン借入者の保護の枠組み

　住宅購入は、多くの個人にとって人生最大額の購買活動となる場合が多い。イギリスにおける住宅購入といえば、住宅の新築より中古住宅を購入してそれを修繕して住むことの方が多いが、いずれにしても個人貯蓄で住宅購入費用を全額賄うことは難しい。そのため多くの場合、住宅購入者は住宅ローンを借り入れることになる。しかし契約時の所得が将来にわたって継続的に得られる保証はなく、場合によっては返済が困難な状況に陥る住宅ローン借入者も出てくる。

　イギリスではそのような場合に備える枠組みとして、公的な社会保障の一

環としての「住宅ローン利子所得補助制度（ISMI）」と、住宅ローン借入者が自ら備えるための民間保険である「住宅ローン返済保証保険（MPPI）」がある。後述するが、MPPIは民間保険ではあるものの、その形成と展開は公的な枠組みと強く関係してきたため、公的システムの一部を担っているとみることもできる。これらの制度は限定的な制度ではあるが、イギリスにおける住宅ローン借入者における困難性の解除機構として長年利用されてきており、1980年代以降はイギリス政府の財政政策と相俟ってその重要性が増した。

2-1　住宅ローン利子所得補助制度（ISMI）

　イギリスでは、事故、病気および失業等により所得が喪失または減少した場合に備える社会保障制度のひとつとして、所得補助制度（Income Support）が設けられている。そしてこの所得補助制度のひとつとして、住宅ローン利子所得補助制度（ISMI）が設けられている。ISMIは、住宅所有者であり住宅ローン返済を行っている者で、所得補助および求職期間補助（Job Seeker's Allowance：JSA）を受けている者に受給資格が与えられている。このISMIは、制度の発足以降イギリスの国内状況に応じて幾度となく変更されて現状の枠組みに至ったが、その枠組みの概要を海外住宅金融研究会［2000］によりみていくと以下のとおりとなる[3]。

① 受給対象者

　　受給対象者は60歳以上の年金世帯・有子世帯（16歳未満の子を持つ親）・病気または就業不能者・被介護者等で、生活のための必要費用を下回る者である。ただし、週当たり労働時間が16時間以上または配偶者の労働時間が24時間以上の場合と、本人が8,000ポンド以上の資産を有している者は除外される[4]。また、3,000ポンドから8,000ポンドの資産を保有している場合は3,000ポンドを超える250ポンドごとに週当たり1ポンドの収入があるとみなされる。

② 対象となる住宅ローン

　　住宅の新築・購入ローンのみならず、重要部分の改良・改修にかかる

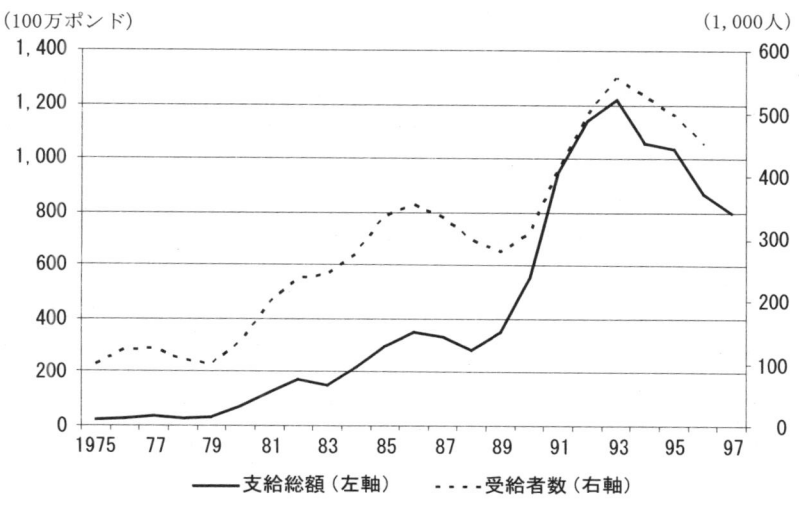

第6章　イギリス住宅金融市場への公的信用補完制度

図表6－4　ISMI利用者の推移

（100万ポンド）　　　　　　　　　　　　　　（1,000人）

〔出所〕Department for Work and Pensions.

ローンも対象。
③　借入額の上限
　　給付の対象となる借入額は10万ポンドが上限である。
④　給付金の支払い
　　給付金は、金融機関へ直接支払われる。また、金利は実際の金利にかかわらず、標準金利（Standard Interest Rate）で計算された利息が支給される。

　なお、年金受給者は新たに雇用されることは考え難いため申請直後に給付金が全額支給されるが、それ以外であれば当初39週間の待機期間が設けられ、その間は新たな雇用機会を獲得する努力が求められている。

　ところでISMIはこれまでどの程度利用されてきたのであろうか。これまでみてきたように、1970年代までのイギリスでは住宅ローン返済の延滞・差押え率は高くはなく、またISMI利用者も少なかった（図表6－4）。1970年代を通じてISMIが最も利用された1977年でも、利用者数は約12万4,000人、

201

利用総額は約3,300万ポンドであった。ところが、1980年代に入ると住宅ローン返済の延滞・差押え率の上昇とともにISMI利用者・利用総額は上昇し、1980年時点で利用者数は約13万4,000人、利用総額は約7,100万ポンドに達した。1980年代最多となった1986年には、利用者数35万6,000人、利用総額約3億5,100万ポンドとなった。

　このようなISMI利用者急増の理由に、1979年に政権の座についたサッチャーが公約に掲げていた公営住宅払下げ政策が挙げられる。サッチャー政権下では公営住宅払下げによりもたらされる財政収入が、財政的に厳しかった地方の立て直しに貢献するであろうとの考えもあり、公営住宅払下げ政策が政治的ポリシーの一環として積極的に押し進められた。

　この政策は、公営住宅の管理・運営費の減少による財政支出の削減という点では一定の効果はあったものの、その反面、本来は住宅購入が不可能であり金融機関にとっては貸付可能な層と認識されえない低所得層にも住宅購入意欲を増進させることとなった。この時期は、好況下で平均所得が増加し、またインフレーション傾向や住宅価格の上昇が持続的にみられたこともあり、住宅金融の困難性が部分的に低下していた。そのため金融機関は、顧客基盤を拡大させるなかで不安定な層も一定程度取り込むようになったと考えられる。しかし結果として、1980年代後半からの不況下ではそのような層を中心に住宅ローンの返済が困難となる借手が増加し、ISMIの利用者も増加した。このように、1980年代は不安定な層を顧客に取り込む形で住宅ブームが起きたが、しかし他方ではそのような層がISMIの利用者となったのである。

　ところで社会保障の一環であるISMIの利用者増加は、結果として財政支出の増加を意味する。そのため従来から住宅金融への公的介入には消極的であった政府は、この際もISMIを改正して財政支出を削減する方針を打ち出して本格的な制度改革に踏み出した[7]。そして1995年6月、環境・交通・地域省（当時）は、「社会保障大臣は所得補助給付削減を提案した。長期間の資金手当てについて自家保有者に自己責任と一時的困難への備えを求めるのは当然である。現状の所得補助は金融機関にたいしては有効な救済手段となっているが、今回社会保障大臣が提案したものは政府が担ってきた責務の一部

第 6 章　イギリス住宅金融市場への公的信用補完制度

を債務者、金融機関および保険会社にシフトさせるというものである。私たちの提案は民間保険市場の広範な発展を促進し、より賢明な借入や貸出を促進するものであり、長期的には借手にとってより良いセーフティー・ネットが提供されるべきである」と公式に発表し、同年10月にそれまでの微調整とは意味合いの違うISMIの抜本的改革を実行した。特に以下の変更および条件追加が注目される。

① 1995年10月2日以降に住宅ローンの借入を行った者は、ISMIの申請後39週間はそれを受給できない。
② 1995年2月以前に住宅ローンの借り入れを行った者は、ISMIの申請後8週間はそれを受給することができず、つづく18週間については半額しか受給することができない（それ以降は全額支給）。
③ 申請者が60歳以上である場合は、申請直後から全額の受給が可能。
④ 支給は、実際の住宅ローン金利ではなく標準金利（Standard Interest Rate）を設定して行われる。

　この改革で最も注目すべきは、支給申請後に39週間の待機期間が設けられたことである。これにより申請者は待機期間中の給付は期待できず、あらかじめ任意の民間保険に加入して備えるか、貯蓄を取り崩すかして住宅ローンの返済を行わなければならなくなった。ただしこの待機期間設定は、民間保険への加入を促進させ、民間保険に社会保障機能を、換言すれば住宅金融の困難性の解除機能を代替（補完）させることを念頭に置いたものであった。ちなみに民間保険による代替とは、後述する「住宅ローン返済保証保険（Mortgage Payment Protection Insurance：MPPI）」を強化することで行う計画であった。

　またこの改革では、市場競争の問題とモラル・ハザードの問題の解決が表向きの目標に挙げられた。まず市場競争の問題について述べると、ISMIの適用範囲は保険会社の参入が可能であるが、ISMIの存在が市場競争を阻害している、といったものであった。またモラル・ハザードの問題とは、ISMIの存在が住宅ローンにおけるリスク意識の低下を助長し、金融機関は高リスクな層も積極的に顧客に取り込むようになり、住宅ローン借入希望者

203

も収入減や解雇等が見込まれる時期においても駆け込み的な住宅ローン借入に走る、といったものであった[11]。これら表向きの目標は、現実の問題と照らし合わせれば説得力は十分だったこともあり改革は滞りなく進んだ。また社会保障制度そのものの問題として、ISMIの適用条件が厳しいためこれを利用できないローン借入者が多数存在しているということもあった。これはいわゆる「ISMI排除」として問題視されていたこともあり、改革はこの問題解決の意図もあった。その意味でも1995年の改革は大きなものであった。

　以上のような経緯でISMIは展開してきた。そして現在も、(限定的な制度にはなったものの) イギリスで住宅ローン返済が困難に陥った借手のセーフティー・ネットとして一定の役割を果たしている。そして2008年後半に深刻化した金融危機のもとでは、一時的にではあるがISMIは機能が拡大され、住宅ローンの借手の保護の枠組みとして一定の機能を果たしていた。

2-2　住宅ローン返済保証保険 (MPPI)

　イギリスには各種ローン返済に関する民間保険の枠組みとして、イギリス保険協会 (Association of British Insurers：ABI)、イギリス銀行協会 (British Banker's Association：BBA)、抵当貸付業協議会 (Council of Mortgage Lenders：CML)、金融・リース業協会 (Finance & Leasing Association：FLA)、信用保険協会 (Association of Creditor Insurers：ACI) 等により整備されている返済保証保険 (Payment Protection Insurance：PPI) がある。これは、各種のローン借入者が、事故や病気および失業により所得が喪失または減少し、各種ローン返済が困難になった場合に備える民間保険であるが、その枠組みのひとつに住宅ローン返済への保険である住宅ローン返済保証保険 (MPPI) がある。

　MPPIは住宅ローン契約時に住宅ローンの貸手や仲介業者を経由して販売される場合がほとんどであるが (図表6-5)、契約者自らがインターネット等で探して選択し契約することもできる。いずれにしても、住宅ローン借入者は契約をするかしないかも含めて、自由にMPPIを選択し契約できる。MPPIの主な枠組みの概要は以下のとおりである[12]。

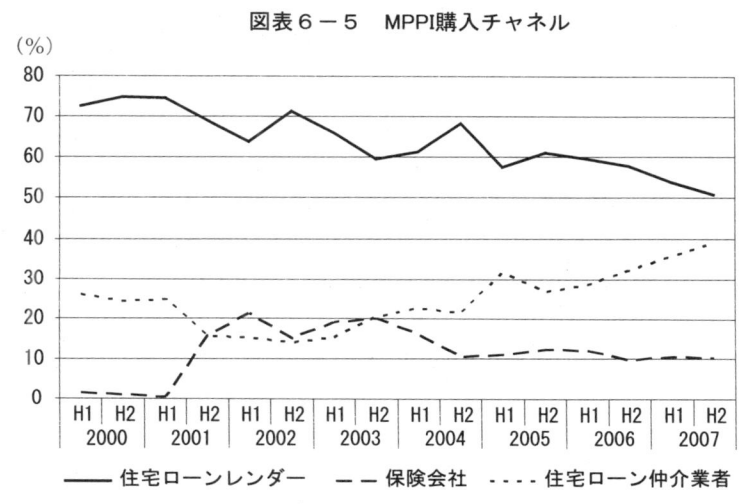

第6章　イギリス住宅金融市場への公的信用補完制度

図表6-5　MPPI購入チャネル

(%) 縦軸：0〜80
横軸：H1/H2 2000〜2007
凡例：―― 住宅ローンレンダー　― ― 保険会社　‥‥ 住宅ローン仲介業者

〔出所〕Council of Mortgage Lenders.

① 　MPPIの保険対象は金利支払と元本返済である。
② 　MPPIの保険金が支払われる期間は12ヶ月が基本であり、場合によっては24ヶ月に延長される場合もある。ただし、支払期間内であっても、10万ポンドの支払い限度額に達した時点で支払いは終了となる。
③ 　配偶者の労働時間が週16時間以下であっても、どちらか一方がジョイント・モーゲージ契約者である場合には適用外。
④ 　8,000ポンド以上の貯蓄のある者には適用外。
⑤ 　失業後9ヶ月以上経ていない者には適用外。
⑥ 　返済金利部分と元本以外の投資商品購入額や保険料には適用外。
⑦ 　住宅ローン総額の最初の10万ポンドには適用外。

このようなMPPIは、住宅ローン借入者の民間返済保険として一定の役割を果たしてきたが、1990年代以前までは住宅ローン借入者保護としては公的社会保障制度のISMIが主流であった。しかしISMIへの政府支出が財政にとって大きな負担であったことから、前述のとおり1995年にISMI改革が行われ、このときISMI受給申請から39週間の待機期間が設けられた。そこで、

205

この待機期間中の備えとして念頭に置かれていたのがMPPIであった。政府は社会保障のISMIを制限する一方、民間保険のMPPIの促進を図ったのである。すなわち、MPPIは直接的な公的介入の枠組みではないものの間接的に住宅金融にかかわっているのである。これにより、ISMI待機期間中の者にはMPPIを利用させ、それ以降には必要に応じてISMIで保護するという2層構造の公的介入の体制をひいたのである。

　MPPIは、実は1970年代から提供されていた。しかし重要性を増すこととなったのは1995年前後で、この時点でもそれほど多くの契約者がいたわけではなかった。むしろこの時点では社会保障を補完する民間保険機能としては多くの問題が指摘されていた。主な問題点としては、海外住宅金融研究会[2000]によれば以下のとおりである[13]。

　① 保険契約にあたっては、ハイリスクの住宅ローン借入者は排除されていた。
　② 住宅ローン返済は長期間にわたるが、MPPIでは原則12ヶ月しかカバーされない。
　③ 保険料が高いうえ、保険金請求後の支払いを拒否されるケースが多かった。

　これらの問題点は、その時点でのMPPIがISMIの代替制度としては不十分であることを意味していた。そのためこの問題点を解決し、またMPPIに関係するものにとってより効率的な制度設計を目指すべく、政府・CML・ABIの3者は1998年2月に合同で新たなMPPIを発表し[14]、さらに1999年7月、MPPI最低基準（Minimum Standards for Mortgage Payment Protection Insurance）を発表した。このMPPI最低基準は種々の基準からなるが、これまでの問題点を解決するという意味で重要であったのは、Council of Mortgage Lenders and Association of British Insurers[1999]を参考にすれば以下の点であろう[15]。

　① MPPI契約が可能な層を自営業者や契約労働者に拡大した。
　② MPPI契約内容変更に最低6ヶ月の周知期間を設定した。
　③ MPPIの契約名義人が病気である際の保険契約拒否規定を限定した。

第 6 章　イギリス住宅金融市場への公的信用補完制度

図表 6 − 6　MPPI契約可能性の向上

(%)

住宅ローン利用者の属性	MPPI適格 1996年	MPPI適格 2000年	MPPI条件付き適格 1996年	MPPI条件付き適格 2000年	MPPI不適格 1996年	MPPI不適格 2000年
自営業者	21	47	43	45	4	3
就労期間が不連続	0	26	21	45	18	21
健康状態に問題がある	4	14	50	64	14	15
非正規雇用者	7	−	46	−	14	−
うち期間契約労働者	−	18	−	74	−	3
うちパートタイマー等	−	8	−	40	−	47
55歳以上	−	77	−	18	−	0

注）住宅金融組合・銀行などへのアンケート調査を行った結果である。
〔出所〕Kemp and Pryce[2002]p.12.

④　保険金申請から支払いまでの期間を60日に短縮した。
⑤　失業を理由とする保険金申請期間を短縮した。

　この新基準が設定されて以降、MPPI契約率は上昇し（図表 6 − 6）、これまで排除されていたハイリスクの住宅ローン利用者のMPPI契約可能率も上昇した。Kemp and Pryce[2002][16]によれば、1998年から1999年のMPPI契約率は17％であったが、1999年の新基準の発表以降は上昇し、2001年上半期は32％で、全住宅ローンの21％、契約失効率は11％となった。またMPPI適用者のうち、事故・病気・失業のすべてをカバーするものは85％、事故・病気のみは 4 ％、失業のみは15％であった。そして2001年末のMPPIの契約件数は250万件、カバー率は22.5％にまで上昇した。
　なおMPPIのコストに関しては、同調査によれば、事故・病気・失業のすべてをカバーするものの保険料は（月額100ポンドのローン支払いにたいし）平均5.5ポンド、事故・病気のみのカバーは2.94ポンド、失業のみは3.00ポンドであった。これは以前に比べて低下したが、むしろハイリスクの住宅ローン借入者にMPPIの契約を可能としたことを考慮すれば、大幅なコストダウン

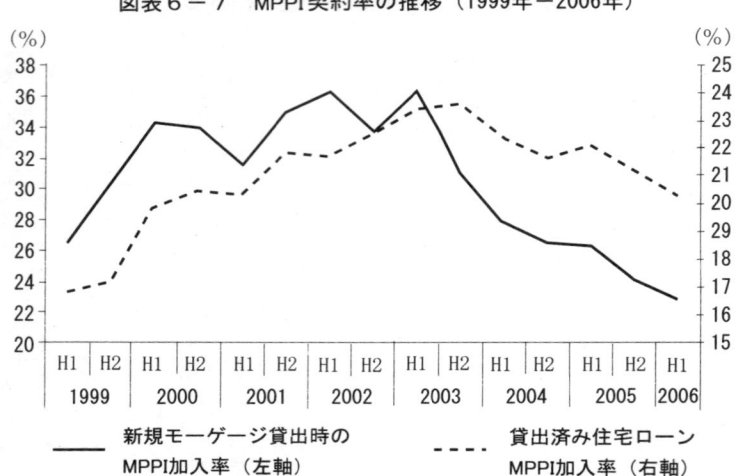

図表6−7　MPPI契約率の推移（1999年−2006年）

〔出所〕Council of Mortgage Lenders.

であったことがわかる。なお、住宅金融組合経由で契約するMPPIと銀行経由で契約するそれとでは、銀行経由の方が若干割高であった[17]とされている。

このように、1999年に新基準が発表されたあとのMPPIは、住宅金融市場の拡大を背景に契約者が増加していった。そして新規の住宅ローン貸出におけるMPPIの契約率は2003年には36％にまで高まった（図表6−7）。ただし、2003年以降は住宅金融市場の拡大に反してMPPIの契約率が低下している。2007年下半期には18％と、2003年の半分程度になった。これはMPPIが住宅ローン借入者にとって魅力的ではなくなってきたというよりは、順調であった経済を背景に、住宅ローン借入者はローン返済に保険を掛ける意識が低下していたということであろう。ただし2008年以降は、金融市場と実体経済の悪化を背景に、延滞・差押え率は急速に上昇し、状況は一変した。

なおMPPIの利用は、事故・病気・失業のすべての要因をカバーする保険の利用が最も多い（図表6−8）。事故・病気をカバーする保険と、失業のみをカバーする保険の利用は同程度である。2004年以降においては事故および病気の利用が失業のみの利用を上回ったが、これはイギリスの失業率の低下

図表6-8　MPPI利用要因

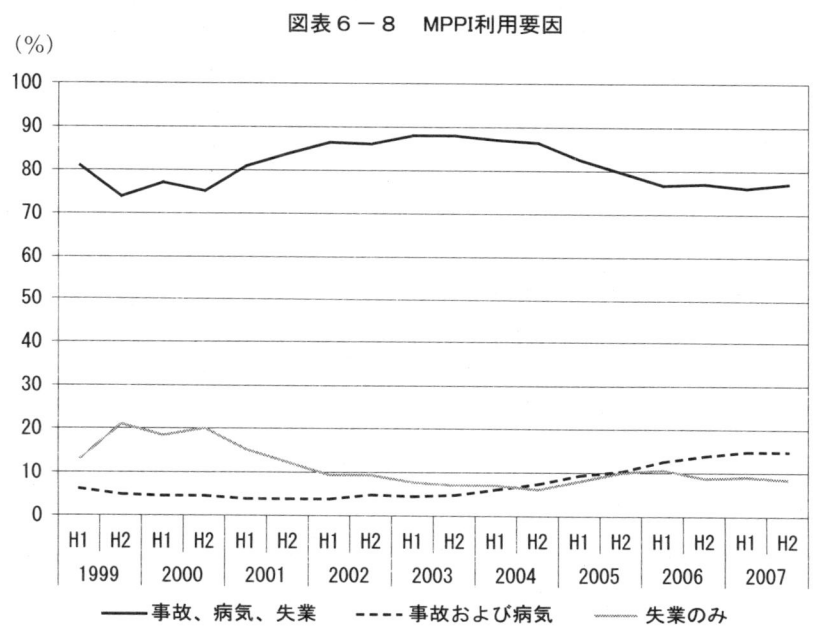

[出所] Council of Mortgage Lenders.

にともなうものであり、事故や病気の増加と結びつくものではないと考えられる。

おわりに

　本章では、イギリスにおける住宅ローンの返済問題と、住宅金融の困難性を解除する機構としての公的介入の枠組みについてみてきた。

　イギリスでは住宅ローン返済に関して1970年代までは大きな問題点は発生しなかったが、1980年代に入ると延滞・差押え率の上昇という問題が発生した。これは、サッチャー政権の公営住宅払下げ政策が、それまで自家保有が不可能であった層の自家保有意欲を高めることとなり、そのような層への住宅ローン貸出が焦げ付いたことも要因となって発生した面があった。その結

果、1980年代にはISMIの利用者が増大した。

　また、1980年代は住宅価格がバブル化したが、これに対応するための金融引締めが、結果としてイギリス経済を不況に陥らせることとなり、延滞・差押え率は上昇して、ISMIへの財政負担も増大した。この負担増加を抑えるため、政府は民間による機能代替を意図して1995年にISMIの改革を行うとともに、既存の民間保険であるMPPIの強化を行った。現時点では、MPPIを事前の備え、ISMIを事後の備えとすることで、住宅ローン返済の困難が生じた者の保護に備える形となっている。

　また、2000年以降のイギリス経済は順調で、そのようななかで住宅市場および住宅金融市場も順調に拡大をつづけてきた。しかし、2007年以降はサブプライムローン問題の顕在化の影響もあり経済は停滞し、それにともなう住宅市場および住宅金融市場の縮小で住宅ローン返済の延滞・差押え率の上昇など、ネガティブな状況が拡大した。

　2007年後半から2008年にかけて、金融危機が深刻化するなかでISMIはその機能を（一時的に）拡大され、これまでのところ住宅ローン借入者の保護の枠組みとして一定の役割を果たしている。しかし2011年以降も経済の停滞が予想されているイギリスにおいては、住宅ローン返済の延滞・差押え率のさらなる悪化が生じる可能性もある。そうなった場合、現時点の住宅ローン借入者保護の枠組みが十分に機能するかどうかは不明であり、今後はこの枠組みのさらなる拡大が必要になる可能性もある。

注
1）海外住宅金融研究会［2000］233頁。
2）Cunningham and Samter［2007］p.10.
3）海外住宅金融研究会［2000］207-208頁。ただし文章は一部変更している。
4）貯蓄・投資資産・高齢親族居住の自宅外の不動産。高齢の家族が住んでいる住宅などは除外。
5）目的外使用防止の観点からこのようにされている。
6）60歳以上の年金受給者は待機期間の適用はなく申請後直ちに支給される。
7）現実的には1987年から徐々に改革は行われており、ISMI受給者資格の厳

格化や住宅ローン借入額の上限設定、および上限引下げ等の調整が行われてきた。
8) 海外住宅金融研究会[2000]250頁より。なお、原文はDepartment of the Environment and Welsh Office[1995]であり、訳文については一部変更している。
9)「それまでの微調整」とは、海外住宅金融研究会[2000]210頁により具体的にみると以下である。
　①1987年4月：支給開始から最初の16週は受給可能金利分の半額のみ（60歳以上は除く）。
　②1992年4月：申請資格者の週当たり就業時間を24時間から16時間へ短縮。
　③1992年7月：給付先を受給者ではなく金融機関へ変更。
　④1993年8月：住宅ローン借入額の上限が15万ポンドに設定。
　⑤1994年4月：住宅ローン借入額の上限が12.5万ポンドへ引下げ。
　⑥1995年8月：住宅ローン借入額の上限を10万ポンドへ引下げ。
10) 標準金利は、住宅金融組合のうち貸出額上位20社の平均金利が用いられた。実際の住宅ローン金利が5％以下であれば、実際の金利が用いられ、標準金利は実際の金利が5％以下となった場合にのみ適用された。
11) 海外住宅金融研究会[2000]250頁。
12) Finance & Leasing Association[2008]を要約した。
13) 海外住宅金融研究会[2000]251頁。
14) 支払い条件の緩和や支払期間の変更が行われ、支払期間は最低でも12ヶ月以上とされた。
15) Council of Mortgage Lenders and Association of British Insurers[1999]p.11.
16) Kemp and Pryce[2002]p.13.
17) MPPIの保険料はハイリスクの利用者が割高になることはない。また同調査において、保険金支払い率は全契約数の1.8%、事故・病気は54%、失業は46%であった。支払申請受理率は88%、平均の保険金受領期間は、事故・病気を事由とするものは208日、失業は161日であった。

終　章

　本書では全6章にわたり、証券化と住宅金融についてイギリスにおける展開を中心に考察してきた。以下では、各章の考察結果を簡潔にまとめるとともに、全体を通して筆者が考え、感じたことを述べることによりむすびとしたい。

　第1章では、川合[1978]、斉藤[1994]・[2010a]・[2010b]のサーベイをもとに、現代資本主義における対個人信用の位置付け（段階規定）について考察した。また斉藤[1994]・[2010b]・[2010b]、片桐[1995]、大庭[2006]、村本[1986]のサーベイをもとに、住宅金融および住宅ローン債権の証券化についても考察を行った。そしてそれらの考察をもとに、本稿における基本視角を明確にした。

　まず基本視角として、筆者は現代資本主義における対個人信用の位置付け（段階規定）について、川合説および斉藤説を支持し、対個人信用は現代資本主義における新たな信用形態であるとした。また、対個人信用の一形態である住宅金融の成立条件として、①与信側（金融機関）にとって与信可能とみなせる中間所得層が増加してくること、②持続的なインフレーションへの期待、③持続的な住宅価格の上昇傾向、④雇用情勢・所得水準の安定、⑤景気循環幅の安定（循環幅の縮小傾向）、を挙げた。なかでも④と⑤の点は重要であり、1990年代以降の世界的な住宅金融市場の拡大は、これが大きく関連している可能性を指摘した。

　つぎに筆者は、住宅金融にはさまざまな困難性があることを述べた。その主なものには、①顧客の長期にわたる返済能力を判定することはそもそも難しいこと、②金利リスクがあること、③担保価値が大きく変動すること、を挙げた。なかでも①の点は重要であるとしたが、ただしこれを完全に解除することはほぼ不可能であるとした。

　このような困難性を解除する要因として筆者は、①顧客基盤（市場）の拡

大、②困難性解除機構の整備、③公的介入、の3点が重要であることを挙げた。①の点については、顧客基盤の拡大によりクレジット・ビューローの発展等が期待できることが重要とされた。また②の点については、例として住宅ローン債権の証券化（MBS発行など）、住宅ローン保険や信用保証会社の充実も重要であることを示した。③の点については、①および②のような要因でも解除されない場合に重要であるとした。

さらに、イギリス住宅金融市場には現代的な問題点があることを明らかにした。これについてはさまざま述べたが、特に重要な点として2000年代のイギリスでは低賃金の非正規労働者や人件費の相対的に低い外国人労働者の流入が増加し、また所得格差も拡大するなど、対個人信用の主な顧客層であるホワイトカラー労働者の一部に、雇用・所得水準の不安定性が生じていることを明らかにした。そしてこの時期の住宅金融市場の拡大は、そのような不安定な層も顧客に取り込むことにより成り立ってきた可能性を指摘し、それゆえ好調であった2000年代のイギリス住宅金融市場の背景では、潜在的な不安定要因も増大していたことを明らかにした。

また、これは全世界的な傾向ではあるが、イギリスで従来から弱かった住宅金融への公的介入が近年はさらに削減されていることを指摘した。このことは、住宅金融市場が好調な際には追い風になるが、そうでない場合には向かい風になる可能性があることを述べた。

第2章では、海外住宅金融研究会[2002]、斉藤[1994]・[1999]、住宅金融公庫[1974]、Boléat[1986]等の先行研究を参考に、イギリス住宅金融市場の展開について1980年代以降の変化を中心に考察した。それによりイギリス住宅金融市場は、1970年代までは住宅金融組合がほぼ独占していたが、1980年代には金融規制緩和等もあり銀行が市場に本格的に参入し、またモーゲージ・カンパニーなどの新規参入業者もあり市場競争が激化したことを指摘した。そして1990年代後半には大手の住宅金融組合のほとんどが銀行へと転換したことにより、それ以降のイギリス住宅金融市場は銀行が中心となったことを整理し、また1990年代以降はアンバンドリング化の進展もあり、イギリスでも住宅ローン債権の証券化が急速に進展したことを明らかにした。

第3章では、倉橋［2007］、企業財務制度研究会編［1992］、Boléat［1986］・［1988］、HM Treasury［2008］、Holmans et al.［2003］、Karley and Whitehead［2002］等の先行研究を参考に、イギリスMBS市場の形成とその展開について考察を行った。それによりイギリスMBS市場は、住宅金融の困難性の解除機構としてではなく、アメリカ系投資銀行傘下のモーゲージ・カンパニーによって、主に収益獲得、またはアメリカ国外市場の開拓を目的に形成されたことを明らかにした。またその後の2000年代には、イギリスの銀行により主に資金調達、自己資本比率向上を目的に発行されるようにもなったことを明らかにした。そしてこのような変化を、イギリスMBS市場が、アメリカの金融機関による収益獲得の場からイギリスの金融機関による収益獲得および住宅金融の困難性の解除の場へと機能的に変化したことを明らかにした。加えて、イギリスとアメリカではMBS市場が形成された経緯がそもそも大きく異なり、それも要因の一つとなって、両国におけるMBSの商品性やMBS市場への公的介入の度合いなどが大きく異なっている点も指摘した。

　第4章では、河村［2009］、小林・安田［2009］、林［2008］、European Covered Bond Council［2009］等を参考に、ヨーロッパのカバードボンド市場を概観したのち、イギリスのカバードボンド市場の形成とその後の展開について考察を行った。それにより、主に大陸ヨーロッパ諸国では住宅ローン債権の証券化手段としてはカバードボンドが一般化していたものの、カバードボンドはイギリスではこれまでほとんど発行されてこなかったこと、またイギリスでは2003年にカバードボンドと類似のストラクチャード・カバードボンドが発行されたものの、その後の2007年までは拡大が限定的であったことなどを明らかにした。そしてその要因として、カバードボンドに関する根拠法がイギリスでは未整備であったこと、カバードボンド発行においては発行する金融機関にオフバランス効果がないこと、イギリスでは住宅ローン債権の証券化としてはMBSが一般化していたことなどを指摘した。ただし、2008年にカバードボンドに関する根拠法が発効したことや、2007年後半以降は世界金融市場の混乱によりMBS市場が停滞していたこともあり、イギリスにおいてもMBSに代わりカバードボンドが住宅ローン債権の証券化手段として注

目されるようになり、2008年以降のイギリスのカバードボンド市場は急速に拡大していることを明らかにした。

　第5章では、HM Treasury[2009]、International Monetary Fund[2008c]、Markit[2009]、Smith and Searle[2010]等の先行研究を参考に、世界金融危機下のイギリスの住宅市場、住宅金融市場、MBS市場、カバードボンド市場について、監督機関の対応ともあわせて考察を行った。それにより、イギリスの住宅金融市場とMBS市場は世界金融危機下で大きく混乱したものの、しかし危機の発端となったアメリカとは危機の拡大経緯が異なること、そしてそれにより監督機関の対応にもアメリカとは大きな違いがあったことを指摘した。また金融危機下においてもカバードボンド市場については比較的安定を保っていたことについても明らかにした。さらにイギリスはこの危機による経済および住宅金融市場の停滞が他国より深刻であった理由について、他国よりも住宅価格が高水準でバブル化していたことが背景として大きかったことを指摘し、その要因が住宅需給のアンバランス等にもあったことを明らかにした。

　第6章では、海外住宅金融研究会[2002]、Cunningham and Samter[2007]、Kemp and Pryce[2002]等の先行研究を参考に、イギリスにおける住宅金融市場への公的介入制度としてのISMIについて制度説明を行い、またISMIを補うための民間保険であるMPPIについても整理した。またこのような現在の枠組みが形成されるまでの過程についても検討した。それにより、歴史的に大きな住宅ローン返済に関する問題が（1980年代末から1990年代初めを除いて）生じてこなかったイギリスでは、住宅金融市場へ直接的に介入する公的機関等が設立されることのないまま住宅金融市場が展開してきたこと、また間接的な介入としての補助金等についても削減される傾向にあったことを指摘し、ISMIもこの流れのなかで規模を縮小され、一方で民間保険のMPPIの役割が強められてきたことなどを明らかにした。

　このようにみてくると、近年のイギリス住宅金融市場は大きく変化してきたことがわかる。市場構造の面からみると、1980年代にはそれまで住宅金融市場をほぼ独占していた住宅金融組合以外の業態（銀行等）が市場に参入し、

終　章

長らくつづいていた市場構造が変化した。また1990年代後半には、大手の住宅金融組合が続々と銀行に転換し、住宅金融組合のシェアは急速に低下した。そのほかにも住宅ローン債権の証券化の開始やアンバンドリング化の進展、そして住宅ローン取引方法の多様化にも変化が生じた。

　また、イギリス住宅金融市場は特に2000年以降に急速に拡大したが、その背景では本来的には金融機関にとって貸付可能な層ではない、雇用情勢・所得水準の不安定な層を顧客に取り込んできた。そしてこれを可能にしていたのが、本来は住宅金融の困難性を解除する機構であった証券化技術であった。しかし、このような証券化技術の本来的ではない利用により、イギリスの金融機関は住宅ローンを以前と比べリスクの高い層にも貸し付けるようになった。また、証券化により潤沢な資金調達が可能となっていたことから、イギリス金融機関は、アメリカで行われていたようなサブプライムローンの貸出やOTDモデルでの貸出を行うようにもなった。そしてそれも一因となって、住宅市場ではバブルの形成と崩壊が生じ、住宅金融市場もMBS市場も世界金融危機下で大きく停滞した。このような点は、従来ドメスティックであった住宅金融も現代ではグローバル化の影響を受けるようになってきたことを示している。

　イギリスの住宅金融市場は、2011年現在においても、世界金融危機の影響から脱し切ることができずに停滞している。その深刻さから考えても危機以前の状態にまで回復するには今しばらくの時間が必要であろう。しかし住宅は個人にとって生活のベースとなるものであり、それゆえそれを取得可能にする住宅金融が停滞することは好ましいことではない。また、イギリスでは住宅金融市場の状況が金融市場のみならず国内経済全体に及ぼす影響も他国よりも大きなものであり、そのため住宅金融市場の停滞を脱することは金融危機からの回復を図るうえで重要なことでもある。今後は住宅金融市場をどのような構造にするべきなのか、また金融機関はどのように住宅金融を行うべきなのか、そして住宅ローン債権の証券化技術をどのように利用すべきなのか、イギリスはこれらについて今一度再考する時期にさしかかっている。

あとがき

　本書は、2011年2月に獨協大学へ提出した博士学位申請論文『イギリス住宅金融市場と住宅ローン債権の証券化』をもとに、新たなデータや議論を加筆修正してまとめたものである。今、このような研究書を出版することができたことを素直に嬉しく感じている。ただ正直なところ、本当に単著の出版ができたことへの驚きの気持ちの方が強いのも事実である。

　縁といえばよいのか、運といえばよいのか、何といえばよいのか分からないが、たくさんの偶然が繰り返し生じたここ数年の研究生活であった。私が大学院博士後期課程に進学し、イギリス住宅金融と住宅ローン債権の証券化を研究対象とすることを決心した2007年春（実際には指導教授が在外研究だったため2008年春の入学であった）、国際金融市場ではサブプライムローン問題が懸念されていた。そして夏にはこれに関連したパリバ・ショックがあり、秋にはイギリスでも住宅金融市場大手、ノーザンロックが流動性危機に陥り取り付けが発生した。そしてその原因は、まさに私の研究対象そのものであったMBSに依存する資金調達にあった。その後はサブプライムローン問題が深刻化し、翌2008年の秋にはリーマン・ショックがあり世界の金融市場は大きく混乱した。そして同時期に、以前から住宅ローン債権の証券化手段としてMBSとは別に注目していたカバードボンドが世界の金融市場で注目されるようになり、2008年にはこれがイギリスでも多額に発行されるようになった。このようなことが重なり、その度に同分野の研究意義も高まり、結果として私は高いモチベーションを維持して研究および論文執筆をつづけることができた。不思議な巡り合わせが私の研究を導くようにタイミング良く繰り返されたと考えるのは、いささか思い込み過ぎだろうか。

　私のような未熟者が本書を出版できたのは、多くの方々のご指導とお力添えによる。この機会に感謝の気持ちを伝えたいと思う。

　まず、大学院の博士後期課程で3年間ご指導いただいた獨協大学の斉藤美

彦先生に深く感謝申し上げたい。そもそも私が研究の道を志すようになったのは、大学院の博士前期課程で受講した斉藤先生の金融論講義に魅了されたからである。大学院博士後期課程に進学してからは、公私にわたり厳しくも温かく指導くださった。斉藤門下での研究生活は、国内外の旅路とともに思い出される。厳しい日々であったが充実していた日々であった。まだ半人前の私であるため、今後もご指導を賜れればと思っている。

つぎに、大学院の博士前期課程でご指導いただいた森健先生にも感謝申し上げたい。森先生には、前期課程在学中にご指導いただけでなく、後期課程に進学した後にも精神的に支えていただいた。問題を抱えているときにしか連絡をしなかった不躾な私に、いつでも温かく諭して下さった。森先生に感謝するとともに、先生のご健康をお祈り申し上げたい。

そして、本書のもととなった博士論文の副査を努めてくださった、獨協大学の波形昭一先生、新井孝重先生、倉橋透先生、中央大学の井村進哉先生にも感謝申し上げたい。波形先生からはアカデミズムの精神を、倉橋先生からは研究方法の新たな観点を学び、新井先生からは温かい励ましをいただいた。そして井村先生には、中央大学経済研究所主催の、ご自身が幹事をされている金融システム研究会において、3年間で4回もの報告機会を与えていただいた。同研究会で、井村先生をはじめとする多くの研究者たちから叱咤激励をいただいたことで、私の研究が深まったことは間違いない。井村先生に感謝申し上げるとともに、金融システム研究会でお世話になった方々にも感謝申し上げたい。

また、学部時代の恩師である獨協大学外国語学部の渡部重美先生、獨協大学大学院経済学研究科の諸先生方には、日頃から貴重なアドバイスをいただいた。ここに感謝申し上げたい。

そして獨協大学大学院課の方々には事務的なサポートをしていただいた。また駒澤大学大学院生の小園泰史君には、本書の校正を手伝っていただいた。これらの皆様にも感謝申し上げたい。

さらに、家族にも感謝の気持ちを伝えたい。両親は私の最大の理解者であり応援団でいてくれている。両親のサポートがなければ、ここまでの順調な

あとがき

研究生活は難しかったであろう。また、本書の重要部分のひとつである第3章と第5章の一部分は、『証券経済研究』第64号（日本証券経済研究所）に掲載された論文「イギリスにおける住宅ローン担保証券（MBS）市場の展開」をもとにしている。この論文は、娘の知世が産まれる前日の深夜、妻の良子が出産のため入院した病院の陣痛室に忍び込み、ベッドの横のソファーや床に座り込んで一緒に完成させたものである。博士論文を書き上げ、本書の出版に漕ぎ着けるまで、たくさんの我慢を強いてきた。今後は3人の時間も大切にしたい。

　最後になるが、出版事情の苦しいなか本書の出版を快く引き受けてくださった時潮社の相良景行社長と相良智毅氏に感謝申し上げたい。時潮社は、恩師の斉藤美彦先生が初めて単著を出版した際の出版社であり、また私の最初の著書（斉藤美彦先生との共著）の出版社でもある。その時潮社から、今回、私の初めての単著を出版できたことをとても嬉しく思う。

　　　　本書を、父・簗田賢、母・簗田弘子に捧げる。

2011年5月　草加の自宅にて

　　　　　　　　　　　　　　　　　　　　　　　　　　簗田　優

参考文献

(五十音順・欧文はアルファベット順)

Adams, P.[2004], European Residential Mortgage Backed Securities, *The Handbook of European structured financial products*, Part Four, Chapter2 (pp.413.-pp.448.), WILLY.

Bank for International Settlements [2007], International banking and financial market developments, *BIS Quarterly Review*, September 2007.

Bank of England[2007], *Financial Stability Report No.22*.

Bank of England[2008], *Financial Stability Report No.23*.

Bank of England[2008a], *Financial Stability Report No.23*.

Bank of England[2008b], *Bank of England Quarterly Bulletin Volume 48 No.4*.

Bank of England[2009], *Bank of England Quarterly Bulletin Volume 49 No.1*.

Bank of England[2010], *Financial Stability Report No.27*.

Barclays plc.[2008], *Annual Report and Review 2007*.

Boléat, M.[1986], *The Building Society Industry*, ALLEN&UNWIN.

Boléat, M.[1988], *New lenders and the secondary mortgage markets*, The Building Society Association.

Committee to Review the Functioning of Financial Institutions (Chairman: Wilson, H.)[1980], *Report and Appendices (Command 7937)*, Her Majesty's Stationery Office. (西村閑也監訳[1982]、『ウィルソン委員会報告』、日本証券経済研究所。)

Council of Mortgage Lenders[2006a], The growth of buy-to-let, *CML Housing Finance*, September 2006.

Council of Mortgage Lenders[2006b], *Mortgage Payment Protection Insurance Response by the Council of Mortgage Lenders to the OFT Report on the Payment Protection Insurance Market Study*, November 2006.

Council of Mortgage Lenders[2009], *The changing nature of property sales*, February 2009.

Council of Mortgage Lenders[2010], *The outlook for mortgage funding markets in the UK in 2010-2015*, January 2010.

参考文献

Council of Mortgage Lenders and Association of British Insurers[1999], *Lenders and Insurers announce Better Home-Buyer Protection in New Public/Private Partnership with Government'"*, Press release, 23.February.

Cunningham, J. and Samter, P.[2007], *Housing and mortgage market forecasts: 2007-2008*, The Council of Mortgage Lenders.

Department of Environment and Welsh Office[1995], *Our Future Homes. Opportunity, Choice, Responsibility*, June 1995.

Dijik, R. and Garga, S.[2006], *UK mortgage underwriting*, The Council of Mortgage Lenders.

European Central Bank[2008], *Covered bonds in the EU financial system*, December 2008.

European Covered Bond Council[2007a], *European Covered Bond Fact Book 2007*, September 2007.

European Covered Bond Council[2007b], *ECBC '8-to-8' Market-Makers & Issuers Committee Statement*, 21, November 2007.

European Covered Bond Council[2008], *European Covered Bond Fact Book 2008*, August 2009.

European Covered Bond Council[2009], *European Covered Bond Fact Book 2009*, September 2009.

European Covered Bond Council[2010], *European Covered Bond Fact Book 2010*, September 2009.

European Mortgage Federation[2009], *HYPOSTAT 2008 A review of Europe's mortgage and housing markets*, November 2009.

European Securitisation Forum[2007], *ESF Securitisation Data Report*, Autumn 2007.

European Securitisation Forum[2008], *ESF Securitisation Data Report 1Q: 2008*.

European Securitization Forum[2009a], *ESF Securitisation Data Report Q1: 2009*, June 2009.

European Securitization Forum[2009b], *ESF Securitisation Data Report Q3: 2009*, December 2009.

European Securitization Forum[2009c], *ESF Securitisation Data Report Q4: 2008*, February 2009.

European Securitisation Forum and Securities Industry and Financial Market Association [2009], *RMBS Issuer Principles for Transparency and Disclosure*, February 2009.

Fabozzi, J. [1985], *The Handbook of Mortgage Backed Securities (5th Edition)*, McGraw-Hill.

Finance & Leasing Association [2008], *A consumer guide to payment protection insurance*, Finance & Leasing Association.

Financial Services Authority [2009], *The Turner Review. A regulatory response to the Global banking crisis*, March.2009.

Fisher, P. [2010], *Managing Liquidity in the System: The Bank's Liquidity Insurance Operations*. (http://www.bankofengland.co.uk/publications/speeches/2010/speech450.pdf)

Gardiner, K and Paterson, R. [2000], The potential for mortgage securitisation in the UK and Europe, *Housing Finance No.45*, Council of Mortgage Lenders.

Gieve, J. [2008], *The impact of the financial market disruption on the UK economy*. (http://www.bankofengland.co.uk/publications/speeches/2008/speech332.pdf)

Hills, J., Brewer, M., Jenkins, S., Lister, R., Lupton, R., Machin, S., Mills, C., Modood, T., Rees, T. and Riddell, S. [2010a], *An anatomy of economic inequality in the UK: Report of the National Equality Panel*, Government Equalities Office.

Hills, J., Brewer, M., Jenkins, S., Lister, R., Lupton, R., Machin, S., Mills, C., Modood, T., Rees, T. and Riddell, S. [2010b], *An anatomy of economic inequality in the UK-Summary*, Government Equalities Office.

HM Treasury [2008a], *The Regulated Covered Bonds (Amendment) Regulations 2008*, (http://www.hm-treasury.gov.uk/d/si_coveredbonds_030708.pdf).

HM Treasury [2008b], *Mortgage Finance: interim analysis*, July 2008.

HM Treasury [2008c], *Mortgage Finance: final report and recommendations*, November 2008.

HM Treasury [2008d], *Proposals for a UK Regulated Covered Bonds legislative framework: summary of responses and final Impact Assessment*, February 2008.

HM Treasury [2008e], *Housing Finance Review: analysis and proposals*, March 2008.

参考文献

HM Treasury[2009], *Reforming Financial Markets*, July 2009. (http://www.HM Treasury.gov.uk/d/reforming_financial_markets080709.pdf)

HM Treasury and Financial Services Authority[2007], *Proposals for a UK Recognized Covered Bonds legislative Framework*, July 2007.

Holmans, A.[2005], *Recent trends in numbers of first-time buyers: A review of recent evidence*, Council of Mortgage Lenders.

Holmans, A., Karley, N.K., and Whitehead, C.[2003], *The Mortgage Backed Securities Market in the UK: overview and prospects*, Council of Mortgage Lenders.

HSBC plc.[2008], Annual Report and Accounts 2007.

International Monetary Fund[2008a], *World Economic Outlook*, April 2008.

International Monetary Fund[2008b], *Global Financial StabilityReport*. October, 2008.

International Monetary Fund[2008c], *World Economic Outlook*, October 2008.

International Monetary Fund[2009], *World Economic Outlook Update*. February 2009.

Jones, J.[1995], *British Multinational Banking*, Oxford University Press.

Karley, N.K, and Whitehead, C.[2002], The Mortgage-Backed Securities Market in the U.K. : Developments Over the Last Few Years, *Housing Finance International*, December 2002.

Kemp, P. and Pryce, G. [2002], *Evaluating the Mortgage Safety Net*, Council of Mortgage Lenders.

LloydsTSB plc.[2007], *Annual Report and Accounts 2008*.

LloydsTSB plc.[2008], *Annual Report and Accounts 2007*.

Markit plc.[2007], *Granite Master Issuer*, A Week in Review : 19-26 September 2007.

McCarthy, C.[2008], *Lessons from the financial crisis*. (http://www.fsa.gov.uk/pages/Library/Communication/Speeches/2008/0513_cm.shtml)

Miles, D.[2003], *The UK Mortgage Market: Taking a Long-Term View : Interim Report*, December 2003.

Miles, D.[2004], *The UK Mortgage Market: Taking a Long-Term View: Final Report and Recommendations*, March 2004.

Minsky, H.P.[1986], *Stabilizing an Unstable Economy*, McGraw-Hill

Nationwide Building Society[2007], *Annual Report and Accounts 2006*.
Northern Rock plc.[2006], Stock Exchange Announcement Northern Rock PLC : Trading Statement For The 9 Months To 30 September 2006.
Northern Rock plc.[2007], Annual Report and Accounts 2006 .
Northern Rock plc.[2008], Annual Report and Accounts 2007.
OECD[2010], *A Bird's Eye View of OECD Housing Markets*, January 2010.
Royal Bank of Scotland plc.[2008], *Annual Report and Accounts 2007*.
Securities Industry and Financial Market Association[2009], 1st Annual EuropeanCovered Bond Investors' Survey, European Covered Bond Dealers Association an Affiliate of SIFMA, May 2009.
Scott, G., Taylor, M. and Birry, A.[2007], *UK Mortgage Lenders Northern Rock PLC-An Update. Fitch Ratings*, 5 October 2007.
Smith, S.J. and Searle, B.A. Edited[2010], *The Blackwell Companion To The Economics of Housing*, WILEY-BLACKWELL.
Twinn, C.I.[1994], Asset-backed securitisation in the United Kingdom, *Bank of England Quarterly Bulletin Volume.34*. Number.2.
Verband Deutscher Pfandbriefbanken[2004], *Der Pfandbrief 2004*, August 2004.
Verband Deutscher Pfandbriefbanken[2006], *Der Pfandbrief 2006*, August 2006.
Verband Deutscher Pfandbriefbanken[2008], *Der Pfandbrief 2008/2009*, Juli 2008.
Verband Deutscher Pfandbriefbanken[2009], *Der Pfandbrief 2009/2010*, Juli 2009.
Walsh, P. and Freeman, T.[1995], *The UK Secondary Mortgage Market-securitization And Portfolio Sales*, The Council of Mortgage Lenders.
Whitehead, C. and Karley, N.K.[2002], The Mortgage Backed Securities (MBS) market in the UK : Developments over the last few years", *Journal of Housing Finance*, December 2002.

阿部真也[1978]「第3章 消費者信用」、川合一郎編『現代信用論（下）―現代資本主義の信用構造―』、有斐閣ブックス。
飯田裕康[1971]『信用論と擬制資本』、有斐閣。
イギリス資本市場研究会[2006]『イギリスの金融規制』、日本証券経済研究所。
稲富信博[2000]『イギリス資本市場の形成と機構』、九州大学出版会。
井村進哉[2002]『現代アメリカの住宅金融システム』、東京大学出版会。

参考文献

岩田健治[2009]「なぜヨーロッパで危機が顕在化したのか？」、『世界経済評論』、世界経済研究協会、2009年3月。
宇野弘蔵[1971]『経済政策論 改訂版』、弘文堂。
―――[2009]『経済原論』、岩波全書。
大庭清司[2006]「第4章 第2節 金融資本市場の多層化と擬制資本の多面的展開」、信用理論研究学会編『現代金融と信用理論』、大月書店。
落合大輔[1999]「新商品販売チャネルを開拓する英国プルデンシャル」、『野村資本市場クウォータリー』1999年春号、野村資本市場研究所。
海外住宅金融研究会[2000]「新版 イギリスの住宅政策と住宅金融」、『欧米の住宅政策と住宅金融』、住宅金融普及協会。
片桐謙[1995]『アメリカのモーゲージ金融』、日本経済評論社。
加藤史夫[2010]「書評 斉藤美彦・簗田優共著『イギリス住宅金融の新潮流』」、『証券経済研究』第72号、日本証券経済研究所。
川合一郎[1978]「第1章 現代資本主義の信用構造」、川合一郎編『現代信用論（下）―現代資本主義の信用構造―』、有斐閣ブックス。
川波洋一[1995]『貨幣資本と現実資本―資本主義的信用の構造と動態』、有斐閣。
―――[2006]「第4章第4節現代資本と擬制資本」、信用理論研究学会編『現代金融と信用理論』、大月書店。
河村小百合[2009]「カバードボンド―グローバル金融市場における金融仲介機能回復に向けて―」、『Business & Economic Review』2009年3月号、日本総合研究所。
企業財務制度研究会編[1992]『証券化の理論と実務』、中央経済社。
倉橋透[2007]「イギリス、オーストラリアにおける住宅金融市場の証券化の歴史と現状（上）」、『季報 住宅金融』2007年度秋号、住宅金融支援機構。
―――[2008]「イギリス、オーストラリアにおける住宅金融市場の証券化の歴史と現状（下）」、『季報 住宅金融』2007年度冬号、住宅金融支援機構。
小林正宏[2008]「サブプライム問題から世界金融危機へ―ファニー・メイ国有化、リーマン破綻の衝撃」、『季報 住宅金融』2008年度秋号、住宅金融支援機構。
―――[2009]「デンマークの住宅金融市場について」、『季報 住宅金融』2009年度秋号、（独）住宅金融支援機構。
―――[2010]「欧州カバードボンド制度がわが国ストラクチャードファイナンス分野に与える示唆」、『SFJ金融・資本市場研究』第2号、流動化・証券化協議会。

小林正宏・石井崇樹[2008]「ヨーロッパのカバードボンド市場の動向」、『季報 住宅金融』2008年度冬号、住宅金融支援機構。
小林正宏・安田裕美子[2008]『サブプライム問題とアメリカの住宅金融市場』、住宅新報社。
小林真之[2000]『金融システムと信用恐慌―信用秩序の維持とセーフティー・ネット』、日本経済評論社。
齊藤正[2003]『戦後日本の中小企業金融』、ミネルヴァ書房。
斉藤美彦[1994]『リーテイル・バンキング―イギリスの経験―』、時潮社。
———[1999]『イギリスの貯蓄金融機関と機関投資家』、日本経済評論社。
———[2005]「イギリス住宅金融とマイルズ・レポート」、『証券経済研究』50号、日本証券経済研究所。
———[2007a]「イギリスにおける住宅金融業務のアンバンドリング傾向について」、『住宅金月報』662号、住宅金融普及協会。
———[2007b]「イギリスの住宅金融市場の動向と金融機関」、『季刊 個人金融』2007年冬号、ゆうちょ財団。
———[2010a]「第8章 住宅金融組合とその相互組織性―住宅信用の原理を求めて―」、斉藤美彦・築田優著『イギリス住宅金融の新潮流』、時潮社。
———[2010b]「イギリスの住宅金融について」、『季報 住宅金融』2010年度秋号、住宅金融支援機構。
斉藤美彦・築田優[2008]「ノーザンロック危機と監督機関の対応」、『証券経済研究』62号、日本証券経済研究所。
櫻井毅・山口重克・柴垣和夫・伊藤誠 編著[2010]『宇野理論の現在と論点【マルクス経済学の展開】』、社会評論社。
佐合紘一[2006]「第4章第1節擬制資本化の展開―証券の擬制資本化から企業・資産の擬制資本化へ―」、信用理論研究学会編『現代金融と信用理論』、大月書店。
———[1986]『企業財務と証券市場―アメリカ株式会社金融の成立』、同文舘出版。
下壮而[1985]『現代経済の透視』、都市文化社。
自治体国際化協会[2008]「停滞する住宅市場活性化の施策が発表に」、2008年9月。
住宅金融公庫[1974]『ビルディング・ソサエティー』、住宅金融公庫。
住宅金融公庫住宅金融研究グループ編[1993]『新版 日本の住宅金融』、住宅金融普及協会。
ジョン・K・ガルブレイス[2008]『[新版] バブルの物語 人々はなぜ「熱狂」を繰

参考文献

り返すのか』、鈴木哲太郎訳、ダイヤモンド社。
高橋正彦[1998]「英国における証券化と規制・監督―金融サービス法とイングランド銀行―」、『証券経済研究』13号、日本証券経済研究所。
―――[2006]「欧米における証券化の発展」、『横浜経営研究』第26巻第3・4号、横浜国立大学経営学会。
―――[2009]『証券化の法と経済学』、NTT出版。
堤未果[2008]『ルポ 貧困大国アメリカ』、岩波新書。
内閣府[2008]「世界経済の潮流 2008年Ⅱ」、内閣府政策統括官室、2008年6月。
中井検裕・村木美貴[2000]「イギリスにおける都市計画を通じた新規住宅供給のコントロール」、『住宅問題研究』vol.16No.3、2000年10月。
中村正嗣[2008]「みずほ欧州経済情報 2008年5月号」、みずほ総合研究所。
―――[2009]「みずほ欧州経済情報 2009年2月号」、みずほ総合研究所。
長田訓明[2009]「欧州の住宅金融市場」、『季報 住宅金融』2009年度春号、住宅金融支援機構。
新形敦[2009]「ポスト・サブプライム危機の欧米金融機関の課題」、『国際金融』1205号、外国為替貿易研究所。
日本証券経済研究所[2008]『図説 イギリスの証券市場（2009年度版）』、日本証券経済研究所。
―――[2008]『図説 ヨーロッパの証券市場（2009年版）』、日本証券経済研究所。
日本貿易振興機構[2009]「米国発金融危機の経済・ビジネスへの影響」、日本貿易振興機構 海外調査部、2009年2月。
農林中金総合研究所[2000]「欧州における異業種の銀行参入と銀行の総合金融戦略」、『農林金融』、農林中金総合研究所。
林宏美[2008]「規模の拡大と多様化が進展するカバードボンド市場」、『野村資本市場クウォータリー』2008年春号、野村資本市場研究所。
深町郁彌[1976]「補章1 消費者信用の展開」、森下二次也監修『商業の経済理論』、ミネルヴァ書房。
深町郁彌・浜野俊一郎編[1985]『資本論体系6：利子・信用』、有斐閣。
ベルトーラ，J[2008]『消費者信用の経済学』（江夏健一・坂野友昭監訳）、東洋経済新報社。
前田真一郎[2004]『米国金融機関のリテール戦略―「コストをかけないカスタマイズ化」をどう実現するか』、東洋経済新報社。

牧田健［2008］「２．欧州経済…住宅調整が本格化するなかマイナス成長が長期化」、『Business & Economic Review』2009年1月号、日本総合研究所。

松浦一悦［2003］「イギリスにおける銀行規制と監督—1987年イングランド銀行（BOE）法と1998年BOE法の考察を中心にして—」、『社会科学』71号、同志社大学人文科学研究所。

三谷進［2001］『アメリカ投資信託の形成と展開—両大戦間期から1960年代を中心に』、日本評論者、2001年。

───［2006］「第4章 第3節 金融資産の累積と擬制資本の国際的展開」、信用理論研究学会編『現代金融と信用理論』、大月書店。

村本孜［1986］『現代日本の住宅金融システム』、千倉書房。

簗田優［2008］「イギリスにおける住宅ローン担保証券（MBS）市場の展開」、『証券経済研究』第64号、日本証券経済研究所。

───［2009a］「イギリスにおける住宅ローン返済問題と住宅ローン利子所得補助制度（ISMI）・住宅ローン返済保証保険（MPPI）」、『獨協経済研究年報』第17号、獨協大学経済学会。

───［2009b］「世界金融危機下のイギリス住宅金融市場」、『獨協経済研究年報』第18号、獨協大学経済学会。

───［2010a］「世界金融危機下のイギリスMBS市場」、『証券経済学会年報』第45号、証券経済学会。

───［2010b］「イギリスにおけるカバードボンド市場の新展開」、『証券経済研究』第70号、日本証券経済研究所。

米倉茂［2009］「欧州の銀行を丸呑みしたドル」、『国際金融』1205号、外国為替貿易研究所。

ロストウ，W,W［1960］『経済発展の諸段階— 一つの非共産主義宣言—』（木村健康、久保まち子、村上泰亮訳）、ダイヤモンド社。

初出一覧

［第Ⅰ部　住宅金融の諸問題と近年までの展開過程］
　〈第1章〉　書き下ろし
　〈第2章〉　書き下ろし
［第Ⅱ部　住宅ローン債権の証券化と世界金融危機］
　〈第3章〉
　「イギリスにおける住宅ローン担保証券（MBS）市場の展開」、『証券経済研究』第64号、2008年12月。
　〈第4章〉
　「イギリスにおけるカバードボンド市場の新展開」、『証券経済研究』第70号、2010年6月。
　〈第5章〉
　「世界金融危機とイギリス住宅金融市場」、『獨協経済研究年報』第18号、2009年11月。
　「世界金融危機下のイギリスMBS市場」、『証券経済学会年報』第45号、2010年7月。
　〈第6章〉
　「イギリスにおける住宅ローン返済問題と住宅ローン利子所得補助制度（ISMI）・住宅ローン返済保証保険（MPPI）」、『獨協経済研究年報』第17号、2009年3月。

索　引

〈欧文等〉

BNPパリバ　159
Buy-to-letローン　100,156,157,160
Callcredit　99
EEA　163,182,192
Experian　99
Equifax　99
FICO　99,112
Fair Isaac Corporation　99
Granite　178,179,192
HBOS　67,79
Housing Equity Withdrawal (HEW)　150
HSBC　50,67,141,166,171,186,187
Limited Liability Partnership (LLP)　135
Northern Rock Asset Management (NRAM)　179,180
Originate to Distribute (OTD)　217

〈ア行〉

アビー・ナショナル　65,96,140
阿部真也　16,226
アライアンス・アンド・レスター　165,180
アンバンドリング化　59,69,71,78,214,217
イノベーション　51,67,101
イングランド銀行（BOE）　5,79,80,89,92,106,111,138,150,161,163,164,166,157,177,179,181,184,189,192,197
インターネット・バンキング　66,68,95
インフレーション　19,24,37,38,213
インフレ・ターゲティング　150
ウィルソン委員会報告　64,222
エッグ　68,80,95
オブリガシオン・フォンシェール　117
大庭清司　14,227
OTDモデル　36,51,128

〈カ行〉

開発規制　156
カウンター・パーティー・リスク　166
影の銀行制度（シャドー・バンキング・システム）　96,98,160
片桐謙　14,227
カバードボンド　5,43,51,74,83,87,92,111,115-121,124-131,134-145,163,183-186,190,215,219
川合一郎　13,226,227
為替スワップ協定　166
機関投資家　28,89,116,119,137,158,160,161,186
逆資産効果　161,168,198
キャプト・モーゲージ　67
金融サービス機構（FSA）　70,71,80,92,97,106,137,140,166,177,179,182,

索引

192
金融サービス・市場法（2000年） 70, 106,182
金融サービス法（1986年） 106
金融サービス補償機構（FSCS） 70,71
金融排除 70
金融リテラシー 73
金利リスク 4,30,35,39-41,43,56,72, 74,78,83,85,105-110,127,213
クリアリング・バンク 65
クレジット・デフォルト・スワップ（CDS） 160
経路依存性 134
現代資本主義 3,4,13-22,31,37,41,213
公営住宅 60,75,76,104,169
公営住宅払下げ 202
公信用 14,21
公的介入 4,5,25,43,52,75-78,101- 103,105,106,161,181,195,202,206, 209,213-215
公的金融機関 25,31,43,52,195
高度大衆消費社会 18-20,32,53,61,62
固定金利住宅ローン 73,136,198
コルセット規制 63,64
コンデュイット（Conduit） 96,98, 174,187

〈サ行〉

斉藤美彦 13,219,221,227,228
債務担保証券（CDO） 36,96-98,100, 112,139,145
サブプライム層 50,99,158

サブプライムローン 50,51,83,99,100, 107,128,160162,174198,217
サンタンデール 78,165,166,180,192
仕組債 159-162,174,190
自己資本比率規制 28,116
資産買取りファシリティ（APF） 167
資産担保証券（ABS） 29,96,106,111, 144,166
支払決済協会（APACS） 65
資産保護スキーム（APS） 167
ジャンボ債 121,126,131,140
重商主義段階 17,19
自由主義段階 17,19
住宅金融組合 59-70,72-74,77-80,86, 89,93,95,96,105,107-111,163,175, 186,210,214,217,218
住宅金融組合協会（BSA） 179
住宅金融組合法（1986年） 65,86
住宅金融組合法（1997年） 66
住宅組合（HA） 169
住宅所有者支援パッケージ（HSP） 168,170
住宅信用 3,16,17,19,22-25,53,228
住宅バブル 156,162,167,170,189
住宅補助金法 76
住宅ローン金利源泉税控除方式（MIRAS） 76
住宅ローン借入者支援スキーム（HMSS） 170,171
住宅ローン担保証券（MBS） 3-5, 28,36,43,51,71,83-87,90,92,93,96,

233

97,100-111,115,117,126-128,130,
131,134,138,142-144,158,160,161,
163,171-175,178-187,189,190,192,
215,219,221,226,230,231
住宅ローン返済支援スキーム（MRS）
169
住宅ローン返済保証保険（MPPI）　5,
103,112,195,200,203-208,210,211,
216,230,231
住宅ローン利子所得補助制度（ISMI）
5,76,77,103,169,170,195,200-206,
209,210,216,230,231
商業用不動産担保証券（CMBS）　83,
111,144,163
証券化商品　51,96,100,111,116,117,
119,128,142-144,153,160,173,184,
185,187
消費者信用　3,14,21,23,24,30,32,34,
40,52-54,226,229
所得補助制度　200
ジョン・ヒルズ　45
新中間層　17-19,32
信用情報機関（クレジット・ビューロー）
25,40,42,43,50,99,214
ストラクチャード・インベストメント・
ヴィークル（SIV）　96,98,173,174,
187
ストラクチャード・カバードボンド
74,111,120,130,134,135,137,138,145
スラム・クリアランス　75,76,104
セデュラス・イポテカリアス　117

税制優遇　25,76,162
政府資本支援増強スキーム　166
相互組織　60,65,72
ソロモン・ブラザーズ　87,105

〈タ行〉

ターナー・レビュー　97
対個人信用　3,4,13-22,24,31-34,37,
52-54,62,63,65,66,78,186,213,214
第1次MBSブーム　84,86,89,90,93,96
第2次MBSブーム　90,93,96,97,100,110
タックス・ヘイヴン　96,108
単一税率制度　62-64
チェルトナム・アンド・グロウスター
65
中間所得層　37,48,156,213
貯蓄貸付組合（S&L）　28,87,103
帝国主義段階　17,19
ディスインフレーション　50
ディスカウント・モーゲージ　67
抵当貸付業協議会（CML）　70,198,
204,206,222
デフォルト・リスク　89
デリバティブ　27,187
テレフォン・バンキング　67,68
転嫁流動性　28
倒産隔離　108,113
特別目的会社（SPC）　71,106,108,113,
126,135,178,187
特別流動性スキーム（SLS）　138,163,
164,166,181,182,193
トラッカー・モーゲージ　67

索 引

〈ナ行〉

ナショナル・ホーム・ローンズ・コーポレーション（NHLC） 84,85,88
ネガティブ・エクイティ 161,168,197
ネーションワイド 162,166,191
ノーザンロック 93,130,141,161,165,171,175,177-180,184,219

〈ハ行〉

バーゼルⅠ 24,34,35,86,106
バーゼルⅡ 24,34,35,129,130,144
バーゼルⅢ 144,188
バークレイズ 126,141,166,171,182,186,187
パリバ・ショック 158,160,172,179,183,188,219
ハリファックス 65,67,155,191
バンク・オブ・スコットランド（BOS） 67,79
ビッグ・フォー 67,112,166,186-188,193
ファンドブリーフ 57,117,118,131,134
フェア・アイザック 99
深町郁彌 16,228
ブラッドフォード・アンド・ビングレー 130,140,165,180,192
ブルーカラー労働者 45
ペイスルー型 106
返済保証保険（PPI） 204
ベンチマーク・カバードボンド 119
変動金利住宅ローン 72,73,106
ホーム・バイ・ダイレクト 169
ホワイトカラー労働者 17-19,32,37,38,45,49,53,61,156,214

〈マ行〉

マイルズ・レポート 72-74,136,143,228
マネー・マーケット・ファンド（MMF） 97,109,111,112,142
村本孜 14,230
モーゲージ・インターミディアリー 69
モーゲージ・カンパニー 64,68,78,84,86-90,100,109,110,214,215
モーゲージ・コード 70
モーゲージ・プール・インシュアランス 108
モーゲージ・ブローカー 69-71,80
持家比率 50,78,104,156,158
モラル・ハザード 128,203

〈ヤ行〉

ヨーロッパ連合（EU） 45,116,126,129,130,137,139,153,179
ユーロ・ダラー 124
有限責任事業組合 135
UKファイナンシャル・インベストメント（UKFI） 180,192
ヨーロッパ証券化フォーラム（ESF） 182

〈ラ行〉

リーマン・ショック 5,121,163,165,166,173,183-185,189,219
リコースローン 197
利子うみ資本 14

リスク・ウェイト　24,34,35,129,130,139
リテール・バンキング　3 ,186
リテール預金　73,85,86,88,93,95,118,
　　175,180,186,187
流動性支援　163,179
ルクセンブルク証券取引所　84
レバレッジ　187,188
連邦住宅貸付抵当公社（フレディ・マ
　　ック）　87,102-104,112,189
連邦住宅抵当公庫（ファニ・メイ）
　　102-104,112,189,227
連邦準備制度理事会（FRB）　165,166,
　　190
連邦政府抵当金庫（ジニー・メイ）
　　102-104,112
ロイズTSB　37,79,141,165-167,171,180,
　　182,187,188,192
ロイヤル・バンク・オブ・スコットラ
　　ンド（RBS）　67,166,167,171,182,
　　187,188,192
ロード・ターナー　97
ロンドン手形交換所　65

著者略歴
簗田　優（やなだ・すぐる）
　1978年　東京都板橋区に生まれる
　2002年　獨協大学外国語学部卒業
　2007年　獨協大学大学院経済学研究科博士前期課程修了　修士（経済学）
　2009年　神奈川大学経済学部講師（2009年度）
　2011年　獨協大学大学院経済学研究科博士後期課程修了　博士（経済学）
　現　在　NPO法人 日本資産証券化センター（Japan Asset Securitization Center：JASC）研究員

主な業績
〔著書〕
『イギリス住宅金融の新潮流』（斉藤美彦との共著）時潮社、2010年。
〔論文〕
「世界金融危機下のイギリスMBS市場」、『証券経済学会年報』第45号、2010年。
「イギリスにおけるカバードボンド市場の新展開」、『証券経済研究』第70号、2010年。
「イギリスにおける住宅ローン担保証券（MBS）市場の展開」、『証券経済研究』第64号、2008年。
「ノーザンロック危機と監督機関の対応」（斉藤美彦との共著）、『証券経済研究』第62号、2008年。
上記のほか，証券化商品市場、住宅金融市場、住宅ローン保険に関する論文・学会報告が多数。

証券化と住宅金融
――イギリスの経験――

2011年6月20日　第1版第1刷　　定　価＝3200円＋税

著　者　簗　田　　優　ⓒ
発行人　相　良　景　行
発行所　㈲　時　潮　社

〒174-0063　東京都板橋区前野町4-62-15
電　話　03-5915-9046
Ｆ　Ａ　Ｘ　03-5970-4030
郵便振替　00190-7-741179　時潮社
Ｕ　Ｒ　Ｌ　http://www.jichosha.jp
印刷・相良整版印刷　製本・仲佐製本

乱丁本・落丁本はお取り替えします。
ISBN978-4-7888-0663-4

時潮社の本

『資本論』で読む金融・経済危機
オバマ版ニューディールのゆくえ
鎌倉孝夫 著
Ａ５判・並製・242頁・定価2500円（税別）

期待いっぱいのオバマ・グリーンディールは、危機克服の決め手となるか？ 各国のなりふり構わぬ大恐慌回避策は、逆に資本主義の危機を増幅させないか？ 『資本論』研究の泰斗が金融・経済危機の推移を子細に分析し、世界経済の今後を明示する。『労働運動研究』『長周新聞』等書評多数。

現代経済と資本主義の精神
マックス・ウェーバーから現代を読む
相沢幸悦 著
Ａ５判・並製・212頁・2800円（税別）

なぜ、安倍自公内閣は拒否されたのか？ もの造りを忘れて、マネーゲームに踊る日本。憲法「改正」、再び戦争への道が危惧される日本——危うさを克服して、平和で豊かな、この国のかたちを確立するために、偉大な先人に学ぶ。

世界経済危機をどう見るか
相沢幸悦 著
四六判・並製・240頁・定価2800円（税別）

危機からの脱出の道、日本は？ 世界経済・金融危機を、資本主義に大転換を迫る「100年に一度の大不況」ととらえ、その原因と本質を明らかにし、これからの経済システムのあり方について考察する。今後の日本経済の核心は、アメリカ型経済・金融モデルからの脱却、地球環境保全とアジア共同体へのシフトにある、と著者は言う。

保育と女性就業の都市空間構造
スウェーデン、アメリカ、日本の国際比較
田中恭子 著
Ａ５判・上製・256頁・定価3800円（税別）

地理学手法を駆使して行った国際比較研究で得た知見に基づいて、著者はこう政策提言する、「少子化克服の鍵は、保育と女性就業が両立し得る地域社会システムの構築にある」と。『経済』『人口学研究』等書評多数。

時潮社の本

イギリス・オポジションの研究
政権交代のあり方とオポジション力

渡辺容一郎　著

Ａ５判・並製・184頁・定価2800円（税別）

日本にイギリス型政権交代は定着するか？　イギリス民主主義の根幹たるオポジションの研究を通して、政権交代や与野党のあり方を考察した。オポジションとは、反対党、野党のこと。本書では、一歩踏み込んで「責任野党」と規定した。

イノベーションと流通構造の国際的変化
業態開発戦略、商品開発戦略から情報化戦略への転換

蓼沼智行　著

Ａ５判・並製・280頁・2800円（税別）

国際的トレーサビリティ・システムの構築へ──イノベーションと構造変化の一般化を図り、流通のグローバル化と国際的トレーサビリティ・システムの新たな構築に向けた動きが内包する社会経済的影響と世界システムの変容への示唆を解明する。

ナレッジ・ベース・ソサエティにみる高等教育
遠隔教育の評価と分析を中心に

澁澤健太郎　著

Ａ５判・並製・176頁・定価2800円（税別）

全国には病気等の諸事情で大学に通学できずに休学や退学を選ぶ学生がいる。遠隔教育システムがあれば、教育を受け続けることができたかもしれない。ICTを駆使した新しい教育、東洋大学における５年間の豊かな経験に基づいて著者は明言する─「遠隔教育によって生涯学習社会構築が可能になる」と。

エコ・エコノミー社会構築へ

藤井石根　著

Ａ５判・並製・232頁・定価2500円（税別）

地球環境への負荷を省みない「思い上がりの経済」から地球生態系に規定された「謙虚な経済活動」への軌道修正。「経済」と「環境」との立場を逆転させた考え方でできあがる社会が、何事にも環境が優先されるエコ・エコノミー社会である。人類の反省の念も込めての１つの結論と見てとれる。

時潮社の本

グローバル企業経営支援システム
時間発展型統合シミュレーションを用いて
張　静　著
Ａ５判・並製・160頁・定価3500円（税別）

従来の勘とコツによる物流管理方式を脱した新方式、グローバル・カンパニー・マネージメント（GCM）システムを提案。本書では、生産〜物流〜販売〜在庫の一元管理により、グローバル企業の経営の最適化をサポートするGCMを全面的に紹介する。

租税の基礎研究
石川祐三　著
Ａ５判・上製・220頁・2800円（税別）

経済が成長し所得が増えている時には、租税負担率が多少増えても税引き後の可処分所得も増えることがある。だからこそ税制の工夫が肝要である。精密かつ複雑なわが国の租税制度、その仕組みの大枠と基本的な経済効果についてわかりやすく整理し、経済成長のための税制のあり方を考察する、好個の入門書。

イギリス住宅金融の新潮流
斉藤美彦・簗田優　共著
Ａ５判・上製・242頁・定価3200円（税別）

近年大変貌を遂げ、そして世界金融危機の影響を大きく受けたイギリス住宅金融。その歴史的変遷からグローバル化時代の新潮流等について多面的に分析し、住宅金融の原理についても議論を展開する。

経済原論
資本主義経済の原理的解剖
木下富市　著
Ａ５判・上製・226頁・定価3000円（税別）

自然環境から反撃される資本主義、過剰資本が地球を徘徊し恐慌に怯える資本主義。矛盾超克の鍵を探るため資本主義経済の原理を解明する。「資本主義の不可視の闇を、概念の光で照射する―これこそがマルクス経済学の真髄である」（著者）